20 DAYS LISTENING

テーマ別　ミニ模試20
TOEIC® L&R テスト
リスニング

*L & R means LISTENING AND READING.
TOEIC is a registered trademark of Educational Testing Service (ETS).
This publication is not endorsed or approved by ETS.

渋谷奈津子　工藤郁子

音声MP3ダウンロード

スリーエーネットワーク

Published by 3A Corporation
Trusty Kojimachi Bldg., 2F, 4, Kojimachi 3-Chome, Chiyoda-ku, Tokyo 102-0083, Japan

ISBN978-4-88319-872-6 C0082

First published 2020
Printed in Japan

はじめに

本書を選んでくださり、ありがとうございます。

TOEICテストでは、語彙力や文法力など英語のスキルだけでなく、どんなシチュエーションで会話やトークが行われているのか、状況をつかむスキルもはかられます。リスニングセクションは45分間で100問の問題があるので、どんどん次の問題がせまってきます。登場人物がどのような立場の人で、どんな背景で話が展開しているのか、短い時間に把握する必要があります。

少しおどかすようなことを書いてしまいましたが、どのようなテーマが出題されやすいかを知っておくと、効率よくテストの準備ができます。学校の定期試験で「出題範囲」を勉強するのと同じことです。

本書にはTOEICテストで必ず出題される20のテーマごとに、ミニチュア版の模試が収録されています。テーマごとに出題されやすい場面を集めて問題を作りました。ストーリーや関連表現を、すべて覚えるつもりでじっくり復習してください。きっと似たようなシチュエーションの問題が、本番のテストに出てきます。

練習方法は、工藤郁子さんが書いている通り、ダウンロードした音源を使って英文を何度も真似して読んでみてください。はじめは追い付かなくても、毎日続ければ、リズムがつかめてきます。口が動かないと思っても、確実に英文を聞きとれる耳が養われていきます。

TOEICはあなたの努力を裏切りません。

皆さんのスコア達成を応援しています。

渋谷奈津子

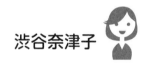

本書を手に取っていただき、ありがとうございます。

普段、企業や大学で受講生の方々と接していて私が感じるのは、「TOEICのスコアは単純に英語力だけが反映されるものではない」ということです。問題形式に慣れ、英語力を上げるための学習はもちろん必須ですが、＋αが非常に重要な要素となってスコアに表れるのがTOEICです。その＋αを詰め込んだのが本書なのです。

TOEICには「あるある」が多く存在します。「こんな場面、こんな展開、こんな表現、こんな言い換え」……これらを知れば知るほど場面や状況のイメージが容易になり、話の展開も予測しやすくなるでしょう。本書ではTOEIC頻出のテーマごとに、そんな「あるある」を意識した学習ができます。著者2人が授業でお伝えしている、知っているとお得な情報やお勧めの学習法なども、吹き出しのセリフに可能な限り盛り込みました。「解いて終わり」にせず、リスニングトレーニングや音マネ、シャドーイング、オーバーラッピングなどの音読、イメージトレーニングなどさまざまな方法で活用し、英語力と共にテーマごとの「あるある」を自分のものにしてくださいね。

皆さんが一日も早く目標を達成し、次のステップを踏み出すことができるよう心から願っています。

工藤郁子

目次

本冊（解答・解説編）

別冊（問題編）

この本の使い方

この本には、TOEIC L&Rテストに頻出のテーマごとに、20回分のミニ模試が収録されています。1回分16問で、20日間で仕上げられるようになっています。

問題編（別冊）

Part 1：1問
Part 2：3問
Part 3：2セット（各3問）
Part 4：2セット（各3問）

解答・解説編（本冊）

PART 1
PART 2

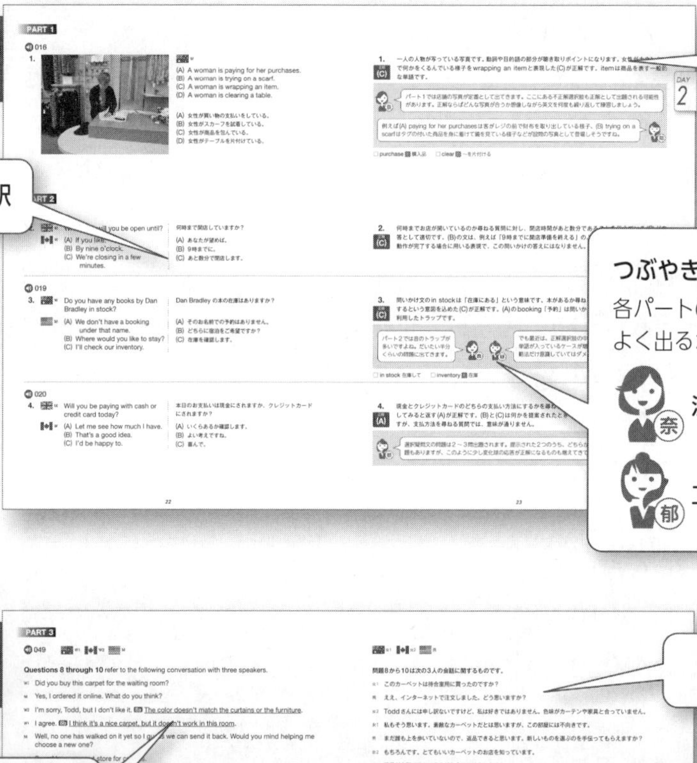

正解と解説

スクリプトとその訳

つぶやき
各パートの攻略法やTOEICによく出るポイントを紹介。
渋谷奈津子
工藤郁子

PART 3
PART 4

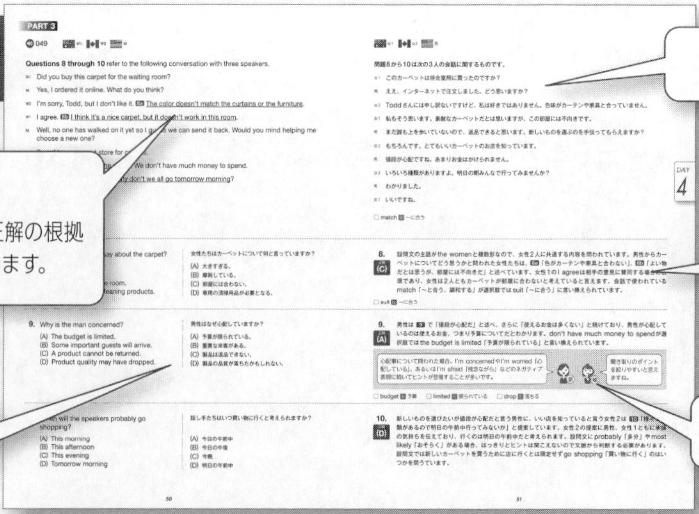

スクリプトの訳

スクリプト（英文）
8a＿＿ のように正解の根拠には下線を引いています。

正解と解説

設問とその訳

つぶやき

Words and Phrases

Words and Phrases

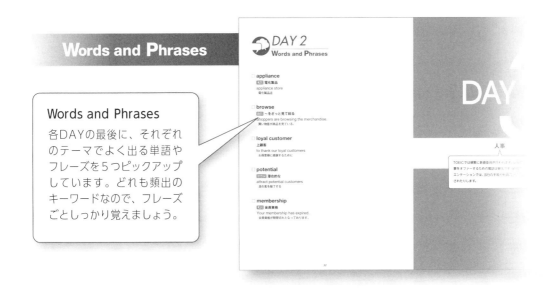

各DAYの最後に、それぞれのテーマでよく出る単語やフレーズを５つピックアップしています。どれも頻出のキーワードなので、フレーズごとしっかり覚えましょう。

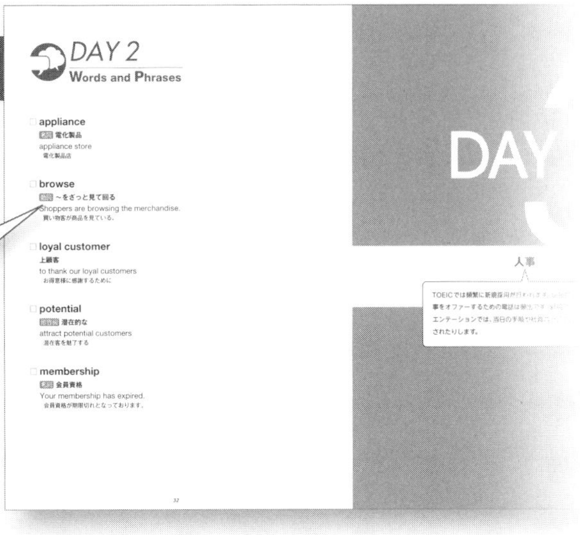

音声について

音声は、下記の弊社ウェブサイトにて無料ダウンロード／ストリーミングでご利用いただけます。PC・スマートフォン等のインターネットにつながる機器にてアクセスしてください。

当社ウェブサイトURL：https://www.3anet.co.jp/np/books/5982/

・ダウンロードする場合、音声ファイルはMP3形式です。圧縮（zip形式）されているので、パソコン上で解凍してください。
・MP3プレイヤーへの取り込み方法などは各メーカーにお問い合わせください。
・ファイルダウンロード、ストリーミング再生には通信費が発生する場合があります。

001 ――MP3トラック番号

ナレーターの国籍・性別

- M　アメリカ人男性
- W　オーストラリア人女性
- W　カナダ人女性
- M　イギリス人男性

また、abceed、audiobook.jpでもご利用いただけます。詳細は次のページをご覧ください。

アプリのご利用

以下のアプリでも、本書の音声を無料で聞くことができます。(アプリのダウンロード、その他アプリに関する不具合やご質問等に関してましては、下記の配信先へお問合せください。弊社ではお答えいたしかねますので、ご了承ください)

■ AI英語教材abceed

株式会社Globeeが提供する、マークシート連動型アプリ

abceed
https://www.globeejapan.com/

■ audiobook.jp

1. PC・スマートフォンで音声ダウンロード用のサイトにアクセスします。
   QRコード読み取りアプリを起動し、右に掲載されているQRコードを読み取ってください。

   QRコードが読み取れない方はブラウザから、
   https://audiobook.jp/exchange/3anet　にアクセスしてください。

   ＊URLは「www.」等の文字を含めず、正確にご入力ください。

2. 表示されたページから、audiobook.jpへの会員登録ページに進みます。

   ＊音声のダウンロードには、audiobook.jpへの会員登録(無料)が必要です。既にアカウントをお持ちの方は、そちらでログインしてください。

3. 会員登録後、シリアルコードの入力欄に「**98726**」を入力して「送信する」をクリックします。クリックすると、ライブラリに音源が追加されます。

4. スマートフォンの場合は、アプリ「audiobook.jp」をインストールしてご利用ください。PCの場合は、「ライブラリ」から音声ファイルをダウンロードしてご利用ください。

   ＊音声は何度でもダウンロード・再生いただくことができます。

audiobook.jpダウンロードについてのお問い合わせ先：info@febe.jp
(受付時間：平日10時～20時)

DAY 1

トラブル対応

TOEICでは、忘れ物や機器の故障、飛行機の遅れで会議に間に合わないなど、小さなトラブルが頻繁に起こります。しかし、たいていのトラブルは30秒以内に解決に向かいます。

PART 1

003

1.

M

(A) He's handing out some documents.
(B) He's wearing a headset.
(C) He's adjusting the monitor.
(D) He's typing on a keyboard.

(A) 彼は書類を配っている。
(B) 彼はヘッドフォンを付けている。
(C) 彼はモニターを調節している。
(D) 彼はキーボードを使って入力している。

PART 2

005

2. W Why isn't the Wi-Fi working in my room?

M (A) I'll send someone to take a look at it.
(B) That's good to hear.
(C) No, it's his day off today.

なぜ私の部屋のWi-Fiは使えないのでしょうか？

(A) 誰かに見に行かせます。
(B) それはよかったです。
(C) いいえ、本日彼は休んでいます。

006

3. W When will the replacement parts arrive?

M (A) Someone in the repair department.
(B) Just behind the partition.
(C) In a few days, I believe.

交換部品はいつ届きますか？

(A) 修理部門のスタッフです。
(B) 間仕切りの裏側です。
(C) 数日後だと思います。

007

4. M Unfortunately, we're out of economy cars.

W (A) I'll rent a mid-sized one, then.
(B) They wear out fast.
(C) I'll let you know.

申し訳ありませんが、低燃費車はすべて貸し出し中です。

(A) では中型車を借りることにします。
(B) 消耗しやすいです。
(C) お知らせします。

1. 正解 **(B)**

人が1人だけ写っている写真では、人物の動作や状態に注目して聞きます。ヘッドフォンをしている状態をwearing a headsetと表した(B)が正解です。wearはメガネ、腕時計、衣類などを「身に着けている」状態を表す動詞です。documents「書類」、monitor「モニター」、keyboard「キーボード」なども写っていますが、動作が適切に描写されていないため不正解です。

□ adjust 動 ～を調整する　□ type 動 キーボードを打つ

2. 正解 **(A)**

疑問詞Whyで尋ねていますが、Wi-Fiが使えない理由を答えている選択肢はありません。ホテルの部屋での設備の不具合に対し、すぐに対応しようとしている(A)が適切です。I'll send ＋人「人を行かせます」は問題や不具合への対応としてよく使われる表現です。(C)のday off「休日」は、問いかけ文のworkingを「働く」と勘違いした場合に選びたくなるように聞こえるひっかけです。

郁：最近のパート2では問いに対して素直に応答しないパターンが正解であることが多いですね。

奈：短いやり取りから状況を推測する力が求められています。

3. 正解 **(C)**

Whenで「時」が問われています。交換部品の到着はいつかと尋ねられて、具体的に「数日後だと思う」と答えた(C)が正解です。in an hour「1時間後に」、in two years「2年後に」など、inの後ろに期間を置くと「その期間の後に」という意味で、whenに対する応答としてよく使われます。(A)はwho「誰」に、(B)はwhere「どこ」に対応する答えとして成立する表現です。

□ replacement 名 交換　□ partition 名 間仕切り

4. 正解 **(A)**

Unfortunately「残念ながら」が聞こえたら後にはネガティブな情報が続くため、何らかのトラブルが発生しているとわかります。「低燃費車はすべて貸し出し中だ」という問題を知らせる平叙文です。何かを問うのではなく単に状況を知らせる平叙文には決まった応答のパターンは存在しないため、発言の裏にある意図をくみ取る必要があります。「では中型車を借ります」という(A)は、「低燃費車が使えないならば」という気持ちがthen「では」からわかり、代わりの案を提示しているのでこれが正解です。

郁：疑問文ではない平叙文の場合、応答のパターンは無限にあり、予測はほぼ不可能です。

奈：普段から場面をイメージしながら、最初の発言と正答の選択肢を音読するなどのイメージトレーニングをしておくと有効ですね。

郁：1つの問いかけ文に対する応答を自分で考えて、パターンのストックを増やしておくこともお勧めです。例えばUnfortunately, we're out of economy cars.に対してWhat is the smallest you have available?「利用可能な最小のものはどれですか」やDo you have one in any of your other locations?「ほかの店舗にはありますか」など、有り得そうな応答を考えてみるとよいでしょう。

□ be out of ～がない　□ wear out 消耗する

009 M W

Questions 5 through 7 refer to the following conversation.

M Hi. I'm calling about some large overalls ordered for the staff in my workshop. 5 The ones I've received are all small.

W I'm sorry about that. If you send them back, we'll send you the correct size.

M How soon will they get here? 6 This weekend, we have a professional photographer coming over to take some photos for our new brochure and we want the staff to be wearing the overalls in the pictures.

W I see. I'll pack them up and send them to you this afternoon so 7 you should receive the package tomorrow afternoon. Please don't forget to send the small ones back though.

5. What is the purpose of the call?

(A) To request some repairs
(B) To place an order
(C) To invite a colleague
(D) To report a mistake

電話の目的は何ですか？

(A) 修理を依頼すること。
(B) 注文をすること。
(C) 同僚を招待すること。
(D) 間違いを伝えること。

6. What will happen at the man's company this weekend?

(A) A product launch
(B) A photography shoot
(C) An art exhibition
(D) A company banquet

今週末、男性の会社で何がありますか？

(A) 新商品の発売
(B) 写真撮影
(C) 美術展
(D) 会社の宴会

7. When does the woman say the package will arrive?

(A) This morning
(B) This afternoon
(C) Tomorrow morning
(D) Tomorrow afternoon

女性は荷物がいつ届くと言っていますか？

(A) 今日の午前中
(B) 今日の午後
(C) 明日の午前中
(D) 明日の午後

男 女

問題5から7は次の会話に関するものです。

男　もしもし、当工房のスタッフ用に注文したLサイズのオーバーオールについてお電話しました。受け取った品物がどれもSサイズなのです。

女　申し訳ございません。送り返していただけましたら、正しいサイズのものをお送りします。

男　どのくらいで到着しますか？　今週末、うちの新しいパンフレットに載せる写真を撮影するためにプロの写真家に来てもらうのですが、スタッフがオーバーオールを着ている写真が必要なんです。

女　わかりました。梱包して今日の午後に発送しますので、明日の午後には品物をお受け取りいただけるはずです。Sサイズの品物はどうか忘れずに返送してください。

□ overall 名 オーバーオール　□ brochure 名 パンフレット　□ pack up 荷物をまとめる　□ though 副 でも

5. 正解 **(D)**

電話の目的は冒頭に述べられることが多く、I'm calling about ～は「～について電話しています」という決まった言い方です。男性は注文したLサイズのオーバーオールの件で電話していることを伝え、5 で「受け取った品物はすべてSサイズだった」と述べています。サイズ違いの商品が届いたことをmistake「間違い」と抽象的に言い換えている(D)が正解です。TOEICではトラブルが発生したら素直に謝罪し解決に向かうパターンが頻出です。謝罪の気持ちを表すI'm sorry about that.「それは申し訳ありません」はよく使われる表現です。そのほか、We apologize for the inconvenience.「ご迷惑をおかけして申し訳ございません」も丁寧に謝罪する表現として覚えておきましょう。

6. 正解 **(B)**

6 のThis weekend, we have a professional photographer coming over to take some photos「今週末、写真を撮影するためにプロの写真家に来てもらう」との発言から写真撮影が行われるとわかります。よって正解は(B)です。このように文頭で「いつのことか」がわかれば、続く発言に集中することでヒントをつかみやすいでしょう。ただ通常は文の最後に付け足す形で情報が与えられるため、this weekendが聞こえた時にはすでに知りたい内容については話し終えています。あくまで「何が起こるか」を意識して聞くことが重要です。

7. 正解 **(D)**

設問文にthe woman sayがある場合、女性がヒントを言うことが事前にわかります。女性は 7 you should receive the package tomorrow afternoon「明日の午後には荷物をお受け取りいただけるでしょう」と述べており、正解は(D)です。女性は直前に「梱包して今日の午後に発送する」と言っており、惑わされやすいので「届く時」を意識して聞く必要があります。

奈：パート3では基本的に設問の順番通りに答えのヒントが登場します。

郁：6.の解答をマークし終えたらすぐに女性の発言にヒントを待ち受けるつもりで集中するといいですね。

奈：そのためには、会話が流れる前に設問文に目を通しておくことが重要です。

PART 3

010 W1 W2 M

Questions 8 through 10 refer to the following conversation with three speakers.

W1 **8** A few customers came back to the store today to return these souvenir clocks. The ones for the team's fiftieth anniversary are fine, but these new ones stop working after just a few days.

W2 That's been happening all week. I've been suggesting people buy the team's official hats or T-shirts instead.

W1 Let's talk to Mr. Jones about it.

M I overheard you. Let's send them all back to the manufacturer and get a refund. How many do we have left?

W1 **9a** We have as many as 200 in the storeroom.

W2 **9b** I think there are more than 20 still on the shelves. It'll be a big package so I hope we don't have to pay for return shipping.

M Right. Well, **10** I'll call the manufacturer and ask them to pay for shipping.

W1 I'll start packing them into boxes.

W2 I'll give you a hand.

---

8. Where do the speakers most likely work?

(A) At an auto parts store
(B) At a souvenir store
(C) At a bookstore
(D) At a café

話し手たちはどこで働いていると考えられますか？

(A) 自動車部品店
(B) 記念品ショップ
(C) 書店
(D) カフェ

---

9. What do the women say about the defective products?

(A) They have positive reviews.
(B) They have been selling well.
(C) There are a lot left.
(D) The warranty period has expired.

女性たちは不良品について何と言っていますか？

(A) 好評だ。
(B) 売れ行きがよい。
(C) たくさん残っている。
(D) 保証期間が終了した。

---

10. What does the man say he will do?

(A) Contact a manufacturer
(B) Carry out some repairs
(C) Offer a discount
(D) Arrange express shipping

男性は何をすると言っていますか？

(A) メーカーに連絡する。
(B) 修理を行う。
(C) 割引を提供する。
(D) 速達の手配をする。

女1　女2　男

問題8から10は次の3人の会話に関するものです。

女1　今日、何人かのお客さんがこの記念時計の返品にいらっしゃいました。チーム50周年記念時計には問題ないのですが、この新商品は数日もしたら動かなくなってしまうのです。

女2　今週ずっと、同じことが続いています。お客さんには代わりにチーム公式の帽子やTシャツを買うように勧めています。

女1　Jonesさんに報告しましょう。

男　聞こえていましたよ。メーカーにすべて返品して、返金してもらいましょう。いくつ残っていますか？

女1　倉庫に200個もあります。

女2　陳列棚にはまだ20以上あると思います。大きな荷物ですし、返送料がこちら持ちでないとよいのですが。

男　そうですね。メーカーに電話して、送料は先方で負担してもらうよう頼んでみます。

女1　私は箱詰めにかかります。

女2　手伝います。

□ manufacturer 名 メーカー　□ refund 名 返金　□ storeroom 名 倉庫　□ give a hand 手伝う

---

8. 正解 **(B)**

職場や職業を問う設問はパート3の定番です。女性1の最初の発言 8 A few customers came back to the store today to return these souvenir clocks. で何人かの客が記念時計の返品に来たことがわかり、さらに代わりの商品を案内することなどについて話しています。話し手たちは記念品を売る店で働いていると考えられるので(B)が正解です。

設問文にmost likely「おそらく」が含まれる場合、はっきりと答えが述べられるというよりは、複数の単語やフレーズから推測を求められます。

これはほかのパートでも同じなので覚えておくと便利です。most likelyのほかにはprobablyも使われます。

---

9. 正解 **(C)**

設問文の主語がthe women（またはthe men）と複数形の場合、聞く前に3人の会話であることがわかります。本問では2人の一致した意見を聞き取ることを求められています。不良品について尋ねられた女性1は 9a で「倉庫に200個もある」と伝え、女性2は 9b で「棚にはまだ20個以上ある」と続けており、2人の発言から在庫がたくさんあることがわかります。正解は「たくさん残っている」とした(C)です。

□ defective 形 欠陥のある　□ warranty 名 保証　□ expire 動 期限が切れる

---

10. 正解 **(A)**

設問文から、男性が今後の行動について言及することがわかります。 10 I'll call the manufacturer and ask them to pay for shipping.「メーカーに電話をして送料の負担を頼む」と述べており、それを「メーカーに連絡する」と言い換えた(A)が正解です。パート3、4では会話に登場した単語やフレーズが選択肢でほかの表現に言い換えられることが多いため、注意が必要です。contactはTOEICでは言い換えとして特に頻繁に登場する単語で、電話、手紙、メール、FAX、さらには直接会う(meet in person)などの連絡方法をすべて含みます。

PART 4

012

Questions 11 through 13 refer to the following telephone message.

W

Hello, Mr. Clement. 11a I'm calling about the e-mail we received from you regarding a problem with your air-conditioner. Unfortunately, the model you purchased is no longer under warranty. 12 It has a great reputation for reliability so it should last you for many years. 11b It might just be a problem with the remote control, but we'll have to charge a call-out fee to take a look at it. The technician will give you an estimate for the repairs and you can decide what you'd like to do from there. 13 Please give me a call back at 555-7372 to schedule an appointment.

11. What kind of product is the speaker calling about?

(A) An automobile
(B) A computer
(C) A piece of clothing
(D) An air conditioner

話し手はどのような商品について電話をしていますか？

(A) 自動車
(B) コンピューター
(C) 衣類
(D) エアコン

12. What does the speaker say about the product?

(A) It is a recent model.
(B) It has a good reputation.
(C) It is difficult to use.
(D) It is very expensive.

話し手は商品について何と言っていますか？

(A) 新しいモデルである。
(B) 評判が良い。
(C) 操作が難しい。
(D) 非常に高価である。

13. Why is the listener asked to return the call?

(A) To arrange an appointment
(B) To make a complaint
(C) To provide a model number
(D) To talk with a salesperson

なぜ聞き手は電話を折り返すよう求められていますか？

(A) 日程を調整するため。
(B) 苦情を言うため。
(C) 製品番号を伝えるため。
(D) 営業担当と話をするため。

問題11から13は次の電話のメッセージに関するものです。

女

もしもし、Clementさん。エアコンの不具合についていただいたEメールの件でお電話しました。申し訳ありませんが、ご購入いただいたモデルはすでに保証期間が過ぎております。信頼性で高い評価を得ている商品ですので、長くご使用いただけるはずです。単にリモコンの不具合とも考えられますが、点検には出張料がかかります。技術者が修理のお見積もりを出しますので、その結果どうされるかお決めください。日取りを決めたいと思いますので、555-7372まで折り返しお電話をください。

□ be under warranty 保証期間中である　□ reputation 名 評判　□ reliability 名 信頼性　□ remote control リモコン
□ call-out 名 出張、呼び出し　□ estimate 名 見積もり

11. 正解 **(D)**

電話の要件を伝える際の決まり文句I'm calling about ~が聞こえたら、次に答えのヒントがあるはずです。話し手は 11a で「エアコンの不具合についてのEメールの件で」と述べており、エアコンについて電話をしているとわかります。 11b の「単にリモコンの不具合かもしれない」との発言からも、(D)以外は消去できます。

12. 正解 **(B)**

商品については複数の情報が伝えられていますが、 12 It has a great reputation for reliability「信頼性で高い評価を得ている」と一致する(B)「評判が良い」が正解です。パート3、4ではいかに短時間で選択肢の内容を確認するかが正答率を上げる鍵になります。選択肢の主語がすべて同じ場合は、異なる情報のみを縦に見ることを意識しましょう。本問では主語がすべてItなのでrecent model、good reputation、difficult to use、expensiveの部分をざっと縦に見て確認しつつ音声に集中します。

13. 正解 **(A)**

話し手はPlease give me a call back「折り返しお電話ください」に続けてto schedule an appointment「約束の予定を決めるために」と理由を述べており、折り返し電話をするのは点検の予定を決めるためだとわかります。選択肢ではto scheduleをto arrange「調整するため」と言い換えています。

パート4では、トークタイプが初めに予告されます。ここではtelephone messageと聞いて、留守番電話が流れてくることがわかります。「話し手の所属を言う→用件を伝える→詳細を説明する→依頼をする」という典型的な話の型が頭に入っていれば、具体的なメッセージの内容に集中して聞くことができます。この少しの余裕で、聞き取りに大きな差が出ることもありますよ。

PART 4

013

Questions 14 through 16 refer to the following broadcast announcement.

M

14 It's Reg Dawson here with the midday news update. Regretfully, 15a this month's free classical concert at King George Square has been canceled. Heavy rain is expected next week and the cost of providing a tent will be too high. 15b Here at the station, we feel very sorry about the disappointment this must cause a lot of people. We've been promoting it for months. 16 People who have tickets should not throw them away, though. You'll be given an opportunity to exchange them for tickets to the September concert, which will be announced soon.

14. When is the announcement being broadcast?

(A) In the morning
(B) At noon
(C) In the afternoon
(D) At night

お知らせはいつ放送されていますか？

(A) 午前中
(B) 正午
(C) 午後
(D) 夜

15. Why does the speaker say, "We've been promoting it for months"?

(A) He expects many people to attend the event.
(B) He thinks people are tired of hearing about an event.
(C) He regrets that the event will not be held.
(D) He believes the event will be very exciting.

話し手はなぜ "We've been promoting it for months"と言っていますか？

(A) 多くの人がイベントに参加すると見込んでいるため。
(B) 人々がイベントについての話を聞き飽きていると考えているため。
(C) イベントが開催されないことを残念に思っているため。
(D) イベントがとても盛り上がると考えているため。

16. What are listeners with tickets advised to do?

(A) Read an e-mail from the event promoters
(B) Call the ticket seller to discuss refunds
(C) Check the schedules for public transportation
(D) Wait for an opportunity to exchange them

チケットを持っている聞き手は何をするように勧められていますか？

(A) イベント主催者からのEメールを読む。
(B) 返金について話し合うためにチケット販売店に電話する。
(C) 公共交通機関の時刻表を確認する。
(D) 交換する機会を待つ。

問題14から16は次の放送でのお知らせに関するものです。

男

お昼の最新ニュースをReg Dawsonがお伝えします。残念なことに今月のKing George Squareでの無料のクラシックコンサートは中止となりました。来週は豪雨となる見込みで、雨よけテントの準備費は高額になるのです。多くの方を落胆させることとなり、放送局として大変申し訳なく思います。何カ月もの間このコンサートを宣伝してきました。ですが、チケットをお持ちの方は、どうか捨てずに保管しておいてください。9月のコンサートと交換する機会があります。詳細は後日お伝えします。

□ regretfully 副 残念ながら　□ disappointment 名 失望　□ promote 動 ～を宣伝する　□ though 副 でも

---

14. 正解 **(B)**

冒頭 14 のIt's Reg Dawson here with the midday news update「お昼の最新ニュースをReg Dawsonがお伝えします」から、このお知らせは昼に放送されていることがわかるので、(B)が正解です。middayは選択肢ではnoonと言い換えられており、どちらも正午（前後）を意味します。

---

15. 正解 **(C)**

15a で無料コンサートが中止されたことを伝えています。また、15b で多くの人をがっかりさせて申し訳ないと述べており、何カ月もの間宣伝してきたのに開催されないのは残念だという気持ちがあると考えられ、(C)が正解です。中止されたコンサートに人々の参加を期待したり盛り上がると考えるとは想像しにくく、(A)と(D)は不正解です。

郁：話し手の発言の意図を問う問題では、発言前後の話の流れをつかむ必要があります。

奈：問われている発言だけを聞き取っても、その会話の中でどんな気持ちで言っているのかはわからないですからね。

---

16. 正解 **(D)**

設問文の主語はlisteners with tickets「チケットを持っている聞き手」と限定されています。話し手は 16 People who have tickets should not throw them away「チケットをお持ちの方は捨てないでください」と述べていますが「チケットを保管する」などの選択肢はありません。さらにYou'll be given an opportunity to exchange them for tickets to the September concert「9月のコンサートチケットと交換する機会が与えられる」と続けており、それをWait for an opportunity to exchange them「交換する機会を待つ」と言い換えた(D)が正解です。

□ promoter 名 主催者　□ refund 名 返金　□ transportation 名 交通機関

DAY 1
Words and Phrases

□ apology
名詞 **謝罪**
as an apology
謝罪として

□ refund
動詞 **～を払い戻す**
We'll refund the delivery fee.
送料を返金いたします。

□ properly
副詞 **適切に**
The air conditioner is not working properly.
エアコンがきちんと作動していません。

□ disruption
名詞 **混乱**
disruption to train services
列車運行の混乱

□ compensate
動詞 **償いをする**
compensate for the inconvenience
迷惑をかけた埋め合わせをする

DAY 2

店舗

TOEICには様々な店舗が登場します。在庫状況、商品の並んでいる場所や値段を店員に尋ねる会話や、売上数値に関する社内会議、当日限りのセールのお知らせなどが出題されます。

PART 1

016

1. 

W

(A) A woman is paying for her purchases.
(B) A woman is trying on a scarf.
(C) A woman is wrapping an item.
(D) A woman is clearing a table.

(A) 女性が買い物の支払いをしている。
(B) 女性がスカーフを試着している。
(C) 女性が商品を包んでいる。
(D) 女性がテーブルを片付けている。

PART 2

018

2. M What time will you be open until?

W (A) If you like.
(B) By nine o'clock.
(C) We're closing in a few minutes.

何時まで開店していますか？

(A) あなたが望めば。
(B) 9時までに。
(C) あと数分で閉店します。

019

3. W Do you have any books by Dan Bradley in stock?

M (A) We don't have a booking under that name.
(B) Where would you like to stay?
(C) I'll check our inventory.

Dan Bradley の本の在庫はありますか？

(A) そのお名前での予約はありません。
(B) どちらに宿泊をご希望ですか？
(C) 在庫を確認します。

020

4. M Will you be paying with cash or credit card today?

W (A) Let me see how much I have.
(B) That's a good idea.
(C) I'd be happy to.

本日のお支払いは現金にされますか、クレジットカードにされますか？

(A) いくらあるか確認します。
(B) よい考えですね。
(C) 喜んで。

1. 正解 **(C)**

一人の人物が写っている写真です。動詞や目的語の部分が聴き取りポイントになります。女性がカウンターで何かをくるんでいる様子をwrapping an itemと表現した(C)が正解です。itemは商品を表す一般的な単語です。

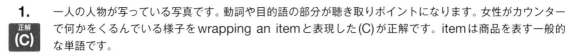

奈：パート1では店舗の写真が定番として出てきます。ここにある不正解選択肢も正解として出題される可能性があります。正解ならばどんな写真が合うか想像しながら英文を何度も繰り返して練習しましょう。

郁：例えば(A) paying for her purchasesは客がレジの前で財布を取り出している様子、(B) trying on a scarfはタグの付いた商品を身に着けて鏡を見ている様子などが設問の写真として登場しそうですね。

□ purchase 名 購入品　□ clear 動 ～を片付ける

2. 正解 **(C)**

何時までお店が開いているのか尋ねる質問に対し、閉店時間があと数分であることを伝えている(C)が応答として適切です。(B)の文は、例えば「9時までに開店準備を終える」のように、その時間までに何かの動作が完了する場合に用いる表現で、この問いかけの答えにはなりません。

3. 正解 **(C)**

問いかけ文のin stockは「在庫にある」という意味です。本があるか尋ねられ、在庫を確認してから回答するという意図を込めた(C)が正解です。(A)のbooking「予約」は問いかけ文のbookに似た音の単語を利用したトラップです。

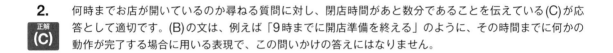

奈：パート2では音のトラップが多いですよね。だいたい半分くらいの問題に出てきます。

郁：でも最近は、正解選択肢の中にも、問いかけ文で聞こえた単語が入っているケースが増えているように感じます。攻略法だけ意識していてはダメなんですよね。

□ in stock 在庫して　□ inventory 名 在庫

4. 正解 **(A)**

現金とクレジットカードのどちらの支払い方法にするかを尋ねられ、答える前にいくら現金があるか確認してみると返す(A)が正解です。(B)と(C)は何かを提案されたときの返しとしてTOEICによく登場しますが、支払方法を尋ねる質問では、意味が通りません。

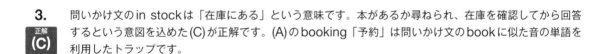

郁：選択疑問文の問題は2～3問出題されます。提示された2つのうち、どちらかを選んで答えるシンプルな問題もありますが、このように少し変化球の応答が正解になるものも増えてきています。

PART 3

022 M W

Questions 5 through 7 refer to the following conversation.

M 5a I'm thinking of buying this refrigerator. 6a Can you tell me what this gold sticker on the side of it means?

W 6b This sticker shows that it doesn't use much electricity. It might be a little more expensive to buy, but you will save money over time because of the lower power costs.

M I see. 5b I'm also interested in buying an air conditioner. Do they use the same system?

W Yes. 5c All of the appliances in this store are marked in the same way.

M Great. Oh, before I forget, 7 how long is the warranty on this model?

---

5. Where does the conversation most likely take place?

(A) At an advertising agency
(B) At an appliance store
(C) At a health food store
(D) At a car dealership

この会話はどこで行われていると考えられますか？

(A) 広告代理店
(B) 家電販売店
(C) 健康食品店
(D) カーディーラー

---

6. What does the woman say about products with a gold sticker?

(A) They are easy to use.
(B) They are very cheap.
(C) They are energy-efficient.
(D) They have an extended warranty.

金色のステッカーが貼ってある商品について女性は何と言っていますか？

(A) 使いやすい。
(B) とても安い。
(C) エネルギー効率が良い。
(D) 延長保証がある。

---

7. What does the man ask about?

(A) The launch date
(B) The size
(C) The shipping costs
(D) The warranty

男性は何について尋ねていますか？

(A) 発売日
(B) サイズ
(C) 送料
(D) 保証

男 女

問題5から7は次の会話に関するものです。

男　この冷蔵庫を買おうと思っています。横に貼ってあるこの金色のステッカーの意味を教えてもらえますか？

女　このステッカーは電気をあまり消費しないことを示しています。価格は少々高いですが、電気代は抑えられるため、長期的にはお金の節約になります。

男　なるほど。エアコンも1台買おうと思っていますが、エアコンも表示方法は同じですか？

女　はい。当店では、すべての家電に同じ表示方法がとられています。

男　わかりました。忘れないうちに聞いておきますが、この型の保証期間はどれくらいですか？

□ appliance 名 電化製品　□ warranty 名 保証

---

5. 正解 **(B)**

この会話が行われている場所を問う問題です。冒頭に注意して聞きましょう。男性が 5a「冷蔵庫を買おうと思っている」と女性に話しかけ、後半で 5b「エアコンも1台買おうかと思っている」と言っています。女性はステッカーについて 5c「当店ではすべての家電に同じ表示方法がとられている」と説明しています。これらの発言から判断し、彼らは(B)家電販売店にいると考えるのが適切です。

会話の場所を問う設問は、パート3で最も多いタイプです。冒頭にヒントが来ることが多いですが、たいてい全体にヒントがちりばめられているので、最後まで会話を聞いた後に解いた方が、不正解選択肢をすばやく除外することができます。

□ dealership 名 販売店

---

6. 正解 **(C)**

設問に具体的な情報gold stickerがあるので、この語句を手掛かりにします。6a で男性が金色のステッカーについて尋ねると、女性が 6b「電気消費が少ない」と説明しています。これをenergy-efficient「エネルギー効率が良い」と言い換えた(C)が正解です。

店舗での会話では、商品の特徴について話題になることがよくあります。環境に優しい（environmentally friendly）、耐久性がある（durable）、人気がある（popular）などポジティブな意味を持つ形容詞も一緒に覚えておきましょう。

□ energy-efficient 形 省エネの　□ extended 形 延長した

---

7. 正解 **(D)**

男性は店員である女性に何度か質問をしていますが、7「この型の保証期間はどれくらいですか」の質問が(D)と合致します。(A)のlaunch date「発売日」はここでは話題に上がっておらず不正解ですが、同義語のrelease dateとともにTOEICで頻出する語句です。

□ launch 名 発売

PART 3

023 M W

Questions 8 through 10 refer to the following conversation and schedule.

M We're going to be really busy with the summer sale next week. 8 Should I send out a memo asking everyone to come in early every day?

W I think they can come in at the regular time. We can just cancel our morning meetings during the sale. 9 I would like the staff to stay here until eight o'clock on the evening before the first day of the sale, though.

M That makes sense.

W Please let them know that the next morning meeting will be the Monday following the sale — 10 I'm taking Friday and the weekend off.

Schedule

Monday	Morning Section Meetings
Tuesday	Summer Sale (Day 1)
Wednesday	Summer Sale (Day 2)
Thursday	Fall Fashion Shipments arrive

8. What does the man offer to do?

(A) Place an advertisement
(B) Investigate new products
(C) Call mall management
(D) Send a memo

男性は何をすると申し出ていますか？

(A) 広告を掲載する。
(B) 新製品を調査する。
(C) ショッピングモールの管理部門に電話をする。
(D) 連絡メモを送信する。

9. Look at the graphic. On what day will the employees be asked to work later than usual?

(A) Monday
(B) Tuesday
(C) Wednesday
(D) Thursday

図を見てください。従業員が通常よりも遅くまで働くよう求められているのはどの日ですか？

(A) 月曜日
(B) 火曜日
(C) 水曜日
(D) 木曜日

10. What does the woman say she will do?

(A) Order some decorations
(B) Take a vacation
(C) Contact head office
(D) Reschedule a delivery

女性は何をすると言っていますか？

(A) 飾りを注文する。
(B) 休暇を取る。
(C) 本部に連絡をする。
(D) 配送の日程を変更する。

男 女

問題8から10は次の会話と予定表に関するものです。

男　来週は夏のセールでとても忙しくなります。全員毎日早めに出勤するよう連絡メモを送っておきましょうか？

女　普段と同じ出勤時間で構わないでしょう。セール期間中は朝の会議を取りやめることもできます。ただ、セール初日の前夜はスタッフには8時までここに残ってもらいたいです。

男　そうですね。

女　次回の朝の会議はセール終了後の月曜日になると皆さんに伝えてください。私は金曜日と週末はお休みをいただきます。

予定表

月曜日	朝の課会議
火曜日	夏のセール (1日目)
水曜日	夏のセール (2日目)
木曜日	秋物の服の納品

□ memo 名 社内連絡メモ　□ though 副 でも　□ make sense 道理にかなう

8. 正解 **(D)**

セールを翌週に控えた社員同士の会話です。男性が 8 でShould I ~?「~しましょうか」と申し出の表現を使って発言しているところがヒントになります。「毎日早めに出勤するように連絡メモを送りましょうか」と申し出ているので、それを「メモを送信する」と短くまとめた(D)が正解です。

□ place 動 (広告など) を出す　□ investigate 動 ~を調査する　□ management 名 管理

9. 正解 **(A)**

女性はセールの準備のためにスタッフが定時より早く出勤する必要はないが、9「セール初日の前日は8時まで残ってほしい」と希望を伝えています。予定表を見るとセール初日が火曜日なので、通常より遅く働いてほしいのは前日の(A) 月曜日のことだとわかります。

Look at the graphic... という指示がある設問は、図と会話の内容を組み合わせて答えるタイプの問題です。どちらかの内容だけでは答えられないように問題が作られています。図を見るときに選択肢にある語句の「ペアとなる情報」に注目しながら音声を聞くのがポイントです。この問題では選択肢に曜日が並んでいるので、各曜日の右にある予定を見ながら会話を聞いてヒントを待ち受けます。

グラフィックを見るタイプの設問は、パート3とパート4で合計5問出題されます。問題を解くときに注意するところが多くて忙しい反面、音で聞こえる内容が視覚的に確認できるので、ヒントが増えるという利点もありますよ。

10. 正解 **(B)**

女性がこれからの予定を話す部分がヒントです。10 で「金曜日と週末に休みを取る」と言っており、take ~ off「休みを取る」をtake a vacationと言い換えた(B)が正解です。他の選択肢については、この会話では触れられていません。

□ decoration 名 装飾　□ head office 本部、本社　□ reschedule 動 ~の日程を変更する

PART 4

025

Questions 11 through 13 refer to the following telephone message.

M

Hi. 11a This is Roger Day from Hapsburg Office Interiors. Umm... Mr. Hartman, 11b your order of three office desks is ready for delivery. The order total comes to one thousand five hundred and twenty dollars. By spending over one thousand dollars, 12 you qualify for a fifty-dollar coupon. 11c The coupon can be used to purchase desks, chairs, counters or even file cabinets. 13a Please give us a call back to set up a date and time for the delivery. We'll be closed from December 1 to December 8, so 13b it would be best if you called us soon. Otherwise, you might have to wait a couple of weeks.

11. Where most likely does the speaker work?

(A) At a flower shop
(B) At a supermarket
(C) At a furniture store
(D) At a real estate agency

話し手はどこで働いていると考えられますか？

(A) 花屋
(B) スーパーマーケット
(C) 家具店
(D) 不動産会社

12. What is the value of the coupon Mr. Hartman qualifies for?

(A) $50
(B) $100
(C) $500
(D) $1,000

Hartmanさんにはいくら分のクーポンが進呈されますか？

(A) 50ドル
(B) 100ドル
(C) 500ドル
(D) 1,000ドル

13. What does the speaker recommend doing?

(A) Filling out a form
(B) Reading a warranty
(C) Attending a workshop
(D) Contacting the store soon

話し手は何をすることを勧めていますか？

(A) 書式に記入する。
(B) 保証書を読む。
(C) ワークショップに参加する。
(D) すぐに店に連絡をする。

問題11から13は次の電話のメッセージに関するものです。

男

こんにちは、Hapsburg オフィスインテリア社のRoger Dayです。ええと、Hartmanさん、ご注文のオフィス用デスク3台の発送準備が整いました。ご注文の合計は1,520ドルです。1,000ドル以上をお買い上げで50ドルのクーポンを差し上げております。クーポンは机や椅子、カウンター、ファイルキャビネットのご購入にもご使用いただけます。配送の日時を決めるために折り返しお電話ください。当店は12月1日から12月8日まで休んでおりますので、お早めにお電話ください。ご連絡がない場合は、数週間お待ちいただくことになるかもしれません。

□ come to 合計～になる　□ qualify for ～の資格を得る　□ set up ～の日時を決める　□ otherwise 副 さもなければ

11. 正解 **(C)**

留守番電話のメッセージでは、冒頭で話し手の属性が紹介されることが多いので、職業を問う設問があるときは始めの部分に注意しましょう。11a の社名Hapsburg Office Interiorsから、話し手の会社がオフィス家具を扱うことが推測できます。続いて 11b で「ご注文のオフィス用デスク」、さらに 11c で「クーポンは机や椅子、カウンター、ファイルキャビネットに利用できる」と言っていることから、(C)家具店が正解です。

TOEICには、その名から業種を推測できる店や会社が多く登場します。日本でも○○不動産のように業種が社名についたものがありますよね。問題を解くときの参考にしましょう。

□ real estate 不動産

12. 正解 **(A)**

メッセージの中に様々な金額が出てきますが、尋ねられているのはHartmanさんが受け取るクーポンの金額です。12「50ドルのクーポンを進呈する」と言っているので正解は(A)。(D) 1,000ドルは、そのクーポンを受け取るために必要な購入額です。この問題のように金額が選択肢に並ぶときは、不正解の金額も本文トークに登場するケースがほとんどです。惑わされないよう注意が必要です。

13. 正解 **(D)**

留守番電話のメッセージでは、用件を伝えた後で、依頼や提案など相手のアクションを促す内容が最後に来る流れが一般的です。後半の 13a で「配送の日時を決めるために店に折り返しお電話ください」と依頼しています。続けて、店が休みに入るために 13b「お早めにお電話ください」と言っています。これらの内容を「すぐに店に連絡をする」とまとめた(D)が正解です。

□ fill out ～に記入する　□ warranty 名 保証

PART 4

026

Questions 14 through 16 refer to the following excerpt from a meeting and chart.

W

14 Thanks for attending the monthly section leaders' meeting. It's October, so the sales report for the third quarter is in. I have made a separate chart for each of the departments. 15 Women's apparel is still our biggest seller, but they've actually seen a decrease in sales in the third quarter. All of the other major departments — menswear, toys, and kitchen appliances — have seen some improvement. Among them, menswear stands out with a ten percent improvement over the previous quarter. 16a Nevertheless, I think the department showing the most promise is actually kitchen appliances. They take up only five percent of our floor space but account for 15 percent of sales. For that reason, 16b we'll be expanding that department next month.

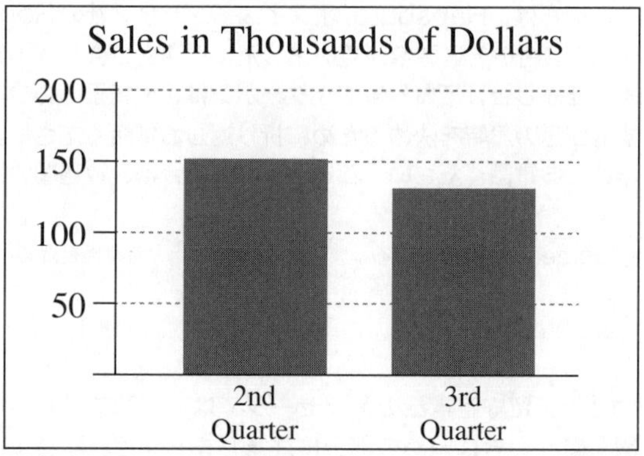

14. According to the speaker, how often is the meeting held?

(A) Once a week
(B) Once a month
(C) Once a quarter
(D) Once a year

話し手によると会議はどのくらいの頻度で行われていますか？

(A) 週に1回
(B) 月に1回
(C) 四半期に1回
(D) 年に1回

15. Look at the graphic. Which department's sales does the chart show?

(A) Menswear
(B) Women's apparel
(C) Kitchen appliances
(D) Toys

図を見てください。表はどの部門の売り上げを示していますか？

(A) 紳士服
(B) 婦人服
(C) 台所用電化製品
(D) 玩具

16. What does the speaker say will happen next month?

(A) The store's operating hours will change.
(B) Some new products will arrive.
(C) A department will be expanded.
(D) A new manager will take over.

話し手は来月何があると言っていますか？

(A) 店の営業時間が変更になる。
(B) 新製品が送られてくる。
(C) ある部門が拡張される。
(D) 新しい部長が仕事を引き継ぐ。

問題14から16は次の会議の一部と図表に関するものです。

女

月例部門長会議に参加いただきありがとうございます。10月ですので、第3四半期の販売報告があります。各部門別の表を作りました。当社では引き続き婦人服の売り上げが最も高いことがわかります。しかし、実際には第3四半期では売り上げの減少が見られました。ほかの主要部門である紳士服、玩具、台所用電化製品では売り上げの向上が見られました。中でも、紳士服は顕著でその前の四半期と比べると10パーセント増加しています。しかし、最も期待できる部門は実際には台所用電化製品だと考えています。床面積では全体の5パーセントにすぎませんが、売り上げは15パーセントを占めています。よって、来月には該当部門を拡張します。

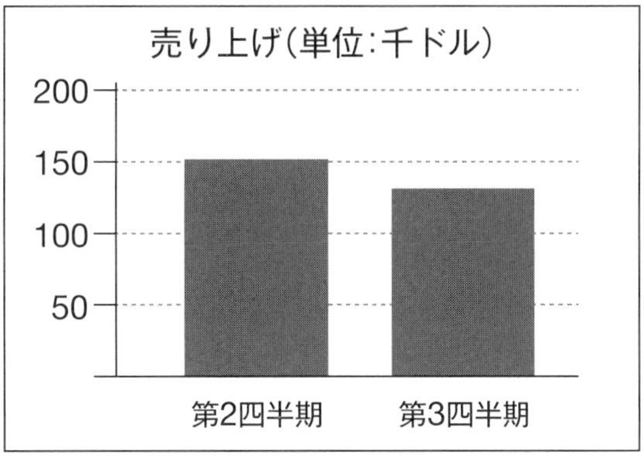

□ apparel 名 衣類　□ major 形 主要な　□ menswear 名 紳士服　□ appliance 名 電化製品
□ stand out 突出する　□ nevertheless 副 しかし　□ promise 名 見込み　□ take up ～を占める
□ account for ～の割合を占める　□ expand 動 ～を拡張する

14. 正解 **(B)**

冒頭で 14「月例部門長会議に参加いただきありがとうございます」と謝意を述べている部分で、この会議が月に1回の会議であることがわかります。monthly「月例の」をonce a monthと言い換えた(B)が正解です。週に一度は形容詞でweekly、四半期に一度はquarterly、年に一度はyearlyと表現します。このような具体的な内容を問う設問では、ヒントが一度しか出てこないことがよくあります。トークが流れる前に設問を読んでおき、ヒントを待ち受けるようにしましょう。

15. 正解 **(B)**

売り上げの図を見ながら答える問題です。選択肢の語句は図にありません。グラフは第3四半期での売上高減少を示しているので、「売り上げが下がっている」のようなネガティブな内容が来ると考えて、部門名を聞き取ります。15 で「婦人服の売り上げが最も高いが、第3四半期は減少している」と指摘しているので、(B)が正解です。選択肢にあるほかの部門については、15 の次の文で売り上げが向上していると報告しています。

16. 正解 **(C)**

16a で「台所用電化製品が最も期待できる部門だと思う」と述べた後、16b「来月この部門を拡張する予定だ」と言っているので、(C)が正解です。設問にあるnext monthはヒントを聞き取るための手掛かりとなる語ですが、時を表す副詞は文の最後に来ることが多くヒントを聞き逃す恐れがあります。タイミングを逸しないようにストーリーの流れをつかんでおくことが大切です。

□ operating hours 営業時間　□ take over ～を引き継ぐ

DAY 2
Words and Phrases

□ **appliance**

名詞 **電化製品**

appliance store

電化製品店

□ **browse**

動詞 **～をざっと見て回る**

Shoppers are browsing the merchandise.

買い物客が商品を見ている。

□ **loyal customer**

上顧客

to thank our loyal customers

お得意様に感謝するために

□ **potential**

形容詞 **潜在的な**

attract potential customers

潜在客を魅了する

□ **membership**

名詞 **会員資格**

Your membership has expired.

会員資格が期限切れとなっております。

DAY 3

人事

TOEICでは頻繁に新規採用が行われます。面接に呼ぶため、また仕事をオファーするための電話は頻出です。新規雇用者のためのオリエンテーションでは、当日の手順や社員バッジの受け取り方が説明されたりします。

PART 1

029

1.

W

(A) They're gathered around a table.
(B) One of the women is holding a door handle.
(C) One of the men is looking at a mobile device.
(D) Some people are greeting each other.

(A) 彼らはテーブルの周りに集まっている。
(B) 女性の一人がドアノブをつかんでいる。
(C) 男性の一人が携帯機器を見ている。
(D) 何人かの人々が挨拶を交わしている。

PART 2

031

2. W Did you interview any promising candidates this afternoon?

M (A) It'll be shipped by the promised date.
(B) Some more than others.
(C) The view was wonderful.

今日の午後の面接で期待できそうな志願者はいましたか？

(A) 約束の日までに出荷されます。
(B) ほかの人よりもいい人が数名いました。
(C) 景色は素晴らしかったです。

032

3. W When have you scheduled the job interviews for?

M (A) How does Friday afternoon sound to you?
(B) Because it's about time.
(C) Was it interesting?

採用面接はいつの予定にしましたか？

(A) 金曜日の午後はどうですか？
(B) もうすぐ時間だからです。
(C) 面白かったですか？

033

4. M Why did you leave your previous employer?

W (A) Just last month.
(B) About five kilometers from here.
(C) I wanted a change.

なぜ以前の仕事を辞めたのですか？

(A) ちょうど先月です。
(B) ここから5キロくらいです。
(C) 変化がほしかったからです。

1. 正解 **(D)**

2人の人物が握手をしています。何らかの挨拶をしている場面であることが推測できるので、greeting each other「挨拶を交わしている」の(D)が正解です。同様の意味でexchanging a greetingという表現もあります。(A)のテーブルや(C)の携帯機器は写っていないため、不正解です。

奈：挨拶を交わしているというのは推測の域を出ません。それでもビジネスの世界では握手をしていれば挨拶を交わしていると解釈するのは自然なことです。このように、推測で成り立つ描写文が正解になることが時々あります。

郁：例えば部屋を出ながら相手に手を振っている写真をwaving good-bye「別れの挨拶をしている」、パソコンの前でキーボードを操作している写真があればentering some data「データを入力している」などが考えられます。

□ gather 動 集まる　□ handle 名 取っ手　□ device 名 機器

2. 正解 **(B)**

面接をしたときに期待できそうな候補者がいたか尋ねられています。(B)はSome candidates were more promising than other candidates「何名かの志願者がほかの志願者より期待できそうだった」を短縮した文であり、質問に対して肯定の返答をしています。(A)は問いかけ文のpromising「期待できそうな」と音の似たpromised「約束された」がありますが、candidates「志願者」は出荷するものではないので不正解です。

□ promising 形 見込みのある　□ candidate 志願者

3. 正解 **(A)**

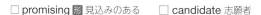

面接の予定を尋ねた相手に、「金曜日の午後はどうですか」と逆に都合を確認している(A)が正解です。おそらくはじめに尋ねた女性もその面接に関係する仕事をしているため、都合を聞かれたのでしょう。理由を答えている(B)は不正解です。

奈：パート2の応答は、実際の会話を一往復分切り取ったものです。おそらくこの応答の後、女性が金曜日についてコメントをして、会話がさらに続くのでしょう。

郁：応答文が質問の形だと、会話が途中で終わった印象に思えるかもしれませんが、一問一答の完結したやりとりだけが正解とは限りません。

4. 正解 **(C)**

採用面接でのやりとりだと思われます。前職を辞めた理由を尋ねられ、理由を「変化がほしかった」と答えた(C)が応答として成り立っています。(A)は時、(B)は場所を尋ねられた場合の応答であり、理由を説明していないため不正解です。

奈：Why～？で理由を問う質問に、「主語＋動詞」でない形は正解になりにくいんですよ。

郁：句で正解になるパターンには、To＋動詞「～するために」、Because of「～のため」などがあります。

□ employer 名 雇用主

PART 3

035 M W

Questions 5 through 7 refer to the following conversation.

M 5 Are you going to apply for that job I told you about at Dunbar Advertising?

W Yes. Thanks for telling me about that. 6 I called Mr. Hill this morning and he's asked me to come in for an interview tomorrow afternoon.

M That was fast. Did you send them a copy of your résumé?

W Yes, I sent it by e-mail. Mr. Hill said he would take a look at it this afternoon.

M I imagine you'll be driving to his office. 7 You should leave early because it's hard to find a parking space and there'll be a lot of traffic.

5. What are the speakers mainly discussing?

(A) Selecting candidates
(B) Preparing a résumé
(C) Advertising a service
(D) Applying for a position

話し手たちは主に何について話し合っていますか？

(A) 志願者を選考すること。
(B) 履歴書を準備すること。
(C) サービスを宣伝すること。
(D) 仕事に応募すること。

6. When will the woman meet with Mr. Hill?

(A) This morning
(B) This afternoon
(C) Tomorrow morning
(D) Tomorrow afternoon

女性はいつHillさんに会いますか？

(A) 今日の午前中
(B) 今日の午後
(C) 明日の午前中
(D) 明日の午後

7. What does the man advise the woman to do?

(A) Take a train
(B) Leave early
(C) Check a business directory
(D) Prepare some questions

男性は女性に何をするよう勧めていますか？

(A) 電車に乗る。
(B) 早めに出る。
(C) 商業名簿を確認する。
(D) 質問を準備する。

男　女

問題5から7は次の会話に関するものです。

男　話していたDunbar広告社の仕事に応募するつもりですか？

女　ええ。教えてくれてありがとうございます。今朝Hillさんに電話したら、明日の午後に面接に来るよう言われました。

男　早いですね。履歴書は送りましたか？

女　はい、Eメールで送りました。Hillさんは今日の午後に目を通しておくと言っていました。

男　きっと事務所までは車で行きますよね。駐車場を見つけるのは大変ですし、交通渋滞もあるでしょうから、早めに家を出た方がいいですよ。

□ apply for ～に応募する　□ interview 名 面接　□ résumé 名 履歴書

DAY 3

5. 正解 **(D)**

会話のトピックを問われたときは、冒頭に注意して聞きます。男性が 5「Dunbar広告社の仕事に応募するつもりか」と尋ね、女性がinterview「面接」に行くと答えています。その後もrésumé「履歴書」について確認したり、面接に行く際の助言をするなど、会話を通して新しい仕事に応募することについて話しているため、(D)が正解です。話し手たちが誰かを雇う話はしていないため、(A)は不正解です。履歴書はすでに送っているので、(B)の履歴書の準備についての話もしていません。

□ candidate 名 志願者

6. 正解 **(D)**

女性が 6「Hillさんに今朝電話をしたら、明日の午後面接に来るように言われた」と言っているので、(D)が正解。(A)は女性がHillさんに電話をした時間なので、不正解です。

7. 正解 **(B)**

男性の発言で、相手に助言をする部分を待ち構えます。男性は交通渋滞や駐車場が見つけにくいことを理由に、7 でYou should leave early「早めに出発すべきだ」と勧めているので(B)が正解です。(D)は面接に際しての助言とも考えられますが、この会話ではその内容について話していません。

□ directory 名 名簿

PART 3

036 W M1 M2

Questions 8 through 10 refer to the following conversation with three speakers.

W Hi, Mike and Jonathan. I've just been informed that 8 Ken Wallace is leaving the company next month. He's taken a job at Fielding Fashion. I'd like you two to find a replacement. 9a Are any of our current employees ready for a promotion?

M1 9b Well, I think Maxine Lin would make a good sales manager. What do you think, Mike?

M2 9c Yes, she's well qualified. She's popular with the other employees too, which is important.

M1 Right. Can we offer her the position and hire a new junior sales assistant?

W Let's think about it and make a decision tomorrow.

M2 Jonathan and I will be in Seattle tomorrow. We're attending a conference.

W OK. 10 I'll send you an e-mail with my suggestion.

---

8. What will Mr. Wallace probably do next month?

(A) Start a new position
(B) Be promoted to manager
(C) Go on a business trip
(D) Interview job applicants

Wallaceさんは来月何をすると考えられますか？

(A) 新しい仕事を始める。
(B) 部長に昇格する。
(C) 出張に行く。
(D) 求職者と面接をする。

---

9. What do the men say about Maxine Lin?

(A) She has a new qualification.
(B) She has requested a vacation.
(C) She is ready for a promotion.
(D) She is a company founder.

Maxine Linさんについて男性たちは何と言っていますか？

(A) 新しい資格を持っている。
(B) 休暇を申請した。
(C) 昇進するに値する。
(D) 会社の創業者である。

---

10. What does the woman say she will do?

(A) Reserve some accommodation
(B) Update her résumé
(C) Revise a schedule
(D) Send an e-mail

女性は何をすると言っていますか？

(A) 宿泊施設を予約する。
(B) 履歴書を更新する。
(C) 予定表を修正する。
(D) Eメールを送る。

女 男1 男2

問題8から10は次の3人の会話に関するものです。

女　こんにちは、MikeとJonathan。今聞いたんですが、来月Ken Wallaceさんが会社を辞めるそうです。彼はFielding Fashion社での仕事に就いたんです。二人には後任を探してほしいと思います。今の従業員の中で昇進できそうな人はいますか？

男1　Maxine Linさんが営業部長には向いていると思います。Mikeさん、どう思いますか？

男2　ええ、彼女は適任だと思います。ほかの従業員にも人気があります。重要なことです。

男1　そうですね。Maxine Linさんにこのポストを提示して、新しく営業補佐を雇ってもいいでしょうか？

女　よく考えて、明日決定しましょう。

男2　Jonathanさんと私は明日シアトルにいます。会議に参加しますので。

女　わかりました。私の考えをEメールで送ります。

□ replacement 名 後任　□ current 形 現在の　□ promotion 名 昇進　□ make 動 ～になる
□ qualified 形 適任の　□ hire 動 ～を雇う　□ conference 名 会議　□ suggestion 名 提案

8.
正解 **(A)**

設問のMr. Wallaceをキーワードにしてヒントを待ち受けます。女性が 8 「Wallaceさんが来月会社を辞め、Fielding Fashion社で仕事を始める」と言っています。その内容をstart a new position「新しい仕事を始める」とまとめた(A)が正解です。その後Wallaceさんの後任としてsales manager「営業部長」に昇進する人を探す会話が続きますが、Wallaceさん自身が昇進するわけではないため(B)は誤りです。

□ applicant 名 応募者

9.
正解 **(C)**

設問の主語がmenと複数形になっているため、男性2人が共有している意見を聞き取ります。女性がWallaceさんの後任として 9a 「従業員の中で昇進できそうな人がいるか」と尋ねています。男性の1人が 9b 「Maxine Linさんが営業部長に向いている」と言い、その意見を求められたもう1人の男性が 9c 「彼女は適任だと思う」と返しています。つまり、Maxine Linさんが後任として営業部長に昇進することに2人が同意しているので、(C)が正解です。営業部長に推薦されるほどなので、何らかのqualification「資格、適性」を持ち合わせていると推測できますが、その女性が新たに何か資格を取得した話は出てこないので、(A)は不正解です。

パート3の会話はほとんどが2人の間で交わされるものですが、3人の会話も1～2セット必ず出題されます。

会話の中に固有名詞が出たり、複数の人物が共有している内容を問われることが多いですね。とはいえ、3人の会話だからといって、特別な攻略法はありません。設問をあらかじめ読んでおき、ストーリーの流れをつかみながら解答を進める方法は、ほかのタイプの問題を解くときと変わりません。

□ qualification 名 資格　□ founder 名 創業者

10.
正解 **(D)**

会話後半で3人は、営業部長の後任と営業補佐の雇用について明日決定しようと話しています。男性2人が明日出張に行くという発言を受け、女性が 10 「私の考えをEメールで送ります」と言っているので正解は(D)です。女性が職に応募をするわけではないので(B)は不正解です。

□ accommodation 名 宿泊施設　□ revise 動 ～を修正する　□ résumé 名 履歴書

038

Questions 11 through 13 refer to the following talk.

M

11a I'd like to welcome you all to Polytech One. 11b Because this is your first day here, I'll be showing you around the entire facility. 11c Depending on what department you've been hired for, this may be your first and last visit to many sections. 12 If you take a look at the last page of your employee manual, you'll find a map of the facility. It might help to look at that from time to time so that you know where you are. The tour will finish at about twelve o'clock. 13 Our last stop will be the cafeteria. I have meal coupons that you can use there. I'd like to pass them out now before I forget.

11. Who most likely are the listeners?

(A) New hires
(B) Investors
(C) Tourists
(D) Gardening enthusiasts

聞き手たちは誰だと考えられますか？

(A) 新規採用者
(B) 投資家
(C) 観光客
(D) 園芸愛好家

12. What does the speaker suggest listeners do?

(A) Compare some products
(B) Improve product design
(C) Try on some clothing
(D) Look at an employee manual

話し手は聞き手たちに何をすることを勧めていますか？

(A) 製品を比べること。
(B) 製品デザインを改善すること。
(C) 衣服を試着すること。
(D) 従業員マニュアルを見ること。

13. According to the speaker, where will the tour end?

(A) At a conference room
(B) At some accommodations
(C) At a cafeteria
(D) At an administration office

話し手によれば、見学はどこで終わりますか？

(A) 会議室
(B) 宿泊施設
(C) 食堂
(D) 管理事務所

問題11から13は次の話に関するものです。

男

皆さん、Polytech One社へようこそ。本日が皆さんにとっては初日に当たりますので、施設全体をご案内します。採用部署によっては、多くのセクションに立ち入るのは今回が最初で最後になるかもしれません。従業員マニュアルの最後のページで、施設の地図が確認できます。時々それを見ると自分の現在地を知るのに役立つでしょう。見学は12時ごろ終了します。最後の目的地は食堂です。そこで利用できる食事券があります。忘れないうちに今お配りしておきます。

□ entire 形 全体の　□ facility 名 施設　□ hire 動 ～を雇う

11. 正解 **(A)**

話し手は冒頭で 11a「皆さん、Polytech One社へようこそ」と聞き手全員に歓迎のあいさつをし、続いて 11b「皆さんにとって初日なので施設全体を案内する」、さらに 11c「皆さんが採用された部署によっては」と言っています。これらの発言から、聞き手はこの会社の新入社員だと推測できるので(A)が正解。新入社員を表すフレーズはnew hireのほかnew employee、new staff、recently hired workerなどがあります。

□ hire 名 雇われた人　□ investor 名 投資家　□ enthusiast 名 愛好家

12. 正解 **(D)**

話し手は、初めて施設見学をする聞き手に 12「従業員マニュアルの最後のページに施設の地図がある」、続いて「自分の現在地を知るのに、それが役立つだろう」と言っています。話し手はYou should ～のような明確な提案表現を使ってはいませんが、話の流れから、聞き手にマニュアルを見ることを促していると判断できます。よって正解は(D)です。

□ clothing 名 衣類

13. 正解 **(C)**

見学が12時に終了することを告げた後、13「最後の目的地は食堂」と言っているので(C)が正解です。tourは観光地などを訪れるツアーだけでなく、工場や博物館などの施設の「見学」にも使われる単語です。

新入社員に会社の施設を案内するトークは時々出題されます。人事スタッフが指揮をとり、見学コースの案内や、配布物の確認、提出物の依頼をする場面もあります。

□ accommodation 名 宿泊施設　□ administration 名 管理

039

Questions 14 through 16 refer to the following announcement.

W

Before we finish the meeting, 14a I'd like to let you all know that we've found someone to replace Ms. Depesto in the accounting department. 14b His name is Roger Armstrong and he'll be starting next week. He was referred to us from Colins Trading, so we have high expectations. 15 I've organized a lunch party to welcome him to the company on Monday. It will be catered so there is no need for you to bring lunch from home on that day. By the way, I got an e-mail from Ms. Depesto this morning. 16 She seems to have settled into her new position at headquarters. She mentioned that she might be paying us a visit in May.

14. In which department will Mr. Armstrong most likely work?

(A) Accounting
(B) Sales
(C) Human resources
(D) Administration

Armstrongさんはどの部署で働くと考えられますか？

(A) 経理
(B) 営業
(C) 人事
(D) 管理

15. What has been scheduled for Monday?

(A) A sales event
(B) A welcome party
(C) An orientation session
(D) A cooking demonstration

月曜日に何が予定されていますか？

(A) 販売イベント
(B) 歓迎会
(C) オリエンテーション
(D) 料理の実演

16. What does the speaker say about Ms. Depesto?

(A) She will leave the company in May.
(B) She has transferred to another office.
(C) She is looking forward to retirement.
(D) She paid for some refreshments.

Depestoさんについて話し手は何と言っていますか？

(A) 5月に会社を辞める。
(B) ほかのオフィスに転勤になった。
(C) 退職を楽しみにしている。
(D) 飲み物の代金を支払った。

問題14から16は次のお知らせに関するものです。

女

会議を終了する前に、経理部のDepestoさんの後任が決まったことを皆さんにお伝えします。Roger Armstrongさんという方で、来週から働いてもらいます。Colins Trading社からの紹介ですので、大いに期待しています。月曜日に歓迎昼食会を企画しました。料理が出ますので、当日は家から昼食を持ってくる必要はありません。ところで今朝、DepestoさんからEメールが来ました。本社での新しい仕事にも慣れてきたようです。5月にこちらに顔を出してくれるかもしれないそうです。

□ refer 動 ～を紹介する　□ expectation 名 期待　□ cater 動 ～に料理を提供する
□ seem to ＋動詞　～するように思われる　□ settle into ～に慣れる　□ headquarters 名 本部
□ pay a visit ～を訪問する

DAY 3

---

14. 正解 **(A)**

14a で「経理部のDepestoさんの後任が決まった」と聞き手に伝えており、続く 14b で「後任はRoger Armstrongで、来週から働く」と言っているので、(A)が正解です。設問の手掛かりであるArmstrongさんの名前が出たときにはヒントが流れた後です。設問を先に読んでおき、部署の名前に気を付けてトークを聞くことが重要です。

□ administration 名 管理

---

15. 正解 **(B)**

15 で「月曜日に歓迎昼食会を計画している」と言っています。a lunch party to welcome him「彼を歓迎するための昼食会」をa welcome party「歓迎会」と言い換えた(B)が正解です。lunchという語は何度か出てきますが、料理をデモンストレーションするわけではないので(D)は不正解です。

□ orientation 名 オリエンテーション

---

16. 正解 **(B)**

話し手はDepestoさんよりEメールを受け取り 16「本社での新しい仕事にも慣れてきた」ことを知ったと伝えています。Depestoさんは話し手の事業所にある経理部門から本社に転勤になったのでしょう。すでに転勤先で仕事を始めていることがわかるので(B)が正解です。会社を辞める話は出ていないので(A)や(C)は不正解です。

□ transfer 動 異動する、転勤する　□ refreshment 名 飲み物

DAY 3
Words and Phrases

□ interview
名詞 **面接**

reschedule a job interview
採用面接の日程を変更する

□ internship
名詞 **インターンシップ**

The summer internship will start next week.
夏のインターンシップが来週始まります。

□ personnel
名詞 **人事部、スタッフ**

personnel department
人事部

□ opening
名詞 **就職口、欠員**

inquiry about the job opening
欠員のある職についての問い合わせ

□ vacant
形容詞 **空いている、欠員のある**

fill a vacant position
空きのある職を補充する

DAY 4

受注・発注

TOEICでは、商品やサービスを注文する場面が頻繁にあります。
数量を間違えたり注文とは違う色の商品が届くことがあるため、
返品や返金を要求する会話・トークがよく登場します。

PART 1

042

1.

M

(A) Some plants have been loaded onto a truck.
(B) The man is watering the plants with a hose.
(C) There are potted plants on the steps.
(D) The truck is being filled up with fuel.

(A) 植物がトラックに載せられている。
(B) 男性がホースで植物に水をやっている。
(C) 階段に鉢植えが置いてある。
(D) トラックが給油されているところだ。

PART 2

044

2. W How many shirts should I order for the staff at the event?

M (A) 30 should be enough.
(B) They're $24.
(C) There's a lot of stuff in it.

イベントスタッフ用に何枚シャツを注文すればいいでしょうか？

(A) 30枚あれば十分でしょう。
(B) 24ドルです。
(C) 中にたくさんのものが入っています。

045

3. W Would you like express delivery or standard?

M (A) Just in time.
(B) I'll take the cheaper option.
(C) I'd prefer to have a seat.

速達をご希望ですか、通常配達ですか？

(A) ちょうど間に合います。
(B) 安い方にします。
(C) できれば座りたいのですが。

046

4. M I'd like to request a delivery of some paper.

W (A) The guests are here.
(B) How much do you need?
(C) I like it, too.

紙の配達をお願いしたいのですが。

(A) お客様はここにおられます。
(B) どのくらい必要ですか？
(C) 私も気に入りました。

1. 人が写っていない写真では、まず目立つ物の状態や位置などを確認し、それ以外の物を素早く見てから音声を聞きます。大きく写っているトラックの荷台に鉢植えのような物が積まれている状態をSome plants have been loaded onto a truck.と表現した(A)が正解です。loadは「荷物などを積みこむ」という意味で、have been loadedは「すでに積みこまれて現在もその状態のままである」ことを表します。(B)のThe manは写っていないため不正解、(C)のpotted plants「鉢植え」は写っていますがsteps「階段」には置かれていないため消去できます。(D)のis being filled up「満たされているところだ」は、その動作が今まさに進行中であるという意味なので、動作主（人）が写っていなければ正解にはなりません。

正解 **(A)**

□ load A onto B　AをBに積む　□ water 動 ～に水をやる　□ hose 名 ホース　□ fuel 名 燃料

2. How many ～? で注文数を尋ねているのに対して、素直に30という数で答えている(A)が正解です。～ should be enoughは「それだけあれば足りるはず」というニュアンスで、数を断定しているわけではありません。(B)は金額を答えており、数を問われた際の応答としては不適切です。(C)はstuff「物」という語を含み、問いかけ文にあるstaff「スタッフ」と聞き間違えると選びたくなる不正解の選択肢です。

正解 **(A)**

3. 速達と通常配達のどちらを希望するか尋ねる選択疑問文です。ストレートにexpressかstandardでは答えていませんが、the cheaper option「安い方の選択肢」と応えている(B)が正解です。定冠詞theが使われていることで話者の間に「それのことね」と暗黙の了解が成立します。「安い方」と言えば通常配達のことだと互いに理解しているため自然な応答です。(A)は何が間に合うのか不明ですし、(C)の応答は質問と全くかみ合わず不正解です。

正解 **(B)**

4. 配達の依頼に対して、配達できるかできないかを答えるのではなく「どのくらい必要か」と数を尋ねている質問返しのパターンです。正解は(B)です。

正解 **(B)**

相手の発言に対してこのように質問で返すことは日常生活では頻繁にありますが、場面を瞬時にイメージできないと難しく感じるかもしれませんね。

パート2では復習の際、場面をイメージしながら問いかけ文と正答を何度も音読するパターン定着トレーニングをお勧めします。

PART 3

048 M W

Questions 5 through 7 refer to the following conversation.

M Hi, it's 5a Roger Taylor from Freddie's Seafood Bistro. I'd like to order some ingredients for delivery this afternoon.

W Sure thing. I should let you know in advance that 6 we're a bit busy today. The driver might not be able to get there until 4 o'clock. Will that be a problem?

M 7 Let me talk about that with the head chef and get back to you. 5b We have a lot of dinner reservations this evening and I think he wanted to get started with the preparations a little earlier than that.

W I understand — 5c I hear your new menu is really popular. Anyway, sure. I'll wait for your call.

---

5. Where most likely does the man work?

(A) At a restaurant
(B) At an amusement park
(C) At a government building
(D) At a dental clinic

男性はどこで働いていると考えられますか？

(A) レストラン
(B) 遊園地
(C) 役所
(D) 歯科医院

---

6. What does the woman say about the delivery?

(A) It is more expensive than usual.
(B) It might be late.
(C) It will be carried out by a new company.
(D) It is scheduled weekly.

配達について女性は何と言っていますか？

(A) 通常よりも価格が高い。
(B) 遅くなるかもしれない。
(C) 新会社によって実施される。
(D) 毎週予定されている。

---

7. What does the man say he will do next?

(A) Interview an applicant
(B) Send an invoice
(C) Speak with a coworker
(D) Call a customer

男性は次に何をすると言っていますか？

(A) 応募者と面接をする。
(B) 請求書を送る。
(C) 同僚と話す。
(D) 顧客に電話をする。

男 女

問題5から7は次の会話に関するものです。

男　もしもし、Freddie's Seafood BistroのRoger Taylorです。今日の午後に食材の配達をお願いしたいのですが。

女　かしこまりました。先にお伝えしなければならないのですが、今日は少し立て込んでおりまして、ドライバーは4時になるまで行けないかもしれません。それで問題はないでしょうか？

男　料理長に相談して折り返しお電話します。今晩は夕食の予約がたくさんあり、4時前には準備を始めたがっていたと思いますので。

女　なるほど。新メニューはとても好評だとお聞きしています。いずれにしても、承知しました。お電話をお待ちしております。

□ ingredient 名 （料理などの）原材料　　□ Sure thing. 承知しました

5. 正解 **(A)**

男性は 5a 「Freddie's Seafood BistroのRoger Taylor」だと名乗っており、続けて食材の配達を依頼しています。 5b で「夕食の予約がたくさん入っている」と述べていることからも、レストランで働いているとわかります。また 5c 「新メニューは好評らしいですね」という女性の発言も、男性の職場がレストランであることのヒントとなります。bistroはdiner、eateryと共にrestaurantの言い換えとして覚えておきましょう。

6. 正解 **(B)**

設問文から女性が配達について何か言うことがわかっているので、女性の発言にヒントを待ちます。配達を依頼された女性は 6 「今日は少し忙しく、ドライバーは4時までには行けないかもしれない」と応じています。the driverは配達担当者のことであり、might not be able to get there until 4 o'clockに「通常は4時前には配達している」というニュアンスを感じ取ることができれば女性は配達が遅くなる可能性を示唆しているとわかり正解(B)が選べます。

7. 正解 **(C)**

男性は 7 で「料理長と話してから折り返し電話する」と述べています。男性はレストランで働いておりhead chef「料理長」は職場の同僚と言えるので、(C) Speak with a coworker「同僚と話す」が正解です。「電話をする」とは言っていますが、女性はcustomer「顧客」ではないので(D)は誤りです。

奈：このように発言後の行動が2つ述べられていると、どちらを選べばよいのか混乱しがちです。

郁：「話をする」と「電話をする」の2つですね。ただ、次の行動を問う問題ではあくまで会話直後にすることを問われるので、覚えておくとよいですね。

□ applicant 名 応募者　　□ invoice 名 請求書

049 W1 W2 M

Questions 8 through 10 refer to the following conversation with three speakers.

W1 Did you buy this carpet for the waiting room?

M Yes, I ordered it online. What do you think?

W2 I'm sorry, Todd, but I don't like it. 8a The color doesn't match the curtains or the furniture.

W1 I agree. 8b I think it's a nice carpet, but it doesn't work in this room.

M Well, no one has walked on it yet so I guess we can send it back. Would you mind helping me choose a new one?

W2 Sure, I know a great store for carpets.

M 9 I'm worried about the prices. We don't have much money to spend.

W2 10 There's a wide variety. Why don't we all go tomorrow morning?

M OK.

W1 Sounds good.

8. What do the women say about the carpet?

(A) It is too large.
(B) It is worn out.
(C) It does not suit the room.
(D) It needs special cleaning products.

女性たちはカーペットについて何と言っていますか？

(A) 大きすぎる。
(B) 摩耗している。
(C) 部屋には合わない。
(D) 専用の清掃用品が必要となる。

9. Why is the man concerned?

(A) The budget is limited.
(B) Some important guests will arrive.
(C) A product cannot be returned.
(D) Product quality may have dropped.

男性はなぜ心配していますか？

(A) 予算が限られている。
(B) 重要な来客がある。
(C) 製品は返品できない。
(D) 製品の品質が落ちたかもしれない。

10. When will the speakers probably go shopping?

(A) This morning
(B) This afternoon
(C) This evening
(D) Tomorrow morning

話し手たちはいつ買い物に行くと考えられますか？

(A) 今日の午前中
(B) 今日の午後
(C) 今晩
(D) 明日の午前中

女1　女2　男

問題8から10は次の3人の会話に関するものです。

女1　このカーペットは待合室用に買ったのですか？

男　ええ、インターネットで注文しました。どう思いますか？

女2　Toddさんには申し訳ないですけど、私は好きではありません。色味がカーテンや家具と合っていません。

女1　私もそう思います。素敵なカーペットだとは思いますが、この部屋には不向きです。

男　まだ誰も上を歩いていないので、返品できると思います。新しいものを選ぶのを手伝ってもらえますか？

女2　もちろんです。とてもいいカーペットのお店を知っています。

男　値段が心配ですね。あまりお金はかけられません。

女2　いろいろ種類がありますよ。明日の朝みんなで行ってみませんか？

男　わかりました。

女1　いいですね。

☐ match 動 ～に合う

8. 正解 **(C)**

設問文の主語がthe womenと複数形なので、女性2人に共通する内容を問われています。男性からカーペットについてどう思うかと問われた女性たちは、8a「色がカーテンや家具と合わない」、8b「よい物だとは思うが、部屋には不向きだ」と述べています。女性1のI agreeは相手の意見に賛同する場合の表現であり、女性は2人ともカーペットが部屋に合わないと考えていると言えます。会話で使われているmatch「～と合う、調和する」が選択肢ではsuit「～に合う」に言い換えられています。

☐ suit 動 ～に合う

9. 正解 **(A)**

男性は 9 で「値段が心配だ」と述べ、さらに「使えるお金は多くない」と続けており、男性が心配しているのは使えるお金、つまり予算についてだとわかります。don't have much money to spendが選択肢ではthe budget is limited「予算が限られている」と言い換えられています。

心配事について問われた場合、I'm concernedやI'm worried「心配している」、あるいはI'm afraid「残念ながら」などのネガティブ表現に続いてヒントが登場することが多いです。

聞き取りのポイントを絞りやすいと言えますね。

☐ budget 名 予算　☐ limited 形 限られている　☐ drop 動 落ちる

10. 正解 **(D)**

新しいものを選びたいが値段が心配だと言う男性に、いい店を知っていると言う女性2は 10「様々な種類があるので明日の午前中行ってみないか」と提案しています。女性2の提案に男性、女性1ともに承諾の気持ちを伝えており、行くのは明日の午前中だと考えられます。設問文にprobably「多分」やmost likely「おそらく」がある場合、はっきりとヒントは聞こえないので文脈から判断する必要があります。設問文では新しいカーペットを買うために店に行くとは限定せずgo shopping「買い物に行く」のはいつかを問うています。

PART 4

051

Questions 11 through 13 refer to the following telephone message.

W

Hi. This is Gina Bay, the manager of the Kingsford store. Kingsford is currently hosting the International Tennis Championships. So, 11 we've had a lot of visitors coming in to buy prepaid phones, and we're running out of stock. I'd like to order about 50 units. It's rather urgent, so 12 could you arrange overnight delivery? If there aren't enough left in the warehouse, let me know and I'll contact the other regional stores. 13 I'll be visiting our temporary store inside Kingsford Stadium this afternoon, so you'll have to contact me on my mobile phone. The number's 267-555-4889.

11. What problem does the speaker mention?

(A) Tickets are too expensive.
(B) The wrong ticket price was marked.
(C) Some goods are faulty.
(D) Product stocks are low.

話し手はどんな問題について言及していますか？

(A) 入場券が高すぎる。
(B) 間違った入場料が記されている。
(C) 欠陥商品がある。
(D) 製品の在庫が少ない。

12. What is the listener asked to do?

(A) Consider joining a club
(B) Arrange express delivery
(C) Proofread a brochure
(D) Confirm a price estimate

聞き手は何をするように頼まれていますか？

(A) クラブへの入会を検討する。
(B) 速達を手配する。
(C) パンフレットを校正する。
(D) 見積もり額を確認する。

13. Where does the speaker say she will go this afternoon?

(A) To a factory
(B) To a hospital
(C) To a college
(D) To a stadium

話し手は今日の午後どこに行くと言っていますか？

(A) 工場
(B) 病院
(C) 大学
(D) スタジアム

問題11から13は次の電話のメッセージに関するものです。

女

もしもし、Kingsford 店の責任者の Gina Bay です。Kingsford では現在、国際テニス選手権大会が開催されていますが、たくさんの観光客がプリペイド式携帯電話を買いにきて、品切れになりそうです。50セットくらい注文したいのですが。かなり急ぐので、翌日配達の手配をしていただけますか？　倉庫に十分な在庫がないようでしたら、地域にあるほかの店舗に連絡してみますので、教えてください。今日の午後は Kingsford スタジアム内の仮店舗に行っていますので、連絡は携帯電話にお願いします。番号は、267-555-4889です。

□ currently 副 現在　□ host 動 ～を主催する　□ prepaid 形 プリペイド式の　□ run out of ～を切らす

□ stock 名 在庫　□ urgent 形 緊急の　□ arrange 動 ～を手配する　□ warehouse 名 倉庫　□ regional 形 地域の

DAY 4

11. 正解 (D)

1問目の答えはトークの最初の方にヒントがあるはずです。話し手は 11 で「多くの客がプリペイド式携帯電話を買いにきて品切れになってきている」と伝えています。run out of stock「在庫切れになる」状態は店にとっての問題と言えるので、それをProduct stocks are low「製品の在庫が少ない」と言い換えた(D)が正解です。

□ faulty 形 欠陥のある

12. 正解 (B)

人に何かを頼む際にはCan you ～? Could you ～? Will you ～?など決まったフレーズを使うことが多いため、それらの表現を待ち受けて聞き取ることができれば、その後に答えのヒントが聞こえます。12 で話し手はcould you ～?という表現で翌日配達を依頼しています。overnight deliveryを選択肢ではexpress delivery「速達」と言い換えています。

□ proofread 動 ～を校正する　□ brochure 名 パンフレット　□ estimate 名 見積もり

13. 正解 (D)

13「今日の午後はKingsfordスタジアム内の仮店舗に行く」との発言から正解は(D) スタジアムです。this afternoonは最後に聞こえるので、今後の行動を表すI'll ～やI'm going to ～などの表現を意識して聞くことが重要です。

PART 4

052

Questions 14 through 16 refer to the following telephone message.

M

Good morning, Mr. Klimt. It's Trevor Marsh from Foreman's Warehouse. You were here on Monday and you asked us to order in a few items for you. We received the items you requested ... Um... 14 there's a Wilson stepladder, some power tools, and a couple of internal doors for your house. You'll probably need a truck to carry them away. We have them packaged and waiting for you at the front counter so 15 please come in today or tomorrow. Otherwise, you could give us a call to let us know when you'll be in. It's Tuesday so 16 we're open until nine o'clock today. You can come by any time before then.

14. What kind of business does the speaker work for?

(A) A fresh food market
(B) A car dealership
(C) A hardware store
(D) An appliance store

話し手はどんな種類の事業所で働いていますか？

(A) 生鮮食品市場
(B) カーディーラー
(C) ホームセンター
(D) 家電用品店

15. What does the speaker ask the listener to do?

(A) Visit the store
(B) Read a user's manual
(C) Access the Web site
(D) Present a coupon

話し手は聞き手に対し何をするよう求めていますか？

(A) 来店する。
(B) 取扱説明書を読む。
(C) ウェブサイトを訪れる。
(D) クーポンを提示する。

16. What time will the store close today?

(A) At 4:00 P.M.
(B) At 6:00 P.M.
(C) At 7:00 P.M.
(D) At 9:00 P.M.

今日、店は何時に閉まりますか？

(A) 午後4時
(B) 午後6時
(C) 午後7時
(D) 午後9時

問題14から16は次の電話のメッセージに関するものです。

男

Klimtさん、おはようございます。Foreman's WarehouseのTrevor Marshです。月曜日にご来店された際にいくつかの商品の注文をされていますね。ご注文の商品が入荷しました。えー、Wilsonの脚立、電動工具数点、家に取り付ける内装用ドアが数点です。お持ち帰りになる際にはトラックが必要になると思います。商品は1つにまとめ、正面のカウンターでお待ちしておりますので、今日か明日中にお越しください。それができない場合はお越しいただける日をお電話でお知らせください。本日は火曜日ですので、当店は9時まで営業しています。それまででしたら、いつご来店いただいても構いません。

□ order in ～を注文して取り寄せる　□ stepladder 名 脚立　□ internal 形 内部の　□ package 動 ～をひとまとめにする

14. 正解 **(C)**

このトークは留守番電話のメッセージです。留守電では、自分が誰であるかを冒頭で明確に伝えます。話し手はForeman's WarehouseのTrevor Marshだと名乗っていますが、それがどんな会社か名前だけでは判断ができません。14 で、入荷した商品は「脚立、電動工具と内装用ドア」だと述べていることから、話し手の職場は(C)のhardware store「ホームセンター」だとわかります。(D)のappliance storeは家庭用電化製品を扱う店なので脚立やドアは取り扱いません。

□ dealership 名 販売店　□ hardware 名 工具　□ appliance 名 電化製品

15. 正解 **(A)**

相手に何かをaskする場合、依頼表現が使われます。話し手は 15 のpleaseで依頼の気持ちを表し「今日か明日来てください」と述べています。come inには「入ってくる、到着する」などの意味がありますが、この場合は店に来ることを指していると判断できるので、(A) Visit the store「来店する」が正解です。

□ access 動 ～にアクセスする　□ present 動 ～を提示する

16. 正解 **(D)**

16「本日は9時まで営業している」との発言から、閉店は9時だとわかります。会社や組織を代表して話す場合には、weで「当社、当店、当組織」などを表します。

留守番電話は、話の流れにお決まりのパターンがあります。冒頭で名前と所属先を明確にし、用件を伝えて、最後は相手に何かしらのアクションを求めます。

展開がある程度予測できれば、内容を聞き取りやすいですよね。

DAY 4
Words and Phrases

☐ **business day**

営業日

arrive within three business days
３営業日以内に到着する

☐ **code**

名詞 **コード、記号**

Please enter the promotional code.
販促コードを入力してください。

☐ **reduction**

名詞 **減少**

offer a price reduction
値下げを提供する

☐ **shipping**

名詞 **発送、発送料**

waive shipping fees
発送料を免除する

☐ **estimate**

名詞 **見積もり**

send a price estimate
価格見積もりを送る

DAY 5

娯楽・旅行

TOEICには、ビジネスだけでなく日常生活に欠かせない娯楽や旅行の話題も出題されます。スポーツイベントへの参加呼びかけ、様々なアクティビティに関する会話・トークも多いです。予定が変更されることもよくあります。

PART 1

055

1. 

W

(A) Some bicycles are hanging on the back of a car.
(B) Vehicles are parked in the shade.
(C) Some people are getting into a car.
(D) A lamppost is being installed in a parking area.

(A) 数台の自転車が車の後部に掛けられている。
(B) 車が日陰に駐車されている。
(C) 何人かの人々が車に乗り込んでいるところだ。
(D) 街灯が駐車場に設置されているところだ。

PART 2

057

2. W I bought us a couple of tickets for the concert on Friday evening.

M (A) Here you are.
(B) I can't wait.
(C) Was it any good?

金曜夜のコンサートのチケットが2枚手に入りました。

(A) はい、どうぞ。
(B) 待ちきれません。
(C) 少しはよかったですか？

058

3. W When will you be back from your vacation?

M (A) I had to cancel.
(B) It was fantastic.
(C) To Hawaii.

いつ休暇から戻りますか？

(A) キャンセルしなくてはいけませんでした。
(B) 素敵でした。
(C) ハワイにです。

059

4. M How about a game of golf this weekend?

W (A) About $50.
(B) More than that.
(C) Sorry, I have plans.

今週末にゴルフでもどうでしょう？

(A) 約50ドルです。
(B) それ以上です。
(C) すみませんが、予定があります。

1. 正解 **(A)**

車の後部に自転車が掛かっている状態をそのまま描写した(A)が正解です。駐車されている場所は日陰には見えず、乗り込もうとする人々も写っていないので(B)と(C)は不正解です。(D)の街灯は見えますが、設置中ではありません。

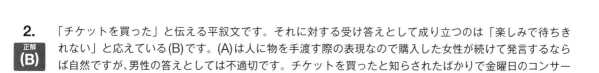

奈：is (are) being ～は「～されているところだ」という意味で、人がその動作をしている途中であることを表わすため、(D)は「(誰かが) 街灯を設置中だ」を意味します。このような受動態の現在進行形の描写文は、基本的には動作主である誰かが写っていない写真では正解になりません。

郁：ただし動詞display「～を陳列する」は例外なので覚えておきましょう。is (are) being displayedで陳列している最中だけでなく、すでに展示された状態も表します。

奈：店舗などで陳列された商品の描写に登場しますよね。

□ lamppost 名 街灯　□ install 動 設置する

2. 正解 **(B)**

「チケットを買った」と伝える平叙文です。それに対する受け答えとして成り立つのは「楽しみで待ちきれない」と応えている(B)です。(A)は人に物を手渡す際の表現なので購入した女性が続けて発言するならば自然ですが、男性の答えとしては不適切です。チケットを買ったと知らされたばかりで金曜日のコンサートにはまだ行っていないはずなので、(C)も応答になりません。

□ any 副 少しは

3. 正解 **(A)**

When ～?で休暇から戻る時を問われていますが、時で答えずI had to cancel.「キャンセルしなければならなかった」と答えている(A)が応答として適切です。男性は何らかの理由で休暇を取ることができなかったという状況を瞬時にイメージする必要があります。これからのことを尋ねているにもかかわらず過去形で答えている(B)は正解にはなりません。(C)は場所を尋ねられた際には正解になり得ますが、時に対する答えになっていません。

4. 正解 **(C)**

How about ～?は人を誘ったり提案をする際の頻出表現です。ゴルフに誘われた女性はI have plans.「予定がある」と言い、間接的に断っています。値段で答えている(A)は誘いに応答しておらず、(B)のMore than that.「それ以上だ」は何のことを言っているか判断できません。

PART 3

061 M W

Questions 5 through 7 refer to the following conversation.

M Hi. 5a I'd like to reserve a table for a party of four for seven o'clock tomorrow night. It's for a colleague's birthday party.

W 5b I'm afraid the dining room is fully booked at seven o'clock. 6 How about eight?

M I'm not sure if everyone can stay out that late. 7 I'll check with the other people in my group and give you a call back in a few minutes.

W Sure. We're always busy on Friday nights. 5c A lot of people like to get something to eat on their way home from work. So, if you don't call back soon, I'll have to give the table to someone else.

5. Where does the woman most likely work?

(A) At a hair salon
(B) At a movie theater
(C) At a supermarket
(D) At a restaurant

女性はどこで働いていると考えられますか？

(A) 美容室
(B) 映画館
(C) スーパーマーケット
(D) レストラン

6. What does the woman suggest?

(A) Coming later in the evening
(B) Viewing a Web site
(C) Checking an advertisement
(D) Introducing a friend

女性は何を勧めていますか？

(A) 夜、もう少し遅く来ること。
(B) ウェブサイトにアクセスすること。
(C) 広告を確認すること。
(D) 友人を紹介すること。

7. What does the man say he will do?

(A) Drop by a store
(B) Charge his mobile phone
(C) Cancel an order
(D) Call the woman again

男性は何をすると言っていますか？

(A) 店に立ち寄る。
(B) 携帯電話を充電する。
(C) 注文を取り消す。
(D) 女性に再度電話をする。

男 女

問題5から7は次の会話に関するものです。

男　こんにちは。明日の夜7時に4人で予約をお願いしたいのですが。同僚の誕生日会のためです。

女　大変申し訳ございませんが、食堂は7時は予約でいっぱいとなっております。8時ではいかがですか？

男　みんながそんなに遅くまでいられるかわかりません。グループのほかの参加者に確認して、数分後にかけ直します。

女　かしこまりました。金曜日の夜はいつも大変混み合っております。お仕事帰りに食事をしていこうと思われる方がたくさんいらっしゃいます。ですので、もしすぐにお電話をいただけなかった場合、別の方に席をお取りすることになります。

□ party 集団、一行　□ stay out 外にいる　□ that 副 そんなに

---

5. 正解 **(D)**

男性が 5a で「4人でテーブルを予約したい」と述べ、女性は 5b「食堂は予約でいっぱい」だと応えています。5c「仕事帰りの食事客が多い」という発言からも、女性の職場は飲食関係だと判断できます。設問文にmost likelyがある場合はっきり答えを言ってくれませんが、情報をつなぎ合わせると(D)しか当てはまりません。

□ hair salon 美容院

---

6. 正解 **(A)**

女性は「7時は予約でいっぱいだ」と告げた後、お勧めや提案の定番表現How about ～?で 6「8時はどうか」と問うています。これをComing later in the evening「夜、もう少し遅く来ること」とした(A)が正解です。

郁：人に何かを勧める際は、How about ～? のほか、Why don't you ～?やYou should ～などの表現がよく使われます。

奈：Won't you ～? やWhat about ～?、You can ～なども、併せて覚えておきたい表現です。

□ view 動 ～を見る

---

7. 正解 **(D)**

男性が答えを言うことが設問文からわかるので、男性の発言に答えを待ち受けます。7「ほかの人に相談して数分後にかけ直す」との発言をCall the woman again「女性に再度電話をする」と言い換えた(D)が正解です。

□ drop by ～に立ち寄る

PART 3

062 M W

Questions 8 through 10 refer to the following conversation.

M Good afternoon. 8a Are you checking in?

W 8b I certainly am. We have three rooms booked. The name's Carter.

M Just a moment. Ah... Here it is. I see you have breakfast included in your stay. 9a Do you have any idea what time you'll be having breakfast each morning?

W 9b What time does the restaurant open?

M From 6:00 A.M. We can arrange a boxed breakfast if you need it earlier than that.

W 10 I'll call you from the room after we decide, if that's OK.

M That'll be fine.

---

8. Where most likely does the conversation take place?

(A) At a hotel
(B) At a restaurant
(C) At a travel agency
(D) At a bookstore

会話はどこで行われていると考えられますか？

(A) ホテル
(B) レストラン
(C) 旅行代理店
(D) 本屋

---

9. What does the woman ask about?

(A) The delivery charges
(B) The opening hours
(C) Room availability
(D) Menu options

女性は何について尋ねていますか？

(A) 配送料
(B) 開店時間
(C) 部屋の空き
(D) メニュー

---

10. What does the woman say she will do?

(A) Invite a colleague
(B) Change a reservation
(C) Call the man
(D) Read a review

女性は何をすると言っていますか？

(A) 同僚を招待する。
(B) 予約を変更する。
(C) 男性に電話する。
(D) レビューを読む。

男 女

問題8から10は次の会話に関するものです。

男　こんにちは。チェックインでしょうか？

女　はい。3部屋予約しています。Carterです。

男　少々お待ちください。ええと、ありました。ご滞在は朝食付きですね。毎朝何時ごろに召し上がるか、おわかりでしょうか？

女　レストランは何時に開くんですか？

男　午前6時からです。それより前をご希望でしたら、朝食のお弁当のご用意もできます。

女　決まったら部屋から電話してもいいですか？

男　承知いたしました。

□ book 動 ～を予約する　□ boxed 形 箱入りの

8. 正解 **(A)**

会話の場所を問う定番の設問です。男性は 8a「チェックインですか」と尋ね、女性が 8b「はい。3部屋予約しています」と答えています。また男性のyou have breakfast included in your stay「滞在は朝食付きですね」という発言もあり、おそらくホテルで行われている会話だと判断できます。正解は(A)です。ホテルにあるレストランの話題は出ていますが、会話はレストランで行われているわけではないので(B)は不正解です。

9. 正解 **(B)**

滞在は朝食付きなので 9a「何時に朝食を希望するか」と聞かれた女性は、9b「レストランは何時に開店するか」と尋ねています。尋ねているのは開店時間なので、(B)が正解です。

「What time will you be having breakfast each morning?」という問いかけに対して「What time does the restaurant open?」という応答は、そのままパート2に出題されそうですね。

疑問文に対して疑問文で受け答えをするパターンは頻出です。パート3の会話の中であれば状況を容易にイメージできるので、パート2のイメージトレーニングに使えますよ。

□ availability 名 利用できること

10. 正解 **(C)**

設問文から女性が自分の今後の行動について発言することがわかるので、女性の発言にヒントを待ち受けます。男性に朝食のオプションを提示された女性は 10 で、「決めたら部屋から電話する」と伝えており(C)の「男性に電話をする」が正解です。

PART 4

064

Questions 11 through 13 refer to the following advertisement.

M

This summer, **11** BlueLine Cruises is offering its most exciting tour yet. Spend 14 days visiting 5 different Asian destinations. At each stop, our expert tour guides will show you the famous sights and take you to the very best shopping and dining areas. On board, **12** a variety of nightly entertainment will be provided by musicians, comedians, and singers including the incredibly popular Randy Silk. Passengers can enjoy 24-hour room service in our three- and four-star accommodation. **13** People interested in joining the cruise should contact our information line at 555-9349. Our friendly operators are ready to take your call.

11. What is the advertisement for?

(A) A trade show
(B) A circus
(C) A cruise
(D) An investment opportunity

広告は何についてですか？

(A) 見本市
(B) サーカス
(C) クルーズ
(D) 投資の機会

12. Who is Randy Silk?

(A) A scientist
(B) A business expert
(C) A company representative
(D) A performer

Randy Silkとは誰ですか？

(A) 科学者
(B) ビジネスの専門家
(C) 会社の代表者
(D) パフォーマー

13. According to the advertisement, how can people learn more about the event?

(A) By calling an information line
(B) By accessing a Web site
(C) By visiting a store
(D) By attending an information session

広告によると、人々はどのようにしてイベントについてより詳しく知ることができますか？

(A) 案内サービスに電話をする。
(B) ウェブサイトを訪れる。
(C) 来店する。
(D) 説明会に参加する。

問題11から13は次の広告に関するものです。

男

この夏BlueLineクルーズ社はかつてないほど心躍るツアーをご提供します。アジアの5つの異なる寄港地をめぐる14日間をお過ごしください。いずれの寄港地でも、経験豊富なツアーガイドが有名な観光スポットをご案内し、お買い物とお食事にぴったりのエリアに皆様をお連れします。船上では、ミュージシャンやコメディアン、また大人気のRandy Silkなどの歌手による様々なエンターテインメントを毎晩ご提供します。ご乗船の皆様は3つ星または4つ星の客室で、24時間のルームサービスをご堪能いただけます。本クルーズへの参加に興味をお持ちの方は、当社案内サービス555-9349までご連絡ください。オペレーターがお客様からのお電話に親身に対応いたします。

□ yet 副 これまでで　□ destination 名 目的地、寄港地　□ expert 形 熟練した 名 専門家　□ nightly 形 毎晩の
□ incredibly 副 非常に　□ accommodation 名 宿泊施設　□ line 名 電話線　□ operator 名 オペレーター

11. 正解 **(C)**

冒頭、話し手は「BlueLineクルーズ社はかつてないほど心躍るツアーを提供する」と述べており、そのツアーについての説明が続いています。社名からクルーズ会社であると判断でき、on board「船上で」、passengers「乗客」、three- and four-star accommodation「3つ星または4つ星の宿泊設備」などのヒントからも宣伝しているのは(C)のクルーズです。trade showは「見本市」と訳されることが多いですが、商品などの展示会を意味します。

郁：社名や様々なヒントから判断できますが、確信が持てない場合は消去法を使うことをお勧めします。

奈：確かに、提供しているのがツアーですからサーカスや投資とは関係ありませんね。

□ investment 名 投資

12. 正解 **(D)**

話し手は船上イベントについて 12「毎晩様々なエンターテインメントを提供する」とし、その中で演者の1人として「大人気の歌手Randy Silk」と述べています。singerをperformer「パフォーマー」と言い換えた(D)が正解です。パート3、4で固有名詞をWhoで尋ねる問題では、話者について尋ねる場合とは違ってヒントが1回しか登場しないことが多いので注意が必要です。聞き逃してしまったらきっぱり諦めて次の設問に集中しましょう。

□ representative 名 代表者

13. 正解 **(A)**

13「イベント参加に興味がある人は情報センターまで電話を」と述べており、「オペレーターが親切に対応する」と続けていることから、詳細を知りたい場合は情報センターに電話をすればよいとわかり、(A)が正解です。

奈：learn more about ～は「～についてより詳しく知る」という意味で、広告では最後の方に登場することが多いです。

郁：「詳細はウェブで！」で広告が終わるイメージですね。

□ access 動 ～にアクセスする

PART 4

065

Questions 14 through 16 refer to the following announcement and schedule.

W

14 Good morning visitors and welcome to SpectacuLand – Florida's newest and most exciting amusement park. After you pass through the ticket gate and enter the park, one of our cheerful park representatives will hand you a park map. We're expecting a lot of visitors today, so you should find the attractions you are most interested in and make your way there first. To ensure your safety, we carry out weekly mechanical inspections of the major rides. As a result, certain rides may be unavailable on the day you visit. 15 Today, I regret that the Triple Twister will be out of action. According to the weather forecast, we're in for a very hot day. If you haven't done so already, we strongly recommend that you take advantage of our 16 newly-constructed covered parking garage.

SpectacuLand
Rides Closed for Safety Inspections

Monday	The Triple Twister
Tuesday	The Joy Rider
Wednesday	The Mega Theater
Thursday	The Gravity Crusher
Friday	The Flying Aces

14. Who most likely is the intended audience for the announcement?

(A) Radio listeners
(B) Amusement park visitors
(C) Customer service staff
(D) Entertainers

このお知らせは誰を対象にしていると思われますか？

(A) ラジオの視聴者
(B) 遊園地の来園者
(C) 顧客サービス係
(D) 芸能人

15. Look at the graphic. On what day is the announcement most likely being made?

(A) On a Monday
(B) On a Tuesday
(C) On a Thursday
(D) On a Friday

図を見てください。お知らせが行われているのは何曜日だと考えられますか？

(A) 月曜日
(B) 火曜日
(C) 木曜日
(D) 金曜日

16. According to the speaker, what is newly available?

(A) Guided tours
(B) Free beverages
(C) Sheltered parking
(D) Printed T-shirts

話し手によると、新たに利用可能なものは何ですか？

(A) ガイドつきツアー
(B) 無料の飲み物
(C) 屋根つき駐車場
(D) プリントTシャツ

問題14から16は次のお知らせと予定表に関するものです。

女

ご来園の皆様、おはようございます。フロリダ州では最新の最もエキサイティングな遊園地、SpectacuLandへようこそ。入園ゲートを通って遊園地に入りますと、元気のよい係員が当園の地図をお渡ししています。本日は多くの来園者が予想されますので、お目当てのアトラクションを見つけて真っ先にそちらに向かうのがいいでしょう。皆様の安全を確保するため、主立った乗り物には機械の点検を毎週実施しています。そのため、ご来園の日にいくつかの乗り物はご利用いただけない場合があります。申し訳ありませんが、本日はTriple Twisterが運休となっております。天気予報によれば、本日はこの後とても暑くなることが見込まれます。まだ駐車がお済みでない方は、新設の屋根付き駐車場をぜひ利用ください。

SpectacuLand

安全点検のための運休

月曜日	The Triple Twister
火曜日	The Joy Rider
水曜日	The Mega Theater
木曜日	The Gravity Crusher
金曜日	The Flying Aces

□ representative 名 係員　□ make one's way 進む　□ ensure 動 ～を確実にする　□ safety 名 安全
□ inspection 名 検査　□ unavailable 形 利用できない　□ regret 動 ～を残念に思う　□ out of action 休止中で
□ strongly 副 強く　□ take advantage of ～を利用する　□ newly-constructed 形 最近建設された

14. 正解 **(B)**

話し手は冒頭 14「エキサイティングな遊園地、SpectacuLandへようこそ」と聞き手を歓迎しています。さらにticket gate「入園ゲート」やpark representatives「園の係員」、attractions「アトラクション」などの語をヒントに情報をつなぎ合わせ、聞き手は遊園地を訪れた人たちであると推測できます。(B) Amusement park visitorsが正解です。the intended audienceを問う問題では、「聞き手誰？」を意識して情報を聞き取りましょう。

15. 正解 **(A)**

図を見ながらトークを聞いて解く問題です。選択肢には曜日が並ぶので、曜日以外の情報である乗り物の名前に注目して聞きます。話し手は乗り物には毎週の安全点検を実施しているとし、さらに 15「本日はTriple Twisterが運休」との情報があります。安全点検実施の予定表を見ると、Triple Twisterの点検は月曜日であることがわかります。正解は(A)です。

16. 正解 **(C)**

話し手は 16 で「新設の屋根付き駐車場をぜひ利用ください」と案内しています。newly-constructed「新設の」から、新たに利用可能となったとわかるので(C)が正解です。covered parking garage「屋根付き駐車場」をsheltered parkingと言い換えています。shelteredは「雨風などから守られた」という意味で、屋根のある状態を表します。

shelterは公園にあるような屋根付き休憩所としても時々パート1に出ますよね。

屋根付き自転車置き場をshelterと描写されたこともありました。基本的に、屋根があればshelterと言えるのですね。

□ sheltered 形 風雨から守られた

DAY 5
Words and Phrases

□ customize

動詞 **～を注文で作る**

We can customize tours to suit your needs.
ニーズに合った旅をご用意します。

□ accommodation

名詞 **宿泊**

reserve hotel accommodations
ホテルの宿泊予約をする

□ paid leave

有給休暇

take paid leave
有給休暇を取る

□ luggage

名詞 **荷物、かばん**

put the luggage in the overhead bin
荷物を頭上の荷物入れに入れる

□ inclement

形容詞 **荒れ模様の**

due to inclement weather
悪天候のため

DAY 6

修理

TOEICではとにかく物がよく壊れます。ホテルの部屋のエアコンが作動しなかったり、車の調子が悪くなったり。そのため、修理関連の話題では、修理の依頼や納期遅れのお詫びなど、日常生活で使える表現が頻出です。

PART 1

068

1. 

M

(A) Buses have been parked along the curb.
(B) A man is putting away some tools.
(C) A man is inspecting a medical device.
(D) A vehicle is being worked on.

(A) 縁石に沿ってバスが駐車している。
(B) 男性が道具を片付けている。
(C) 男性が医療機器を点検している。
(D) 車両に対し作業が行われているところだ。

PART 2

070

2. M When will the glass store come to fix the broken window?

ガラス屋はいつ割れた窓の修繕に来るのですか？

W
(A) In the breakroom.
(B) Very soon.
(C) Okay, I'll check the weather report.

(A) 休憩室でです。
(B) もうすぐです。
(C) わかりました、天気予報を確認します。

071

3. W How much did it cost to repair the refrigerator?

冷蔵庫の修理にいくらかかりましたか？

M
(A) Actually, we bought a new one.
(B) Of course.
(C) If we have time.

(A) 実は新しいのを買ったんです。
(B) もちろんです。
(C) もし時間があれば。

072

4. M The projector in the conference room is out of order again.

会議室のプロジェクターがまた動きません。

W
(A) That project is underway.
(B) How many did they order?
(C) I'll take a look at it.

(A) その企画は進行中です。
(B) 彼らは何個注文しましたか？
(C) ちょっと見てみますね。

1. 正解 **(D)**

トラムのような乗り物の下に、男性が横になって何か作業をしています。その様子をvehicle「車両」を主語にして「車両に対し作業がされているところだ」と受動態の現在進行形で表した(D)が正解です。車両の横には縁石のような物ははっきり写っていないため、(A)は不正解です。男性は何かをinspect「点検」しているように見えますが、医療機器ではないので(C)も誤りです。

郁：vehicleは車輪のある乗り物のことを指します。

奈：乗用車、バス、トラック、それからフォークリフトのような作業車両まで含みますよね。建設車両（construction vehicle）、レンタカー(rental vehicle)、配達車(delivery vehicle)などの熟語も、TOEICでは様々なパートで出てきます。

□ curb 名 縁石　□ inspect 動 ～を点検する

2. 正解 **(B)**

冒頭Whenで修繕に来る時間を尋ねており、「もうすぐ」とストレートに答えた(B)が正解です。問いかけ文にbroken「割れた」とあるため(A)のbreakに引き寄せられるかもしれませんが、breakはここでは「休憩」という意味で使われており、返答になりません。(C)は冒頭のOkay「わかりました」の部分が、問いかけに正しく応答していません。

□ weather report 天気予報

---

3. 正解 **(A)**

修理にかかった値段を尋ねられ、修理をせずに新品を買ったと応答した(A)が正解です。How much did it cost ～の質問には金額で答えたいところですが、修理をしていなければ金額を答えようがありません。(B)と(C)はWH疑問文（WhatやHowなど疑問詞を使った質問）の問いかけの応答としては意味が通りません。

奈：Actually「実は」は、相手が想定していることから外れる返答をするときに、よく使われる副詞です。このやりとりでは、女性は男性が冷蔵庫を修理したと思いこんで質問をしていますが、男性はその想定に反して、冷蔵庫を新調したと答えています。

郁：相手の言っている情報をやんわりと正す役目があります。普段の会話でも多用されますし、TOEICでももちろんおなじみの表現です。

---

4. 正解 **(C)**

「プロジェクターが動作しない」という平叙文のつぶやきに対し、「ちょっと（プロジェクターを）見てみますね」と、相手を助ける返事をしている(C)が正解です。(A)のprojectは問いかけのprojectorに音を似せたトラップです。(B)は何を注文したのか、彼らが誰なのか、このやりとりだけでは情報不足なので応答が成り立ちません。

奈：質問形でない平叙文の問いかけは応答が予想しづらいかもしれませんが、慣れてくるといくつかのパターンがあるのに気づくと思います。この問題のように、相手に協力やアイディアを提示する①提案タイプ、「午後に修理が入りますよ」と情報を伝える②情報タイプ、逆に「次にいつ使う予定ですか?」と情報を聞き出す③質問タイプ、特にアクションは起こさないが「まったく、壊れるのって今週で3回目ですよね」と気持ちに寄り添う④同調タイプなど。

□ out of order 故障して　□ underway 形 進行中の

074 M W

Questions 5 through 7 refer to the following conversation.

M Hi, Rose. 5a I just got a call from a company in Springdale. They want us to come out and repair their roof. 5b Apparently, there was a big leak after yesterday's rain.

W I expect a few calls like that today. 6a If you're taking the big ladder, make sure you check it before you leave. Joe said there was something wrong with it.

M 6b I'll test it before I load it into the van. I'm leaving in a few minutes.

W OK. Let me know if it's broken. 7 I'll be at the hardware store tomorrow, so I can pick us up a new one.

5. Why was the company contacted?

(A) To construct a storeroom
(B) To repair a leak
(C) To clean a garden
(D) To install an appliance

会社に連絡があったのはなぜですか？

(A) 物置を建てるため。
(B) 水漏れを修繕するため。
(C) 庭を掃除するため。
(D) 機器を設置するため。

6. What does the man agree to do?

(A) Call a supplier
(B) Place an advertisement
(C) Test some equipment
(D) Clean a workshop

男性は何をすることに同意していますか？

(A) 供給元に電話すること。
(B) 広告を載せること。
(C) 用具を試すこと。
(D) 作業場を掃除すること。

7. What does the woman offer to do tomorrow?

(A) Attend a conference
(B) Take a vacation
(C) Host a party
(D) Go shopping

女性は明日何をすると申し出ていますか？

(A) 会議に参加する。
(B) 休暇を取る。
(C) パーティーを開催する。
(D) 買い物に行く。

男 女

問題5から7は次の会話に関するものです。

男　こんにちは、Roseさん。いまSpringdaleにある会社から電話がありましたよ。屋根の修繕に来てほしいそうです。どうやら昨日の雨で、水漏れがひどいそうです。

女　今日はほかにも同じような問い合わせがありそうです。大きい方のはしごを持っていく時は、出る前に必ず確認してください。何か不具合があるとJoeが言っていました。

男　バンに積みこむ前に確認します。あと少ししたら出ます。

女　わかりました。壊れていたら教えてください。明日、ホームセンターに行くので、新しいものを買ってきます。

□ apparently 副 どうやら　□ leak 名 漏れ　□ test 動 ～を検査する　□ load A into B　AをBに積む
□ hardware 名 工具

5.
正解 **(B)**

男性が冒頭で 5a「Springdaleの会社から電話があった」と女性に話しかけ、「屋根の修繕に来てほしいそうだ」と依頼があったことを伝えています。次の文 5b で「昨日の雨で水漏れがひどいそうだ」と言っている部分が、修理の理由と考えられます。これをrepair a leak「水漏れを修繕する」と短くまとめた(B)が正解です。

郁：Why ～?で理由を尋ねる設問です。Because ～などの接続詞があればヒントをつかみやすいのですが、この会話ではそれがないですね。

奈：英語では、何かを言った後に理由や背景などの補足情報を続けるパターンが多いことを覚えておくと、文脈からヒントを待ち構えやすくなります。

□ storeroom 名 倉庫　□ appliance 名 機器、電化製品

6.
正解 **(C)**

設問にagree「同意する」とあるので、女性がその前に何らかの提案や依頼をしていると予想します。6a で女性が、大きい方のはしごの具合が悪くないか確認するように言っています。それを受けて男性が 6b で「バンに積みこむ前に確認する」と返しています。ladder「はしご」をequipment「用具」と言い換えた(C)が正解です。

□ supplier 名 供給元　□ place 動 (広告など) を出す

7.
正解 **(D)**

offer to doは相手のために何らかの行動を申し出ること。女性の発言に注目し、これからすることについて聞き取ります。はしごの具合が悪くないか心配している女性は、if it's broken「壊れていたら」と前置きした上で、7「明日ホームセンターに行って新しいものを買ってくる」と言っています。これを「買い物に行く」と要約した(D)が正解です。買い物をするために休暇を利用するかどうかは、この会話では判断できないので(B)は不正解です。

□ conference 名 会議　□ host 動 ～を主催する

PART 3

075 W M

Questions 8 through 10 refer to the following conversation.

W **8** I just heard that an inspector from the city council will be here on Friday morning to check that our elevators have been correctly maintained.

M Does that mean we won't have access to them for a while?

W That's right. **9** I'm going to send an e-mail to all of the employees to let them know not to schedule any meetings with customers while the inspection is being carried out. We can't ask clients to climb stairs all the way to the sixth floor.

M Nice thinking. **10** There is a meeting space on the first floor that we can borrow. It's been provided for all of the tenants to use, so it'll be necessary to reserve it.

8. What will happen on Friday?

(A) Some equipment will be inspected.
(B) A staff member will give a presentation.
(C) Some construction work will start.
(D) An election will be held.

金曜日に何が起こりますか？

(A) 設備が点検される。
(B) スタッフがプレゼンテーションをする。
(C) 建設工事が始まる。
(D) 選挙が行われる。

9. What does the woman say she will do?

(A) Speak with an architect
(B) Take a day off work
(C) Change some schedules
(D) Contact some staff members

女性は何をすると言っていますか？

(A) 建築家と話す。
(B) 1日休暇を取る。
(C) 予定を変更する。
(D) スタッフに連絡する。

10. What does the man suggest?

(A) Buying some new furniture
(B) Holding a customer appreciation event
(C) Using a shared meeting space
(D) Hiring a team of cleaners

男性は何を提案していますか？

(A) 新しい家具を買うこと。
(B) 顧客向けの感謝イベントを開催すること。
(C) 共有の会議スペースを使うこと。
(D) 清掃員を雇うこと。

女　男

問題8から10は次の会話に関するものです。

女　たった今聞いたんですが、金曜日の朝、市の検査官がエレベーターの整備具合の確認に来るそうです。

男　それではしばらくの間エレベーターが使えないということですか？

女　そうです。全従業員にEメールで、検査中は顧客との会議の予定を入れないように通知します。お客様にわざわざ6階まで階段を登ってもらうわけにはいきませんから。

男　それはそうですね。1階に借りられる会議スペースがあります。全テナントが利用可能な施設として提供されていますから、予約が必要です。

□ inspector 名 検査官　□ maintain 動 ～を整備する　□ inspection 名 点検　□ all the way わざわざ
□ tenant 名 借用者

8.
正解 **(A)**

設問中の具体的なキーワードFridayを手掛かりにしてヒントを待ち受けます。女性は 8 で「金曜日の朝、市の検査官がエレベーターの整備具合の確認に来る」と言っています。elevatorsをsome equipment「設備」に、checkをinspect「点検する」に言い換えた(A)が正解です。工事が行われるわけではないので(C)は誤りです。

□ inspect 動 ～を点検する

9.
正解 **(D)**

女性の発言より、未来のことを話している部分に注意します。 9 でI'm going to ～とあるところがヒント。「全従業員にEメールで、検査中は顧客との会議の予定を入れないように通知する」とあり、send an e-mailをcontact「連絡する」、employees をstaff members「職員」と言い換えた(D)が正解です。建築家はこの話題には関係ないので(A)は不正解です。会議の予定を入れないようにするのであって、女性が予定を変更するとは言っていないため(C)も誤りです。

□ architect 名 建築家

10.
正解 **(C)**

エレベーターの点検中は6階で会議をすることを避けたい女性に対し、男性が 10 で「1階に借りられる会議スペースがある」と言っています。「予約が必要」と具体的な情報を伝えていることから、その会議スペースを使用することを提案していると解釈できます。provided for all of the tenants to use「全テナントが利用できる」という表現をshared meeting space「共有の会議スペース」と言い換えた(C)が正解です。

□ appreciation 名 感謝　□ hire 動 ～を雇う

PART 4

077

Questions 11 through 13 refer to the following telephone message.

W

Good afternoon. 11a It's Carol from B and D Auto Mechanics. 11b You left your car with us this morning for some routine maintenance. One of the mechanics just informed me that its brakes need replacing on the front. It's going to cost about £400. 12 I'd like to get your approval before we go ahead with the work. It's a rare model so the parts usually take about 24 hours to arrive. 13 I'm going to order the part now so that you don't have to wait any longer than necessary. We can return it if you decide not to go ahead with the work. Please give me a call when you hear this.

11. Where does the speaker work?

(A) At an automobile repair shop
(B) At an air-conditioning installation company
(C) At a print shop
(D) At a tailor

話し手はどこで働いていますか？

(A) 自動車修理店
(B) エアコンの設置会社
(C) 印刷所
(D) 仕立て屋

12. What does the speaker want the listener to do?

(A) Pick up some belongings
(B) Indicate a color preference
(C) Deliver some documents
(D) Approve an additional cost

話し手は聞き手に何をしてほしいと思っていますか？

(A) 所持品を取りにくる。
(B) 色の好みを知らせる。
(C) 書類を届ける。
(D) 追加費用を承認する。

13. What does the speaker say she will do?

(A) Call a mobile phone
(B) Order a part
(C) Send a price estimate
(D) Schedule an appointment

話し手は何をすると言っていますか？

(A) 携帯電話に電話をする。
(B) 部品を注文する。
(C) 価格見積もりを送る。
(D) 約束の日程を決める。

問題11から13は次の電話のメッセージに関するものです。

女

おはようございます。B and D 自動車整備店のCarolです。今朝、定期点検で当社に車をお預けいただきました。整備士からの報告では前方ブレーキの交換が必要とのことです。費用は400ポンドとなります。作業に取りかかる前にお客様の承諾をいただけますでしょうか。珍しい車種ですので部品調達に24時間ほどかかります。なるべくお待たせしないよう部品はすぐに注文します。作業をご希望でない場合には、部品は返品可能です。これをお聞きになりましたら、お電話をください。

□ auto 名 自動車　□ maintenance 名 整備　□ brake 名 ブレーキ　□ approval 名 承認
□ go ahead with ～を進める

---

11. **正解 (A)**

留守番電話のメッセージでは、話し手の所属先が冒頭に登場することが多いので注意して聞きましょう。11a でB and D Auto Mechanics「B and D 自動車整備店」と社名を名乗り、11b で「定期点検で当社に車を預けた」と言っています。その後もmechanics「整備工」、brakes「ブレーキ」などがヒントになり、話し手の職場が(A)の自動車修理店と考えるのが自然です。

□ automobile 形 自動車の　□ installation 名 設置　□ tailor 名 仕立て屋

---

12. **正解 (D)**

希望を伝える表現に注意して聞きます。預かった車のブレーキ交換が必要だと報告した後、I'd like to ～という願望の表現で始まる 12 で「作業に取りかかる前にお客様の承諾がほしい」と言っています。これは直前の文で言及した400ポンドかかる修理費用の承諾であることがわかります。定期点検で預かった車に新たな修理費用がかかるので、それを「追加費用」と表現した(D)が正解です。

□ belonging 名 所持品　□ preference 名 好み　□ approve 動 ～を承認する　□ additional 形 追加の

---

13. **正解 (B)**

後半の未来表現に注意しましょう。交換が必要なブレーキは調達に時間がかかると言った後、13 でI'm going to ～に続けて「なるべくお待たせしないようにすぐ部品を注文する」と言っているため(B)が正解です。修理費用の話はその前に出ていますが(C)の見積もりを送ることには言及していません。

□ estimate 名 見積もり

PART 4

078

Questions 14 through 16 refer to the following announcement.

W

Good morning everyone. I have some unfortunate news this morning. 14a There appears to be a problem with our office plumbing. 15 A pipe is blocked and water is overflowing onto the floor in the dining room. As a result, you won't be able to use the office dining room or the kitchen. 14b I've called a local plumbing company and they've assured me that they will be here before lunch. 16a It's not clear how long it will take for them to fix the problem, but it doesn't look good. 16b You might have to eat out for lunch today.

14. Where does the announcement most likely take place?

(A) At an office
(B) At a restaurant
(C) At a hotel
(D) At an amusement park

お知らせはどこで行われていると考えられますか？

(A) 事務所
(B) レストラン
(C) ホテル
(D) 遊園地

15. According to the speaker, what is the problem?

(A) The electricity was disconnected.
(B) The computer network is down.
(C) A pipe is blocked.
(D) An appliance is broken.

話し手によると、問題は何ですか？

(A) 電気が止まった。
(B) コンピューターネットワークが落ちた。
(C) パイプが詰まった。
(D) 電化製品が故障した。

16. What does the speaker mean when she says, "it doesn't look good"?

(A) She worries what some clients will think.
(B) She expects some work to take a long time.
(C) She does not like a suggested design.
(D) She has chosen the wrong color.

話し手が"it doesn't look good"と言う際、何を意図していますか？

(A) 顧客がどう思うか心配している。
(B) 作業に長い時間がかかると見込んでいる。
(C) 提案されたデザインが好きではない。
(D) 間違った色を選んだ。

問題14から16は次のお知らせに関するものです。

女

皆さん、おはようございます。今朝は残念なニュースがあります。事務所の配管に問題があるようです。パイプが詰まっており、食堂の床は水であふれています。そのため、事務所の食堂とキッチンは使用できません。すでに近くの配管工事会社に電話して、昼食時までにはここに来る約束になっています。問題の解決までにどのくらい時間がかかるかはわかりませんが、状態はよくなさそうです。皆さんには、今日のお昼は外で食べてもらうことになりそうです。

□ unfortunate 形 残念な　□ appear to ＋動詞 ～するらしい　□ plumbing 名 配管　□ block 動 ～をふさぐ
□ overflow 動 あふれる　□ assure 動 ～に確約する　□ eat out 外食する

14. 正解 **(A)**

14a で「事務所の配管に問題があるようです」とあり、14b で「すでに近くの配管工事会社に連絡をして、昼食時までにはここに来る」と言っているので、話し手と聞き手が(A)の事務所にいると考えられます。dining room「食堂」とkitchen「キッチン」は使用できない場所として言及されているだけで、それらの言葉から連想される(B)レストランや(C)ホテルは、このトークが行われている場所ではありません。

□ amusement park 名 遊園地

15. 正解 **(C)**

14a で配管に問題があることを伝えた後、15 で「パイプが詰まって床に水があふれている」と具体的な被害状況を説明しています。この前半部分が(C)と一致します。電気やネットワークの不具合、電化製品の故障などについては述べられていないので、その他の選択肢は誤りです。

□ disconnect 動 ～の供給を断つ　□ network 名 ネットワーク　□ down 形 動いていない　□ appliance 名 電化製品

16. 正解 **(B)**

発言の意図を問う問題です。 14b で配管工事会社が昼食時までには来ると言っています。 16a「問題の解決までにどのくらい時間がかかるかわからないが」と前置きをして該当文「状態はよくなさそうだ」と発言しています。その次に 16b「今日のお昼は外で食べてもらう」と言っていることから判断すると、話し手は昼食時になっても修理が終わらず食堂が使える状態にならない可能性を示唆しています。つまり該当文は「作業が長くかかる」と見込んでの発言と考えられるので(B)が正解です。

DAY 6
Words and Phrases

□ warranty
名詞 **保証**

apply for an extended warranty
延長保証に申し込む

□ plumbing
名詞 **配管**

due to a plumbing problem
配管の問題のため

□ inspection
名詞 **点検**

schedule an inspection
点検を予定する

□ renovation
名詞 **改装**

The facility will be closed for renovation.
その施設は改装のため閉鎖される。

□ defective
形容詞 **欠陥のある**

replace defective parts
不良部品を取り換える

DAY 7

出張

ビジネスに関するトピックで欠かせないのが出張です。スケジュールを調整する会話、経費の払い戻し申請を促すトーク、レンタカーの予約などが出題されます。

PART 1

081

1. 

W

(A) A man is standing by the exit.
(B) Monitors are being positioned in a lobby.
(C) A man is operating a device.
(D) A briefcase has been placed on a desk.

(A) 男性が出口の近くに立っている。
(B) ロビーにモニターが設置されているところだ。
(C) 男性が機器を操作している。
(D) 机の上にブリーフケースが置かれている。

PART 2

083

2. W Who's going to Toronto to meet the new clients?

M (A) Next week.
(B) The sales manager.
(C) By train.

新規の顧客に会うためにトロントへ行くのは誰ですか？

(A) 来週です。
(B) セールスマネージャーです。
(C) 電車でです。

084

3. W Have you submitted your reimbursement form for your last trip to London?

M (A) Is it mine?
(B) It should last long enough.
(C) Still working on it.

前回のロンドン出張の際の経費精算申請書は提出しましたか？

(A) それは私のものですか？
(B) 十分長く使えるはずです。
(C) まだ作業中です。

085

4. M BFT Manufacturing has invited us to come and look at their new products.

W (A) No, outside the building.
(B) I can make time on Friday.
(C) Our new assembly line.

BFT製造社から新製品を見にきてもらいたいと招待を受けました。

(A) いいえ、建物の外です。
(B) 金曜日なら時間が取れます。
(C) 新しい組立ラインです。

1. 正解 **(C)**

男性が機械の前に立ち、画面に触れて操作しています。この機械をdeviceと表現した(C)が正解です。男性の近くに出口らしいものは見えないので(A)は不正解です。(B)は「be動詞＋being＋過去分詞」で現在進行形の受動態の文となり、モニターが設置されている最中であることを表すため、不正解です。Monitors have been positioned in a lobby.「モニターがロビーに設置された状態である」ならば正解となります。

奈：Monitors <u>are being</u> positionedとMonitors <u>have been</u> positioned。わずかな音の違いが正誤を分けます。

郁：音声を聞きなおして、何度も真似をして発音してみましょう。練習を重ねれば聞きとりの精度が上がっていきます。

□ position 動 ～を置く　□ device 名 機器

2. 正解 **(B)**

パート2は、問いかけ文の冒頭に特に集中して聞き取ります。Whoで人物を尋ねており、セールスマネージャーと答えた(B)が正解。(A)はWhen「いつ」、(C)はHow「どのように」に対する応答です。

奈：冒頭の疑問詞を聞き取ればシンプルに解答できる問題は、毎回必ず2，3問出題されます。

郁：パート2の前半に出題されることが多かったのですが、最近では出題箇所がランダムになった印象がありますね。

3. 正解 **(C)**

(C)は文頭にI'mが省略された文です。出張精算書を提出したかを尋ねられ、まだ精算の作業をしている最中だと状況を説明しているので、応答が成り立っています。質問に対して必ずしもYesやNoで受けるとは限りません。状況を説明したり理由を伝えたりすることで肯定か否定かを示すことが頻繁にあります。

□ submit 動 ～を提出する　□ reimbursement 名 払い戻し

4. 正解 **(B)**

「招待を受けた」と報告する発言に(B)「金曜日ならば時間を取れる」と答えています。つまり応答者がBFT製造社に一緒に行くことを前提に話しており、応答が成り立ちます。場所については言及していないので(A)は不自然です。

奈：問題文が質問の形でない平叙文は、パート2で5問ほど出題されます。質問文で問いかけられたときと違い返答の予想が難しく、選択肢を聞きながら即座に判断する力が問われます。

□ manufacturing 名 製造　□ assembly 名 組み立て

PART 3

087 M W

Questions 5 through 7 refer to the following conversation.

M I have to go to Paris to meet with the leader of the Leflar Theater Group. 5 We're promoting their tour of the United States, and we need to come to an agreement on all of the dates. Anyway, would you like to come along?

W I'd love to, but 6 how long will you be spending there? I have a lot of work to take care of here.

M Just a week. I'm leaving on the 23rd and coming back on the 29th. There're still seats available on the flight and the hotel has a vacancy, too. I'm inviting you because 7 I expect you to replace me next year, when I retire. I want you to have some experience with this kind of thing.

W I see. Well, let me check my schedule. I'll get back to you in a few minutes.

---

5. What is the purpose of the man's trip?

(A) To promote some medical products
(B) To inspect a factory
(C) To finalize a tour schedule
(D) To photograph a historical site

男性の出張の目的は何ですか？

(A) 医療製品を宣伝すること。
(B) 工場を視察すること。
(C) ツアーの予定を確定すること。
(D) 史跡の写真撮影をすること。

---

6. What does the woman ask about?

(A) The departure date
(B) The cost of airline tickets
(C) The accommodation arrangements
(D) The length of the trip

女性は何について尋ねていますか？

(A) 出発日
(B) 航空券代
(C) 宿泊施設の手配
(D) 出張期間

---

7. What does the man say he will do next year?

(A) Retire from the company
(B) Move to the Paris office
(C) Hire an assistant
(D) Lead a training workshop

男性は来年何をすると言っていますか？

(A) 会社を退職する。
(B) パリの事務所に異動する。
(C) 秘書を雇う。
(D) 研修の指導に当たる。

男 女

問題5から7は次の会話に関するものです。

男　Leflar劇団の団長に会いにパリに行かなくてはなりません。劇団のアメリカツアー公演の宣伝を行うので、すべての日程について合意しなければならないのです。ともあれ、同行をお願いできますか？

女　ぜひご一緒したいのですが、どのくらい滞在される予定ですか？　こちらでもしなければならない仕事がたくさんあるので。

男　1週間だけです。23日に出発して、29日に戻ります。飛行機にはまだ空席がありますし、ホテルも空きがあります。お声がけしているのは、来年私が退職したときに、私の仕事を引き継いでもらいたいからです。この手の案件の経験を積んでもらいたいと思っています。

女　わかりました。予定を確認してみます。数分後に連絡します。

□ promote 動 ～を宣伝する　□ agreement 名 合意　□ come along 一緒に来る　□ vacancy 名 空き
□ get back to あらためて連絡する

5. 正解 **(C)**

冒頭文で男性がパリへ劇団長に会いに行くと言い、続く 5 でアメリカ公演の日程に合意する必要があると説明しています。この内容をfinalize「確定する」と言い換えた(C)が正解です。アメリカ公演を宣伝するのが話者たちの仕事ですが、医療製品はこの話に関係がないので(A)は不正解です。

□ inspect 動 ～を点検する　□ finalize 動 ～を確定する　□ photograph 動 ～の写真を撮る

6. 正解 **(D)**

女性の発言の中で、質問をしている部分に気をつけて聞きます。女性はパリへ出張に行く意思を示していますが、6 でどのくらいの期間を出張先で過ごすのか尋ねています。それをlength of the trip「出張期間の長さ」と言い換えた(D)が正解です。

□ accommodation 名 宿泊施設　□ arrangement 名 手配　□ length 名 長さ

7. 正解 **(A)**

男性の発言の中で、next yearをキーワードにヒントを待ち受けます。7 で「来年私が退職したときに引き継いでほしい」と言っているので、(A)が正解です。出張先はパリですが、パリに転勤する話は出ていないので(B)は不正解です。

□ hire 動 ～を雇う

PART 3

088 W M

Questions 8 through 10 refer to the following conversation.

W Hi. My name's Rosa Dahm. 8 I have an appointment to see Dr. Carter for my yearly checkup on Tuesday. Unfortunately, I have to reschedule because I've been called out of town on business.

M I see. 9 When will you be back?

W I'll be back on Friday this week. My schedule is really full next week, too. The only day I have available is Monday. 10a Can you fit me in?

M Well, I'll see what I can do. The doctor has a lot of appointments that day, but seeing as it's just a checkup, 10b we might be able to manage something. I'll give you a call back in a few minutes if that's OK.

8. What is the purpose of the call?

(A) To reschedule an appointment
(B) To reserve some accommodation
(C) To invite a coworker on a trip
(D) To announce a hiring decision

電話の目的は何ですか？

(A) 予約を変更すること。
(B) 宿泊施設を予約すること。
(C) 同僚を旅行に招待すること。
(D) 採用決定を発表すること。

9. What does the man ask about?

(A) A job description
(B) An office location
(C) A return date
(D) A project budget

男性は何について尋ねていますか？

(A) 職務内容
(B) オフィスの所在地
(C) 帰宅日
(D) 事業の予算

10. What does the man mean when he says, "I'll see what I can do"?

(A) He is going to take a practical examination.
(B) He is looking forward to taking a new position.
(C) He will try to accommodate the woman's request.
(D) He is going to cancel a business trip.

男性が "I'll see what I can do" と言う際、何を意図していますか？

(A) 実技試験を受けるつもりだ。
(B) 新しい役職につくことを楽しみにしている。
(C) 女性の要望に応えようとしている。
(D) 出張をキャンセルするつもりだ。

女　男

問題8から10は次の会話に関するものです。

女　こんにちは。Rosa Dahmと申します。年に1度の健康診断のため火曜日にCarter先生で予約しています。あいにく出張が入ってしまい、予定を変更しなければなりません。

男　かしこまりました。いつお戻りになりますか？

女　今週の金曜日に戻ります。来週も予定がいっぱいで、空いているのは月曜日だけなんです。見ていただくことはできますか？

男　何とかやってみます。先生はその日は予約がたくさん入っていますが、健康診断だけですので、調整できるかもしれません。よろしければ、後ほど折り返しお電話いたします。

□ checkup 名 健康診断　□ reschedule 動 ～の予定を変更する

---

8. 正解 **(A)**

電話をかけるときの目的は、たいてい会話の冒頭で伝えます。 8 で、火曜日に健康診断の予約があると言い、I have to reschedule because I've been called out of town on business「出張があるので予約を変更しなければならない」と用件を説明しています。これを短くまとめた(A)が正解です。その他の選択肢については、話題になっていません。

□ accommodation 名 宿泊施設

---

9. 正解 **(C)**

男性は 9 でWhen will you be back?「いつお戻りになりますか」と尋ねています。これをreturn date「帰宅日」と言い換えた(C)が正解です。選択肢は本文の内容を短く要約した表現が頻繁に出てきます。

□ budget 名 予算

---

10. 正解 **(C)**

予約を取り直したい女性は月曜日しか空いていないため、10a で月曜日に予約を入れるよう依頼します。男性は 10b でwe might be able to manage something「調整できるかもしれない」と返しています。この流れから判断すると、ここで問われているI'll see what I can doという発言は、女性の希望の曜日に予約を入れられる可能性があることを示唆しているといえます。よって(C)が正解です。出張のために予定の変更を強いられていますが、出張のキャンセルについては話題に上がっていないので(D)は不正解です。

奈

会話に登場するフレーズの意図を問う問題です。フレーズの前後の話の流れから判断しましょう。会話が流れる前に、設問を見て誰がどんなフレーズを言うのか確認しておく方が、余裕を持って解くことができるでしょう。

□ examination 名 試験　□ accommodate 動 ～に対応する、～を考慮する

PART 4

090

Questions 11 through 13 refer to the following excerpt from a meeting.

M

11 I'd like to discuss our new company policy with regard to the use of rental cars on business trips. In the past, we've allowed employees to rent vehicles for the duration of their stay without having to provide any indication of the vehicle's purpose. From now on, 12 unless potential clients are in secluded locations, or you have too many product samples to carry comfortably, sales staff are required to use public transportation. 13 You can obtain permission to rent a car by filling out a request form that you can download from the server.

11. What is the speaker announcing?

(A) The hiring of a new employee
(B) A change in company policy
(C) The purchase of a company car
(D) An update to a travel schedule

話し手は何を発表していますか？

(A) 新入社員の雇用
(B) 会社の方針の変更
(C) 社用車の購入
(D) 出張予定の変更

12. Who most likely are the listeners?

(A) Sales representatives
(B) Equipment technicians
(C) Training officers
(D) Car mechanics

聞き手は誰だと考えられますか？

(A) 営業担当者
(B) 設備技術者
(C) 研修担当者
(D) 車の整備士

13. According to the speaker, what can people download from the server?

(A) A map
(B) A form
(C) Product specifications
(D) Employee contact information

話し手によると、サーバーから何がダウンロードできますか？

(A) 地図
(B) フォーム
(C) 製品仕様書
(D) 従業員の連絡先情報

問題11から13は次の会議の一部に関するものです。

🇬🇧 男

出張時のレンタカーの使用に関する会社の新しい方針について説明したいと思います。これまで、従業員には車の利用目的は問わずに滞在期間中、車を借りることを許可してきました。今後は、見込み客が交通の便の悪い場所にいるか、または運び切れない数の商品サンプルを持っていく場合以外は、営業担当は公共交通機関を利用していただきます。車を借りるためには、申請書をサーバーからダウンロードして記入すれば許可を得られます。

□ policy 名 方針　□ with regard to ～に関して　□ duration 名 持続期間　□ indication 名 示すこと
□ potential 形 潜在的な　□ secluded 形 人里離れた　□ sample 名 サンプル　□ comfortably 副 快適に
□ transportation 名 交通機関　□ obtain 動 ～を得る

11. 正解 **(B)**

トークのトピックを問う設問です。 **11** で出張中のレンタカー使用に関する新しい方針について説明したいと言っています。つまり方針に変更が生じたことを示唆しているため、(B)が正解です。この文以降もIn the past「これまでは」、From now on「今後は」と新旧を対比させる表現が使われ、新しい方針について説明が続きます。

トピックを問われたときは、全体の内容から判断しなくてはいけませんね。

ヒントがトーク全体に散らばっているので、1番目の設問であっても、ほかの設問を解答してから最後に解く方がスムーズに進むこともあります。

□ hiring 名 採用

12. 正解 **(A)**

聞き手や話し手の職業を尋ねる設問は直接的なヒントがあまりないため、間接的なキーワードを拾いながら判断して答える必要があります。 **12** の内容より、聞き手は見込み客に商品サンプルを持っていく営業担当であることがわかります。本文中のsales staffをsales representativesと言い換えた(A)が正解です。

出張者がレンタカーを使う場面は時々出てきます。希望の車種がなかったり、車の返却が遅れそうになったりなど、ちょっとしたトラブルが伴うことも。

□ representative 名 担当者　□ mechanic 名 整備士

13. 正解 **(B)**

13 でa request form that you can download from the server「サーバーからダウンロードできる申請書」に記入すればレンタカーの使用許可を得ることができると言っているので(B)が正解です。fill outは用紙などに記入をすることです。同義語のfill in a form、complete a formも覚えておきましょう。form「用紙」のほか、survey「アンケート」やapplication「申込書」などが目的語にくることがあります。

□ specifications 名 仕様書

DAY 7

PART 4

091

Questions 14 through 16 refer to the following telephone message.

W

Hi Frank. It's Linda. I'm really sorry, but my flight's been delayed. 14a I'm boarding in a few minutes. I was supposed to leave an hour ago. Anyway, 15 there's a chance that I'll make it to the convention center in time for my talk. I'd rather not risk it, though. 16 Can you talk to the presenters scheduled to speak in the afternoon and see if it would be possible to swap my time with one of theirs? 14b You won't be able to call me while I'm in the air, so just send me a text message.

14. Where most likely is the speaker?

(A) At a hotel
(B) At a stadium
(C) On a train
(D) At an airport

話し手はどこにいると考えられますか？

(A) ホテル
(B) 競技場
(C) 電車
(D) 空港

15. What is the purpose of the speaker's trip?

(A) To meet an applicant
(B) To sign a contract
(C) To inspect a factory
(D) To give a presentation

話し手の出張の目的は何ですか？

(A) 応募者と会うこと。
(B) 契約書に署名すること。
(C) 工場を視察すること。
(D) プレゼンテーションを行うこと。

16. What is the listener asked to do?

(A) Rearrange a schedule
(B) Review some documents
(C) Pay an invoice
(D) Rent a vehicle

聞き手は何をするように求められていますか？

(A) 予定を組み換える。
(B) 書類を精査する。
(C) 請求書の支払いをする。
(D) 車を借りる。

問題14から16は次の電話のメッセージに関するものです。

女

もしもし、Frankさん。Lindaです。大変申し訳ないのですが、私の飛行機が遅れています。もう少ししたら搭乗です。1時間前には出発していたはずなのですが。とにかく、私が話をする時間に間に合うよう会議場に到着できる可能性はあります。でも、リスクを取りたくはありません。私の時間と交代できる人がいるかどうか、午後に発表予定の人と話してもらえますか？　飛行機に乗っている間は電話がつながりませんので、テキストメッセージを送ってください。

□ be supposed to ＋ 動詞　～することになっている　□ make it to ～に間に合う

□ convention center コンベンションセンター　□ risk 動 ～を危険にさらす　□ though 副 でも

□ swap 動 ～を交換する　□ in the air 飛行機に乗っている間

---

14. 正解 **(D)**

話し手は冒頭で自分のフライトが遅れていると伝えた後、**14a** でI'm boarding in a few minutes「あともう少しで搭乗します」と言っています。その後 **14b** で「私が飛行機で飛んでいる間はテキストメッセージを送ってください」と依頼しています。これらの内容より、現在空港から電話で話をしていることが推測されるため、(D)が正解です。

郁：話し手がどの場所からトークをしているか問う問題のヒントは、間接的なものが複数回出てくる傾向があります。1番目の設問で出題されてもすべてのヒントが出るまで待っていては、残りの設問のヒントを聞き逃してしまいます。いったん後回しにして、次の設問を解いているうちに、答えが絞れてくるでしょう。

奈：トピックを問う問題、登場人物の職業を問う問題も同様の傾向があります。

---

15. 正解 **(D)**

飛行機にもうすぐ搭乗する話し手は、**15** より、これから会議場でトークをする予定であることがわかります。さらに午後の発表の人と順番を入れ替えることを相手に依頼していることからも、この出張の目的が(D)「プレゼンテーションを行うこと」と考えるのが妥当です。応募者や契約書、工場視察は話題に出てきていません。

□ applicant 名 応募者　□ inspect 動 ～を点検する

---

16. 正解 **(A)**

16 でCan you ～という依頼表現の後に「午後に発表予定の人たちに、私と順番を入れ替えてもらえる人がいるか話してもらえますか」と尋ねています。話し手は、万が一発表に間に合わなかったときのために、予定よりも後ろの発表の枠と交換したいと考えているので、(A)が正解です。聞き手に依頼をする内容を問われたときは、Can you ～やCould you ～などの依頼表現を手掛かりにしてヒントを待ち受けましょう。

□ rearrange 動 ～の日程を変更する　□ invoice 名 請求書

DAY 7
Words and Phrases

□ expense

名詞 **経費**

travel expenses
出張経費

□ reimburse

動詞 **～を払い戻す**

Approved travel expenses will be reimbursed.
承認を得た出張経費は払い戻しされます。

□ transportation

名詞 **交通手段**

arrange ground transportation
地上の交通手段を手配する

□ itinerary

名詞 **旅程表**

send an updated itinerary
更新された旅程表を送る

□ travel agency

旅行会社

our usual travel agency
我々がいつも使う旅行会社

DAY 8

研修

TOEICでは学びの機会が多く与えられます。新入社員研修、専門分野の知識を深めるセミナーなど、日々多岐にわたる学習機会に恵まれています。申し込みや日程調整、内容について質問があったり、さらには講師依頼など運営者側の視点からも出題されます。

PART 1

094

1.

M

(A) She's arranging some flowers.
(B) She's using some office equipment.
(C) She's opening an office door.
(D) She's putting on a jacket.

(A) 彼女は花を生けている。
(B) 彼女はオフィス機器を使用している。
(C) 彼女は事務所のドアを開けている。
(D) 彼女はジャケットを着ているところだ。

PART 2

096

2. W This afternoon's seminar is on team building, isn't it?

M (A) Building three.
(B) I don't know him.
(C) Problem solving, actually.

今日の午後のセミナーはチーム形成についてですね。

(A) 3号棟です。
(B) 彼のことは知りません。
(C) 実のところ、問題解決についてです。

097

3. W Where can I order tickets for the software developer's workshop?

M (A) Yes, from June 18.
(B) I've installed it.
(C) They're sold out.

ソフトウエア開発者向けの研修会のチケットはどこで注文できますか？

(A) はい、6月18日からです。
(B) インストールしました。
(C) 売り切れです。

098

4. M I'd like to attend this seminar on fashion photography in Chicago.

W (A) How much is it?
(B) Would you like to try it on?
(C) It's a great team.

ファッション写真に関するシカゴでのこのセミナーに参加したいのですが。

(A) いくらなのですか？
(B) ご試着されますか？
(C) 素晴らしいチームです。

1. 正解 **(B)**

女性がコピー機らしき機械を操作している写真ですが、コピー機、FAXなど様々な可能性を考えて悩む必要はありません。office equipment「オフィス機器」というざっくりとした表現で表されている(B)が正解です。パート1で人が1人だけ写った写真では動作と目的語に注意して聞く必要がありますが、ここではuse「使用する」というかなり幅広く使える動詞が使われているため、特に目的語までしっかりと聞き取ることが重要です。equipmentは不可算名詞なので、someの後ろでも複数形にはならないことを覚えておきましょう。(D) putting onは着る動作の途中であることを表すので不正解です。この写真では、wearing「身に着けている」であれば正解となります。

2. 正解 **(C)**

語尾にisn't it?などがついた付加疑問文には、単に「セミナーはチーム形成についてです」と事実を伝えるだけでなく「そうですよね」と確認するニュアンスが加わります。Yes/Noで答えることも可能ですが、Noを省略して「実は問題解決について」だと答えている(C)が正解です。

郁：最後にisn't it?とかhasn't she?などがついているだけで頭の中が？？？になってしまうかもしれません。

奈：Didn't Mr. Ross ～?のように文頭が否定の場合も、ついその部分に気を取られてしまいがちですね。

郁：聞き取るべきはそこではなく文本体の内容なので、「セミナーはチーム形成についてか否か」を意識して選択肢を聞く必要があります。

奈：付加疑問文の場合、Yes/Noは省略されることが多いことも覚えておくとよいですね。

3. 正解 **(C)**

Whereで場所を尋ねていますが、素直に場所を答えていないパターンです。チケット注文場所を聞いた女性に「チケットは売り切れた」と答えている(C)が正解です。(A)はWhenに対してならば答えとして成り立ちます。(B)は問いかけ文にあるsoftwareからなんとなくインストールかな、と想像してしまうと選んでしまうかもしれません。

□ sell out ～を売り切る

4. 正解 **(A)**

セミナーに参加したいとの意思を伝えている平叙文に対し、参加費はいくらなのかを知りたい女性は質問で返しています。正解は(A)です。日常生活の中で疑問文で返答するケースは多く、TOEICにも頻繁に出題されるパターンです。

郁：社内で研修費が決まっているのでしょうか。

奈：出版社？　写真屋ですかね。ファッション写真撮影の技術を向上させたくて上司にお伺いを立てているようですね。

郁：経理部の担当者かもしれませんよ。I'd like to ～と、かなり丁寧に希望を伝えていますね。

奈：それなのに「それ、いくらかかるんですか」と聞き返されては一瞬ひるんでしまいそう。

PART 3

100 W M

Questions 5 through 7 refer to the following conversation.

W Hi, Craig. 5 I'm just organizing the workshops for the new employees we have starting in May. I was wondering if you could lead a couple of them. I'd like you to talk about workplace health and safety.

M Sure. I did that last year, and I still have all the materials. 6 When were you planning on holding the workshops?

W May 19 and 20. I hope you're available.

M Sorry, 7 I have to visit some family members in Florida on those dates. Can you schedule it for another day?

5. What is the main topic of the conversation?

(A) An employee banquet
(B) Training new employees
(C) Launching a marketing campaign
(D) Job interviews

会話の主な話題は何ですか？

(A) 従業員向けの宴会
(B) 新入社員の研修
(C) マーケティングキャンペーンの立ち上げ
(D) 採用面接

6. What does the man ask about?

(A) The budget
(B) The duration
(C) The dates
(D) The guest list

男性は何について尋ねていますか？

(A) 予算
(B) 期間
(C) 日程
(D) 招待者リスト

7. What does the man say he has to do?

(A) Submit a report
(B) Make a speech
(C) Request a discount
(D) Take a trip

男性は何をしなければならないと言っていますか？

(A) 報告書を提出する。
(B) 演説をする。
(C) 割引を求める。
(D) 旅行をする。

女 男

問題5から7は次の会話に関するものです。

女　こんにちは、Craigさん。5月から始まる当社の新入社員研修の準備をしているところです。あなたにいくつか担当していただけないかと思いまして。職場での健康と安全について話していただきたいのですが。

男　もちろんです。去年担当していますし、資料はまだ全部取ってあります。研修会はいつ行う予定なんですか？

女　5月19日と20日です。ご都合がつくといいのですが。

男　すみません、その日はフロリダに住む家族を訪ねなければならないのです。ほかの日程で設定してもらえますか？

□ organize 動 ～の準備をする、～を主催する　□ I was wondering if you could ～　～していただけないかと思いまして
□ workplace 名 仕事場　□ safety 名 安全　□ material 名 資料

5. 正解 **(B)**
会話のトピックを問う定番の設問です。女性は 5 the workshops for the new employees「新入社員研修」の準備中だと述べており、男性に協力を求めています。内容や日程など、研修についての会話が続いているので、主な話題は新入社員の研修であると言え、正解は(B)です。

□ launch 動 ～を開始する　□ campaign 名 キャンペーン

6. 正解 **(C)**
男性が尋ねている内容を問われているので、男性の発言にヒントを待ちます。 6 で「研修はいつ実施する予定か」と聞いており、それをThe dates「日程」とした(C)が正解です。(B)のThe durationは「期間」なので、「何日間開催するのか」と開催期間の長さを尋ねている場合は正解となります。

□ budget 名 予算　□ duration 名 持続期間

7. 正解 **(D)**
男性は 7 で「家族を訪ねなければいけない」と言っています。I have to ～を聞き逃さないよう、「～しなければならない」を表すhave to ～、need to ～、must ～などの表現は日ごろからすぐに思い浮かぶようにしておきましょう。visit some family members in Florida「フロリダに住む家族を訪ねる」が選択肢ではtake a trip「旅行をする」と言い換えられていることに注意が必要です。

□ submit 動 ～を提出する

PART 3

101 W M

Questions 8 through 10 refer to the following conversation and list.

Seminar Speakers	
First Speaker	Randall Day
Second Speaker	Coleen Geertz
Third Speaker	Oliver Smith
10 Fourth Speaker	Kerry Kason

W Harry, 8 I wanted to talk with you about the marketing seminar. One of the speakers can't come and we need to find a replacement. I was hoping you could introduce someone.

M That shouldn't be a big problem. I have a list of marketing experts who are open to speaking publicly. When do you need someone to speak?

W On October 20, and it's at Gladwell Convention Center. 9 I'm in charge of the event this time, and I've had so many things go wrong. I really hope you can help.

M I'm sure I can. What time do you need someone there?

W Well, 10 it's the fourth speaker, so um… that's a three o'clock start.

8. What is the topic of the seminar?

(A) Research
(B) Finance
(C) Marketing
(D) Design

セミナーのテーマは何ですか？

(A) 研究
(B) 財務
(C) マーケティング
(D) デザイン

9. Who most likely is the woman?

(A) An event organizer
(B) A ticket holder
(C) A venue manager
(D) A public speaker

女性は誰だと考えられますか？

(A) イベントの担当者
(B) チケットの所有者
(C) 会場の管理者
(D) 講演者

10. Look at the graphic. Which speaker will be replaced?

(A) Randall Day
(B) Coleen Geertz
(C) Oliver Smith
(D) Kerry Kason

図を見てください。どの講演者が交代しますか？

(A) Randall Day
(B) Coleen Geertz
(C) Oliver Smith
(D) Kerry Kason

女　男

問題8から10は次の会話とリストに関するものです。

女　Harryさん、マーケティングセミナーについてお話したいと思っていました。講演者の一人が来られなくなったので、代わりを見つけなければなりません。誰か紹介してもらえないかと思いまして。

男　問題ないと思いますよ。講演が可能なマーケティング専門家のリストがありますから。講演者はいつ必要ですか？

女　10月20日で、Gladwellコンベンションセンターで行います。今回は私がイベント担当で、いろいろとうまく行かなくて。協力してもらえると本当に助かります。

男　大丈夫です。講演者は何時に着いたらいいですか？

女　4人目の講演者なので、ええと、開始時間は3時です。

セミナー講演者

第1講演者	Randall Day
第2講演者	Coleen Geertz
第3講演者	Oliver Smith
第4講演者	Kerry Kason

□ replacement 名 代わりの人　□ publicly 副 公に

8. 正解 **(C)**

女性は冒頭 8 で「マーケティングセミナーについて話したかった」とHarryに話しかけ、そのセミナーの講演者探しについて話を進めています。講師調達を依頼された男性も「マーケティング専門家のリスト」に言及しており、テーマは(C)マーケティングだと言えます。

9. 正解 **(A)**

女性はマーケティングセミナーの講師を探しており、9 I'm in charge of the event this time「今回は私がイベントの担当だ」と述べています。それに近い意味で、講師調達の役目があるのは「主催者、まとめ役」などの意味を持つorganizerなので(A)が正解です。

セミナーをイベントと言い換えていますね。慣れないとちょっと驚くかもしれませんが、TOEICではありがちですよね。

より広い範囲をカバーする言葉に言い換えるパターンです。研修に関するイベントには社内のworkshop「ワークショップ」やproduct demonstration「製品の実演」なども含まれます。

□ organizer 名 主催者　□ holder 名 保有者　□ venue 名 会場

10. 正解 **(D)**

図表を見ながら解答する問題です。このタイプの問題は、選択肢に書かれていない情報がヒントとして音で聞こえてくるので、選択肢にはない情報を図表で見ながら聞きます。本問では選択肢に名前が並ぶので、会話で名前は言及されず講演の順番がヒントになるはずです。来られなくなった講演者の代替者に心当たりがある男性が、当日何時にその人に来てほしいのか尋ねています。女性は来られなくなったのは 10「4人目の講演者」で開始時刻は3時だと答えており、図で4人目を確認するとKerry Kasonの名前があるので、ほかの人と交代するのはこの人です。

決まっていたはずの講演者が都合で来られなくなるのはTOEICではよくある話です。

ほかの仕事を優先したり、飛行機が遅れて間に合わなかったりとトラブル頻発ですよね。

トラブルが発生しても、パート3の会話では約30秒のうちに必ず解決の糸口が見つかります。だから後半には別案を提案したり、協力を依頼したりする内容がくることが予想できます。

PART 4

103

Questions 11 through 13 refer to the following talk.

M

11 I imagine most of the people at this seminar have been sent by their employers. A lot of companies are about to switch over to Foreman Software's new D45 accounting software and they need to have someone on staff who is familiar with it. Naturally, this class is for novices, so I'll take it quite slowly. As you can see from my name tag, my name is Rod Urch, and I'm going to be leading the seminar today. 12 I'd like you to start by taking out your computers and launching the D45 software. 13 You'll need to enter a password. I'll write a temporary one on the whiteboard in just a moment.

11. What is the seminar about?

(A) Using social media
(B) Customer service
(C) Finding employment
(D) Accounting software

何についてのセミナーですか？

(A) ソーシャルメディアの使い方
(B) 顧客サービス
(C) 就職
(D) 会計ソフト

12. What are the listeners asked to do?

(A) Access a Web site
(B) Take out their computers
(C) Watch a video
(D) Fill out a form

聞き手は何をするように求められていますか？

(A) ウェブサイトにアクセスする。
(B) コンピューターを取り出す。
(C) ビデオを見る。
(D) 用紙に記入する。

13. What does the speaker say he will do next?

(A) Install some software
(B) Hand out name badges
(C) Introduce a colleague
(D) Provide a password

話し手は次に何をすると言っていますか？

(A) ソフトウエアをインストールする。
(B) 名札を配る。
(C) 同僚を紹介する。
(D) パスワードを与える。

問題11から13は次の話に関するものです。

男

このセミナーの参加者はほとんどが、雇用主に派遣された方々でしょう。多くの企業がForeman Software社の新しいD45会計ソフトに切り替えようとしており、それに詳しいスタッフが必要ですから。当然このクラスは初心者向けですので、かなりゆっくりと進めていきます。名札からわかるとおり私はRod Urchで、本日のセミナーの進行役を務めます。コンピューターを出して、D45を起動することから始めてください。パスワードを入力する必要があります。これから仮のものをホワイトボードに書きます。

□ switch over 転換する　□ novice 名 初心者　□ name tag 名札　□ launch 動 ～を起動する

---

11. 正解 **(D)**

冒頭 11 で話し手はセミナーに言及し、新しいD45会計ソフトに切り替えようとしている会社の人たちが参加していると話しています。終盤ではソフトの起動を促しており、会計ソフトについて学ぶと考えられます。

□ employment 名 働き口

---

12. 正解 **(B)**

話し手は 12 でI'd like you to ～「あなた方にしてほしい」という依頼表現を使っています。youは聞き手を指すので、この後に続く内容は聞き手が求められていることだとわかります。 12 では「コンピューターを取り出す」ことと「ソフトを起動する」ことが促されているので、どちらかが正解のはずです。選択肢には前者しかないため、(B)が正解です。

□ access 動 ～にアクセスする　□ fill out ～に記入する

---

13. 正解 **(D)**

設問文から話し手が次に何か行動を起こすこと、彼自身がそれに言及することがわかります。彼は 13 「パスワードの入力が必要なので、仮のものをボードに書く」と発言しています。よって、provide a password「パスワードを与える」と言い換えられている(D)が正解です。

□ name badge 名札

PART 4

104

Questions 14 through 16 refer to the following talk.

W

I hope you've enjoyed my talk on the new procedures my team in the dentistry department at Wakefield University have been developing. 14 It was a great honor to be asked to be the keynote speaker at this year's Halloway Dental Conference. I had been told that a large number of very experienced dentists had signed up for the conference and I was a little nervous to be honest. 15 I will be very interested to read your feedback at the end. We still have a few minutes left before we take a break and one of the other presenters comes on stage. 16 So, please feel free to ask any questions you might have.

14. Where does the talk most likely take place?

(A) At a medical conference
(B) At an awards ceremony
(C) At a product demonstration
(D) At an employee orientation

話はどこで行われていると考えられますか？

(A) 医学学会
(B) 授賞式
(C) 製品の実演
(D) 従業員向けオリエンテーション

15. What does the speaker say she is looking forward to?

(A) Listening to a presentation
(B) Receiving evaluation
(C) Meeting some contributors
(D) Presenting an award

話し手は何を楽しみにしていると言っていますか？

(A) 発表を聞くこと。
(B) 評価を受けること。
(C) 貢献者と会うこと。
(D) 賞を授与すること。

16. What will the speaker probably do next?

(A) Answer some questions
(B) Recommend a class
(C) Distribute a survey
(D) Show some photographs

話し手は次に何をすると考えられますか？

(A) 質問に答える。
(B) 授業を勧める。
(C) アンケートを配布する。
(D) 写真を見せる。

問題14から16は次の話に関するものです。

女

皆さん、わがWakefield 大学歯科部門チームで開発中の新しい施術に関する話にご満足いただけましたでしょうか。今年のHalloway歯科学会での基調講演者として依頼くださったことを大変名誉なことに感じています。学会には非常に経験豊かな多くの歯科医の方々が申し込みをされているとお聞きし、正直少々緊張しておりました。最後に皆さんのご感想を読むことを非常に楽しみにしています。休憩をはさんで、ほかの講演者がステージに上がるまでにまだ少々時間があります。どうぞお気軽にご質問ください。

☐ procedure 名 施術、処置　☐ dentistry 名 歯科医術　☐ honor 名 光栄　☐ keynote 名 基調
☐ conference 会議　☐ feedback 名 意見、感想

---

14. 正解 **(A)**

14 で話し手は「歯科学会に基調講演者として依頼を受けた」と述べ、さらにこの学会には多くの経験豊かな歯科医が参加していると言及しています。このことから講演が行われているのは歯科学会だとわかります。dentalを、さらに広い意味を持つmedicalと言い換えた(A)が正解です。

☐ award 名 賞　☐ demonstration 名 実演　☐ orientation 名 オリエンテーション

---

15. 正解 **(B)**

話し手は 15「皆さんの感想を読むことが楽しみだ」と言っており、read your feedbackをReceiving evaluation「評価を受けること」と言い換えた(B)が正解です。feedbackは「感想」以外に「意見」「反応」などの意味があり、多くのセミナーや研修会で最後に提出を求められます。

☐ evaluation 名 評価　☐ contributor 名 貢献者　☐ present 動 ～を贈呈する

---

16. 正解 **(A)**

16「質問のある方は遠慮なくどうぞ」の言葉でトークは終わっています。当然聞き手は質問をし、話し手はそれに答えると考えられるので(A)が正解です。「最後に感想を読むのを楽しみにしている」や「質問をどうぞ」などの発言はありますが、今からアンケート用紙を配布するとは言っていないので(C)は不適切です。

設問文にprobablyがあるときはハッキリと答えを言わないサインです。

most likelyも同じですよね。どちらも「おそらく」という意味なので「明言はしないけど推測してね」と求められているわけですね。

☐ distribute 動 ～を配る　☐ survey 名 アンケート

DAY 8
Words and Phrases

□ sign up for
～に申し込む

sign up for a seminar
　セミナーに申し込む

□ attendance
名詞 出席

The forum was canceled due to low attendance.
　フォーラムは出席者数が少ないためキャンセルされた。

□ handout
名詞 配布資料

prepare enough handouts for all participants
　全出席者にいきわたるよう配布資料を準備する

□ survey
名詞 アンケート

fill out a survey before leaving
　退出前にアンケートに記入する

□ lead
動詞 ～を主導する

lead a workshop
　ワークショップを主導する

DAY 9

広告

企業が新製品やサービスの発売を宣伝したり、新規オープンする店舗の広告を出したりと、TOEICでは毎回広告に関連する出題が複数あります。店内放送では特売品のお知らせや割引方法などが流れます。クーポン券がもらえることも多いです。

PART 1

107

1. 

M

(A) A group of people is walking down some stairs.
(B) Some shoppers are browsing in a shop.
(C) An awning extends to the walkway.
(D) Some people are waiting in line.

(A) 人々のグループが階段を下りている。
(B) 何人かの買い物客が店内を見て回っている。
(C) 日よけが歩道まで延びている。
(D) 何人かの人々が列になって待っている。

PART 2

109

2. W Did you hear Lippert Furniture's commercial on the radio this morning?

M (A) It's a commercial building.
(B) I must have missed it.
(C) What time will she get here?

今朝のLippert家具店のラジオCMを聞きましたか？

(A) 商業ビルです。
(B) 聞き逃したに違いありません。
(C) 彼女は何時にここに着きますか？

110

3. W How do you think we should promote the new meeting rooms?

M (A) If you feel sure.
(B) Let's see what other companies are doing.
(C) He's been working really hard.

新しい会議室をどのように宣伝すべきだと思いますか？

(A) もし確信があるのでしたら。
(B) 他社がどのようにしているのか見てみましょう。
(C) 彼は本当に一生懸命働いています。

111

4. M There's a position as an administrative assistant advertised in today's newspaper.

W (A) It's by the sofa.
(B) After lunch.
(C) I'll take a look.

今日の新聞に管理部門のアシスタントの募集広告が出ています。

(A) ソファのそばです。
(B) 昼食後です。
(C) 見てみます。

1. 正解 **(D)**

人々が列になって待っている様子をそのまま描写した(D)が正解です。in line「列になって」は、in a line「一列に」と表現されることもあります。列が複数ある場合はin linesです。パート1ではwait in line「列に並んで待つ」人々が頻繁に登場します。(A)の a group of peopleは1つの集団を指すのでここでは単数扱いであることに注意しましょう。階段を降りようとしている人は見えず、shop「店舗」らしいものも写っていないので、(A)(B)は不正解です。awning「日よけ」は写っていますがwalkway「歩道」と呼べるような道まで延びてはいないため、(C)も正解ではありません。「awning」とは店先の壁から延びる日よけのことです。

□ browse 動 見て回る　□ awning 名 日よけ　□ extend 動 達する　□ walkway 名 歩道

2. 正解 **(B)**

「ラジオCMを聞いたか」という問いに対し、「聞き逃したに違いない」と答えている(B)が正解です。Yes/No疑問文では多くの場合応答でYesやNoが省略されており、詳細を理解する力が試されます。must have＋過去分詞で、「～したに違いない」と過去のことについて断言する表現です。(A)は問いかけ文で使われたcommercialという同じ語を敢えて使っていますが、全く応答としてかみ合わないひっかけです。

郁：miss a train「電車に乗り遅れる」、miss a class「授業を欠席する」、miss the news「ニュースを聞き逃す」など、動詞missは様々な訳し方ができますよね。

奈：何かを逃す、という基本イメージを理解していればcommercial on the radioとmissを即座に結びつけることができるでしょう。

□ commercial 名 コマーシャル 形 商業の

3. 正解 **(B)**

Howで方法を尋ねていますが、宣伝の方法を答えるのではなく「他社がどうしているか見てみよう」と提案している(B)が正解です。(A)、(C)共に応答として成り立ちません。この問いかけ文は間接疑問文で、do you thinkが挿入されていますが質問者の気持ちとしては宣伝の方法についてアイディアを求めています。

奈：パート2で、問いかけ文に個人名や役職、職業名（manager, inspectorなど）が登場しないのに選択肢にheやsheなどいきなり第三者が代名詞で登場することがありますが、まず不正解と考えてよいでしょう。

□ promote 動 ～を宣伝する

4. 正解 **(C)**

新聞に求人募集があると伝えられ、「見てみます」と答えている(C)が正解です。(A)「ソファのそば」や(B)「昼食後」は場所や時を答えており、問いかけ文に適切に答えてはいません。

郁：単に情報を伝える平叙文の場合、疑問文と違って答えを想定して待ち受けることはほぼ不可能です。どんな状況でこのやりとりが行われたのか普段からイメージする練習をしておくといいですね。

奈：本問の場合「女性が求職中であることを知っている男性が、広告を見て情報を伝えた」という場面が思い浮かびます。

PART 3

113 W M

Questions 5 through 7 refer to the following conversation.

W **5** That advertisement we placed in the *Gladstone Herald* on August 15 doesn't seem to have had much effect.

M To be fair, we did get a couple of calls. I'm going to meet with some local residents this afternoon. They want a quote for some **6** lawn mowing and garden maintenance.

W I see. In that case, let's run the advertisement for one more week and see what happens. It might pay off yet.

M Fair enough. **7** Let's rewrite the advertisement a little to mention our special autumn services that include leaf collection and removal. That'll be popular over the next few months.

---

5. What does the woman say about the August 15 advertisement?

(A) It was not effective.
(B) It appeared on the wrong day.
(C) It cost too much.
(D) It contained an error.

8月15日の広告について女性は何と言っていますか？

(A) 効果がなかった。
(B) 掲載日が間違っていた。
(C) 費用が高すぎた。
(D) 間違いがあった。

---

6. Where do the speakers most likely work?

(A) At a real estate agency
(B) At a gardening company
(C) At an appliance store
(D) At a newspaper company

話し手たちはどこで働いていると考えられますか？

(A) 不動産会社
(B) 造園会社
(C) 家電店
(D) 新聞社

---

7. What does the man suggest they do?

(A) Update an advertisement
(B) Grow some vegetables
(C) Participate in an event
(D) Move to a new location

男性は何をすることを提案していますか？

(A) 広告を更新する。
(B) 野菜を育てる。
(C) イベントに参加する。
(D) 新しい場所に移転する。

女 男

問題5から7は次の会話に関するものです。

女　8月15日に*Gladstone Herald*誌に掲載した広告はあまり効果がなかったようですね。

男　正確に言えば、電話での問い合わせは数件ありました。今日の午後に地元の人何人かと会う予定です。芝刈りと庭の手入れの見積もりの依頼です。

女　そうですか。では、広告をもう一週掲載してどうなるか見てみましょう。まだ効果が出る可能性はありそうです。

男　そうですね。落ち葉の収集、除去を組み込んだ秋の特別サービスについて触れたものに広告を少し書き換えましょう。向こう数カ月人気が出るでしょう。

□ place 動 ～を出す　□ seem to ＋動詞　～するようだ　□ resident 名 居住者　□ quote 名 見積もり
□ lawn 名 芝生　□ mowing 名 草刈り　□ maintenance 名 整備　□ run 動 ～を掲載する
□ pay off 成果を上げる　□ Fair enough.（相手に同意して）いいですね　□ rewrite 動 ～を書き直す
□ removal 名 除去

---

5. 正解 **(A)**

8月15日の広告について女性は 5「あまり効果がなかったようだ」と述べています。doesn't seem to have had much effectをnot effectiveと言い換えた(A)が正解です。

□ error 名 間違い

---

6. 正解 **(B)**

広告の成果として 6「芝刈りと庭の手入れ」の見積もり依頼があるという男性の発言、7 の「落ち葉収集、除去を組み込んだ秋の特別サービス」への言及などから、話し手たちは造園会社で働いていると考えられます。リーディングセクションでも造園、園芸店は頻出で、特に大規模な店舗はnurseryとも呼ばれます。

□ real estate 不動産　□ appliance 名 電化製品

---

7. 正解 **(A)**

男性は 7 で「広告を少し書き換えよう」と提案しています。8月15日に掲載した広告に「落ち葉収集、除去を組み込んだ秋の特別サービスに言及する」内容を追加することをupdate an advertisement「広告を更新する」と表現した(A)が正解です。

男性の提案を問われている場合、男性の発言にヒントがあります。

提案表現にはWhy don't you (we) ～?、How about ～?、Shall we ～?などがありますが、本問のように発話者も含めて「一緒に～しよう」というニュアンスの場合Let's ～も定番です。

PART 3

114 M W

Questions 8 through 10 refer to the following conversation.

M **8** It looks like we need to find a new director for the customer service section.

W Yes. I just heard Ms. Dalton is leaving us. She's taking an early retirement and moving back to California.

M Right. I'm happy for her, but she's going to be hard to replace. It's such an important section. **9** We should find someone with really strong references from their previous employers.

W I agree. **10** I'll call the *Bradman Times* and put an advertisement in tomorrow's newspaper. I guess we should consider online advertising as well.

8. Which department needs a new director?

(A) Human resources
(B) Shipping
(C) Marketing
(D) Customer service

新しい部門長が必要なのはどの部署ですか？

(A) 人事
(B) 配送
(C) マーケティング
(D) 顧客サービス

9. What requirement does the man mention?

(A) Strong references
(B) Relevant experience
(C) Industry certificates
(D) A driver's license

男性はどのような必須要件に言及していますか？

(A) 強力な推薦状
(B) 関連する経験
(C) 業界の認定書
(D) 運転免許証

10. What does the woman say she will do?

(A) Promote an employee
(B) Call a colleague
(C) Read a job description
(D) Place an advertisement

女性は何をすると言っていますか？

(A) 従業員を昇進させる。
(B) 同僚に電話する。
(C) 職務内容を読む。
(D) 広告を掲載する。

男 女

問題8から10は次の会話に関するものです。

男　顧客サービス部門の新しい部門長を見つける必要があるようです。

女　はい、Daltonさんが辞めると聞きました。早期退職して、カリフォルニアに戻るようです。

男　そうなんです。彼女にとってはいい話で私も嬉しいのですが、後任を選ぶのは大変です。とても重要な部門ですから。前の雇用主からのとても強力な推薦状を持つ人を見つけないと。

女　そうですね。*Bradman Times*紙に電話して明日の新聞に広告を掲載します。オンライン広告も検討した方がいいかもしれませんね。

□ retirement 名 退職　□ reference 名 推薦状

---

8. 正解 **(D)**

8 で男性は「顧客サービス部の部門長を見つける必要がある」と述べているので、(D)が正解です。

郁：答えが会話冒頭にあると聞き逃がしがちですが、1問目は最初の方にヒントが聞こえるはずだと知っていれば心構えができます。

奈：本問の場合選択肢が部署名なので、「部署名を聞き取る」つもりで集中するのがコツですね。

---

9. 正解 **(A)**

男性の発言にヒントを待ち受けると 9「前雇用主からの強力な推薦状（reference）を持つ人を見つける必要がある」と述べており(A)が正解です。referenceは「信用照会先」とも訳され、応募者を推薦してくれる人の連絡先やその人からの推薦状を意味します。

郁：「推薦状」を明確に表すreference letterという語もありますね。

奈：求人広告に頻繁に登場するqualificationは「必須条件」「職務要件」「資格」などで、それを満たす人が雇用されます。

郁：求人広告は頻出語のオンパレードなので、覚えてしまえば理解が楽になりますよね。

□ requirement 名 要件　□ relevant 形 関連の　□ certificate 名 認定書

---

10. 正解 **(D)**

女性は 10「明日の新聞に広告を出す」と言っています。put an advertisementをplace an advertisementと言い換えた(D)が正解です。run an advertisementも同じく「広告を出す」という意味です。電話をすると言っていますが、相手は広告を載せる新聞社であって同僚ではないため(B)は誤りです。

□ place 動（広告など）を出す

PART 4

116

Questions 11 through 13 refer to the following talk.

W

It's almost time for the Annual Sunnybank Music Festival. This year, we have an amazing lineup of local and international acts including Golden Days, Watchtower, and Cliff Johns. 11 Tickets for the outdoor concert will be available from the usual vendors. 12 We encourage people to register with the event promoter online as you will receive newsletters which provide advance information when tickets go on sale. That way, you'll be able to order yours early. 13a We're also holding auditions for local bands to support the main events. 13b If you have a band or a solo act you would like us to consider, come to City Hall at 9 A.M. on March 10.

11. What type of event is being advertised?

(A) A nature hike
(B) A fashion show
(C) A comedy performance
(D) An outdoor concert

どんな種類のイベントが宣伝されていますか？

(A) 自然観察ハイキング
(B) ファッションショー
(C) コメディーショー
(D) 野外コンサート

12. What can people who register receive?

(A) Discount tickets
(B) Invitations to previews
(C) Free parking
(D) A newsletter

登録した人は何を受け取ることができますか？

(A) 割引チケット
(B) プレビューへの招待券
(C) 駐車無料サービス
(D) ニュースレター

13. According to the speaker, what should people interested in taking part do?

(A) Call an organizer
(B) Send an application
(C) Attend an audition
(D) Buy appropriate clothing

話し手によると、参加に興味のある人は何をすべきですか？

(A) 主催者に電話をする。
(B) 申込書を送る。
(C) オーディションに参加する。
(D) 適切な服を購入する。

問題11から13は次の話に関するものです。

女

もうすぐAnnual Sunnybank音楽祭の時期です。今年はGolden DaysやWatchtower、Cliff Johnsといった地元や国外のアーティストの素晴らしい公演ラインアップとなっています。この野外コンサートのチケットはいつもの販売店で購入できます。チケット発売日の情報が事前にわかるニュースレターを受け取れますので、オンラインでイベント主催者に登録することをお勧めします。そうすればチケットを早めに注文できます。またメインイベントをサポートする地元バンドのオーディションを開催します。バンド、またはソロでオーディションをご希望の場合は、3月10日午前9時に市役所にお越しください。

□ lineup 名 ラインアップ　□ promoter 名 主催者　□ newsletter 名 ニュースレター　□ advance 形 事前の
□ audition 名 オーディション　□ solo 形 独演の

11. 正解 (D)

冒頭で「もうすぐAnnual Sunnybank音楽祭の時期だ」と述べ、続けて出演アーティストに触れています。さらに 11「この野外コンサートのチケットはいつもの販売店で購入できる」と宣伝しているので、Annual Sunnybank音楽祭は野外の音楽イベントであるとわかり、宣伝されているのは(D)「野外コンサート」です。

12. 正解 (D)

話し手は 12 で「ニュースレターを受け取ることができるので、登録することをお勧めする」と述べています。つまり、イベント主催者のサイトに登録すればニュースレターを受け取ることができるといえ、(D)が正解です。チケット情報を早く受け取れるのがニュースレターの特典だと言っていますが、割引するとの言及はないので(A)は不正解です。

□ preview 名 プレビュー、試演、試写

13. 正解 (C)

13a から、Annual Sunnybank音楽祭では「メインのイベントをサポートする地元バンドのオーディションを開催する」ことがわかります。13b「バンドまたはソロでオーディションを受けたい人は市役所まで」とあるように、音楽祭への参加希望者はオーディションを受けることができると述べられているので、正解は(C)です。

□ organizer 名 主催者　□ appropriate 形 適切な　□ clothing 名 衣類

PART 4

117

Questions 14 through 16 refer to the following advertisement.

M

14a The new Rockster from Hamilton Motors has been a big hit with Australian tradespeople. This year's model has 14b a more powerful engine, better fuel economy, and a host of other features that are sure to make it 14c the nation's best-selling light truck. They'll be in showrooms in May, but 15a we're allowing people to order in advance online. 15b By doing so, you can get up to 10 percent off the recommended price at dealers. There's already a waiting list, so 16 order now, or you might find yourself stuck in your unreliable old truck for a few more months.

14. What is the advertisement for?

(A) A piece of clothing
(B) A cleaning device
(C) A motor vehicle
(D) A piece of land

何の広告ですか？

(A) 衣服
(B) 清掃機器
(C) 自動車
(D) 土地

15. How can people get a discount?

(A) By visiting a retail store
(B) By placing an advance order
(C) By entering a competition
(D) By using a member's card

どうすれば割引を受けることができますか？

(A) 小売店を訪れることで。
(B) 予約注文をすることで。
(C) コンテストに参加することで。
(D) 会員証を使うことで。

16. Why does the speaker say, "There's already a waiting list"?

(A) To encourage people to order immediately
(B) To announce the commencement of a new system
(C) To explain why some delays have occurred
(D) To highlight one of the benefits of the product

話し手はなぜ"There's already a waiting list"と言っていますか？

(A) すぐに注文するよう促すため。
(B) 新しいシステムの開始を発表するため。
(C) 遅延が発生した理由を説明するため。
(D) 製品の利点の1つを強調するため。

問題14から16は次の広告に関するものです。

男

Hamilton Motors社の新型Rocksterはオーストラリアの取引業者の間で大変な人気となっています。今年のモデルはより強力なエンジンを搭載し燃費も向上、その他多くの機能を備えており、確実に国内で最も売れる軽トラックになるでしょう。5月にはショールームに登場しますが、オンラインでの事前注文をお受けします。そうすることで、ディーラーでの希望小売価格から最大10パーセント割引となります。すでにお待ちいただいているお客様がいますので、今すぐご注文ください。さもなければ、この先数カ月間は頼りにならない旧式のトラックと共に過ごすことになるでしょう。

□ tradespeople 名 取引業者　□ fuel economy 燃費　□ a host of 多くの～　□ feature 名 特徴　□ nation 名 国
□ showroom 名 ショールーム　□ dealer 名 販売業者　□ stuck 形 動けなくなって、困って
□ unreliable 形 信用できない

14. 正解 **(C)**

14a からHamilton Motors社のRocksterを宣伝していることがわかりますが、製品が何であるか明確には判断できません。14b「より強力なエンジンを搭載し燃費も向上」や 14c「国内で最も売れる軽トラック」という発言から、Rocksterは車であるとわかります。よって、(C)が正解です。1つのヒントで答えが選べなくても、トーク全体に散らばっている単語やフレーズをつなぎ合わせることで絞り込むことが可能なタイプの設問です。

□ device 名 機器

15. 正解 **(B)**

割引については 15b に「そうすることで最大10パーセント割引となる」と言及していますが、「そうすること」の内容は 15a から「オンラインで事前予約する」ことだとわかります。By placing an advance order「予約注文をすることで」と言い換えた(B)が正解です。

□ retail 形 小売りの

16. 正解 **(A)**

事前予約で割引が受けられることを知らせた後で話し手は、There's already a waiting list「すでに順番待ちのリストがある」と言っています。直後に 16「すぐに注文しなければ、今後しばらく頼りにならない古いトラックと過ごすことになる」と発言していることから、聞き手が早めに注文してトラックを手にしてほしいという気持ちからの発言だと言えます。(A)が正解です。

□ commencement 名 開始　□ occur 動 起こる　□ highlight 動 ～を強調する

DAY 9
Words and Phrases

□ flyer
名詞 **チラシ**

hand out publicity flyers
広告チラシを配布する

□ promote
動詞 **～を販売促進する、宣伝する**

promote a new business
新しい会社を宣伝する

□ advertisement
名詞 **広告、宣伝**

place an online advertisement
オンライン広告を打つ

□ mention
動詞 **～に言及する**

Mention this ad, and get a 10% discount.
この広告を見たと言ってもらえれば1割引にします。

□ press release
プレスリリース

send out a press release
プレスリリースを発行する

DAY 10

チャリティー・支援

地域団体や学校への金銭的な寄付や、書籍・楽器など特定の物の寄付、またチャリティーイベントへの呼びかけなど、様々な形態の寄付が登場します。退職する同僚へのプレゼントを購入するための資金集めが提案されることもあります。

PART 1

120

1.

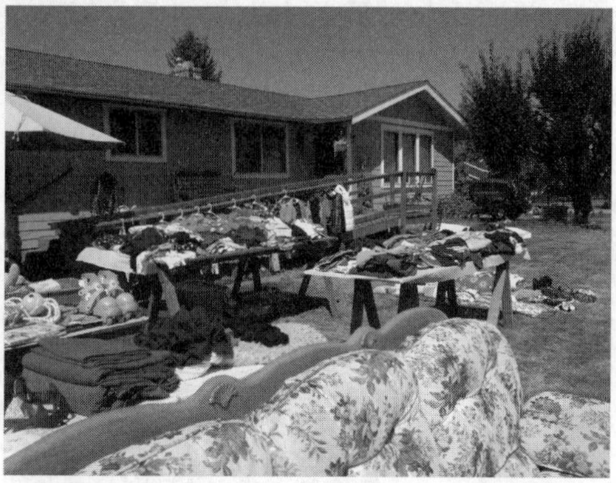

W

(A) Some items are being displayed outdoors.
(B) Some merchandise is hanging from the ceiling.
(C) Customers are browsing the tables.
(D) Some garments are piled up in a shopping cart.

(A) 品物が屋外に陳列されている。
(B) 商品が天井から吊るされている。
(C) 客がテーブルを見て回っている。
(D) ショッピングカートに衣類が積まれてある。

PART 2

122

2. M Would you like to make a contribution to the Maxwell Park cleanup project?

W (A) How does $5 sound?
(B) You're welcome.
(C) I'll park over there.

Maxwell Parkの清掃プロジェクトにご寄付をお願いできますか？

(A) 5ドルでいかがでしょうか？
(B) どういたしまして。
(C) あそこに駐車します。

123

3. W How did you get tickets for the charity concert?

M (A) Yes, we had a great time.
(B) In my pocket.
(C) I made a donation.

チャリティーコンサートのチケットはどのようにして入手しましたか？

(A) はい、とても楽しく過ごせました。
(B) ポケットの中です。
(C) 寄付をしたのです。

124

4. M A local business person has donated a large art collection to the gallery.

W (A) They were mostly correct.
(B) Take care, then.
(C) We should check it out.

地元実業家からギャラリーへ膨大な芸術コレクションの寄贈がありました。

(A) それらはほとんど正確でした。
(B) では、気を付けて。
(C) それを見に行きましょう。

1.
正解 (A)

衣服や家具などがガレージセールのように、建物の外に並べられています。客観的に「品物が陳列されている」と表現した(A)が正解です。(B)のmerchandise「商品」は不可算名詞なので、複数の品があっても語の形は変わらず単数扱いにします。手すりに洋服が掛けられているように見えますが、天井から吊るされてはいないので不正解です。(C)の客や(D)のショッピングカートは写っていません。

動詞displayは受動態の進行形であっても、品物が棚に置かれる瞬間の動作だけでなく、陳列されている状態を表すことができます。TOEICの頻出動詞であるexhibit「展示する」も同様の使い方ができます。ギャラリーに写真が並んでいる様子は、Some photographs are being exhibited in the gallery.「写真がギャラリーに展示されている」という文で描写できます。

□ merchandise 名 商品　□ browse 動 ～を見て回る　□ pile up ～を積み重ねる

2.
正解 (A)

Would you like to ～?は「～しませんか？」と相手の意向を尋ねる際によく使われる表現ですが、ここでは丁寧な依頼を表します。清掃プロジェクトへの寄付を依頼され、寄付しようと思う金額について言及している(A)が正解です。(B)は謝意を伝えられたときの返答です。車を駐車するという応答は問いかけに合わず(C)は不正解です。

□ contribution 名 寄付

3.
正解 (C)

チケットの入手方法を尋ねる問いかけに対し、寄付をしたことによってチケットを手に入れたと答えた(C)が正解です。Howで手段を問う質問に肯定や否定では答えられないので、(A)はYesと聞こえたときに正解候補から除外しましょう。(B)は単に場所を答えており、Howへの応答にはなりません。

□ donation 名 寄付

4.
正解 (C)

「芸術コレクションが寄贈された」という情報を相手から聞き、「見に行きましょう」と誘っている(C)が正解です。(A)はcollectionと似た音のcorrectを使ったひっかけで、不正解です。(B)は別れの挨拶などで使われる表現なので、「寄付があった」という発言とかみ合いません。

□ donate 動 ～を寄贈する

126 M W

Questions 5 through 7 refer to the following conversation.

M I just received an e-mail from the manager at Starways Shopping Mall. 6 Apparently, Harper's Used Books has moved to a new location, and they've left behind a couple of boxes of books.

W 5a I suppose the shopping mall manager has offered to donate them to the library.

M That's right. 5b If we don't want the books for our collection, they're going to throw them away.

W 7 I'll go down there after lunch today and take a look. Usually, stores only leave behind books that no one is interested in. 5c I doubt there will be anything our patrons will want to borrow.

5. Where do the speakers most likely work?

(A) At a library
(B) At a shopping mall
(C) At a bookstore
(D) At a recycling center

話し手たちはどこで働いていると考えられますか？

(A) 図書館
(B) ショッピングモール
(C) 書店
(D) リサイクルセンター

6. What does the man say about Harper's Used Books?

(A) It has hired a new manager.
(B) It has been relocated.
(C) It is expanding.
(D) It is having a sale.

Harper's 古書店について男性は何と言っていますか？

(A) 新しく店長を雇用した。
(B) 移転した。
(C) 拡大している。
(D) セールを行っている。

7. When will the woman most likely visit the store?

(A) This morning
(B) This afternoon
(C) Tomorrow morning
(D) Tomorrow afternoon

女性はいつ店に行くと考えられますか？

(A) 今日の午前中
(B) 今日の午後
(C) 明日の午前中
(D) 明日の午後

男 女

問題5から7は次の会話に関するものです。

男　Starwaysショッピングモールの運営者からEメールがありました。Harper's古書店が新しい場所に移転し、数箱分の本を置いていったようです。

女　ショッピングモールの運営者は図書館に寄付を申し出ているということですね。

男　そうです。当館で蔵書として不要であれば、本は処分されることになるでしょう。

女　今日の昼食後に行って見てみます。たいてい、店が残していくのは誰も興味がない本です。利用者が借りたいようなものはなさそうだと思いますが。

□ apparently 副 どうやら　□ donate 動 ～を寄贈する　□ doubt 動 ～ではなさそうだと思う　□ patron 名 利用者

5. 正解 **(A)**

ショッピングモールの古書店が移転にともない本を置いていくことを聞いた女性は、5a「図書館に寄付を申し出ているのでしょう」と言い、男性が 5b「我々の蔵書として不要であれば本は処分されるだろう」と返しています。女性はさらに 5c「我々の利用者が借りたいような本はないかもしれない」と言っています。our collection「我々の蔵書」やour patrons「我々の利用者」という表現を使っているので、2人が働いているのが(A)の図書館であることが推測できます。

6. 正解 **(B)**

男性が 6 で「Harper's古書店が新しい場所に移転し、数箱分の本を置いていったようだ」と言っています。move to a new locationをbe relocatedと言い換えた(B)が正解です。移転先の規模については言及されていないため、店が拡大したかどうかはわからないので(C)は不正解です。この古書店が本を安売りするとは言っていないので、(D)も誤りです。

□ hire 動 ～を雇う　□ relocate 動 ～を移転させる　□ expand 動 ～を拡張する

7. 正解 **(B)**

古書店がショッピングモールに本を置いていったと知った女性は 7 で「今日の昼食後にそこに行く」と言っています。「そこに」とは本のある古書店のことを指し、昼食後というのはその日の午後を指していると考えられるので、(B)が正解です。

PART 3

127 W M

Questions 8 through 10 refer to the following conversation.

W 8a A few local businesses have agreed to sponsor the local soccer team. I think we should, too.

M Sure. 8b I'd be happy to sponsor them. Can we get them to put our logo on their uniform, though?

W 9 I'll talk with their manager and see if that's an option.

M Right. They might not change their uniforms until next season.

W That's what I was thinking. 10a We could ask them to put a sticker on their team bus.

M Even better! They're a minor team so their games won't be televised or appear in the newspaper much. 10b More people are likely to see the bus than the uniforms.

8. What is the topic of the conversation?

(A) Training new employees
(B) Updating a product design
(C) Funding a sports team
(D) Participating in a competition

会話の話題は何ですか？

(A) 新入社員を研修すること。
(B) 製品デザインを新しくすること。
(C) スポーツチームに資金を提供すること。
(D) 競技会に参加すること。

9. What does the woman say she will do?

(A) Call an event organizer
(B) Speak with a team representative
(C) Advertise a position
(D) Order some clothing

女性は何をすると言っていますか？

(A) イベントの主催者に電話をする。
(B) チームの代表者と話す。
(C) 求人広告を出す。
(D) 服を注文する。

10. What does the man mean when he says, "Even better"?

(A) He would like to hear other ideas.
(B) He would like to schedule more training.
(C) He does not understand what the woman means.
(D) He agrees with the woman's suggestion.

男性が"Even better"と言う際、何を意図していますか？

(A) ほかの考えも聞いておきたいと思っている。
(B) より多くの研修日程を組みたいと思っている。
(C) 女性の言わんとするところがわからない。
(D) 女性の提案に同意している。

女 男

問題8から10は次の会話に関するものです。

女　地域のサッカーチームのスポンサーになることに同意した地元の企業がいくつかあります。当社もそうすべきではと考えています。

男　そうですね。喜んで後援しましょう。でも、ユニフォームにうちのロゴは入れてもらえるのでしょうか？

女　できるかどうかチームマネージャーと話してみます。

男　わかりました。ユニフォームは来シーズンまで変更しないこともありえますね。

女　私もそう思っていました。ステッカーをチームバスに貼ってもらえるか聞いてみましょう。

男　その方がよさそうですね！　小さなチームですから、試合がテレビ放送されたり、新聞で扱われることもあまりなさそうですから。ユニフォームよりもバスの方が多くの人の目につきそうです。

□ sponsor 動 ～のスポンサーとなる　□ though 副 でも　□ sticker 名 ステッカー　□ minor 形 小さな、小規模の
□ televise 動 テレビで放送する

---

8. 正解 **(C)**

8a で女性が、地域のサッカーチームのスポンサーになるべきだと提案し、男性が 8b「喜んで後援しましょう」と同意をしています。その後、チームを後援することでどのようなリターンを受けられるか話し合っています。sponsorをfund「資金を提供する」と言い換えた(C)が正解です。会社のロゴをユニフォームやバスに表示してもらえる可能性について話していますが、ロゴを表示することは製品のデザインを変えることではないので(B)は誤りです。

□ fund 動 ～に資金を出す　□ competition 名 競技会

---

9. 正解 **(B)**

地元のサッカーチームを後援するリターンとして、チームのユニフォームにロゴを載せることを男性が提案し、女性が 9 で「できるかどうかチームマネージャーと話してみる」と答えています。マネージャー(their manager)をteam representative「チームの代表」と言い換えた(B)が正解です。ユニフォームを注文するわけではないので(D)は誤りです。

奈　representativeは幹部だけでなく「担当者」という意味で使われることが多いですね。sales representative「営業担当者」、customer service representative「お客様担当」などはTOEICで必ず出てくる職位です。

□ organizer 名 主催者　□ representative 名 代表者　□ clothing 名 衣類

---

10. 正解 **(D)**

会話に出てくるフレーズの意図を問う問題です。後援のリターンとして、ユニフォームに会社のロゴを付けてもらう案に対して、来シーズンまでユニフォームが変わらないのではないかという懸念が持ち上がりました。そこで女性が 10a「ステッカーをチームバスに貼ってもらえるか聞いてみよう」と提案します。それを受けて男性がEven better「その方がよい」と言い、さらに 10b「ユニフォームよりもバスの方が人の目につきそうだ」と言っています。この流れより、ユニフォームよりもバスの車体にロゴをつけてもらうという女性の案を男性が気に入っていることがわかるので、(D)が正解です。

PART 4

129

Questions 11 through 13 refer to the following speech.

M

Welcome to the appreciation dinner for volunteers of the Brighton Fun Run Organizing Committee. 11 I'd like to personally thank you all for dedicating so many evenings to the preparation of the event. 12 This year, we attracted our largest ever field of runners and onlookers, and I believe that is a result of your hard work. As you're probably aware, members of the band Peach Pit took part in this year's race. To show their appreciation, 13 they've asked that we allow them to perform here tonight. Please give them a big applause as they come on stage.

11. What does the speaker thank the listeners for?

(A) Donating some money
(B) Providing advice
(C) Introducing some clients
(D) Devoting their time

話し手は聞き手に対し何を感謝していますか？

(A) お金を寄付したこと。
(B) 助言したこと。
(C) 顧客を紹介したこと。
(D) 時間を捧げたこと。

12. What does the speaker mention about the Brighton Fun Run?

(A) It will be held indoors for the first time.
(B) It has been attracting larger audiences.
(C) It has a long history.
(D) It is held once a year.

話し手はBrighton市民マラソンについて何と言っていますか？

(A) 初めて屋内で開催される。
(B) より多くの観客を集めた。
(C) 長い歴史がある。
(D) 年に一度開かれている。

13. What will most likely happen next?

(A) Some musicians will perform.
(B) Winners will be announced.
(C) Some food will be served.
(D) An athlete will give a lecture.

次に何が起こると考えられますか？

(A) ミュージシャンが演奏する。
(B) 勝者が発表される。
(C) 食べ物が振る舞われる。
(D) アスリートが講義をする。

問題11から13は次のスピーチに関するものです。

男

Brighton市民マラソン企画委員会ボランティアの謝恩ディナーへようこそ。イベント準備のため何度も夜間に時間を捧げてくれた皆さんに私からも感謝いたします。今年はこれまでで最多の走者と観客を集めましたが、これは皆さんの努力の結果だと確信しています。ご存じかもしれませんが、バンドPeach Pitのメンバーが今年のレースに参加しました。感謝の意を示すため、Peach Pitは今夜ここで演奏させてほしいとのことです。ステージに登場しましたら、大きな拍手をお願いします。

□ appreciation 名 感謝　□ fun run 市民参加マラソン　□ committee 名 委員会　□ dedicate 動 ～を捧げる
□ field 名 全参加者　□ onlooker 名 見物人　□ aware 形 知っている　□ applause 名 拍手

11. 正解 **(D)**

冒頭文よりこのスピーチがappreciation dinner「謝恩ディナー」で行われていることがわかります。**11** I'd like to personally thank you all「皆さんに私から感謝します」以降を注意して聞くと、「イベント準備のため何度も夜間に時間を捧げてくれた」ことに関して謝意を述べており、これをdedicate「～を捧げる」の類義語devoteを使って短くまとめた(D)が正解です。労力をねぎらっていますが、金銭的な協力については言及していないので(A)は誤りです。

□ donate 動 ～を寄付する　□ devote 動 ～を捧げる

12. 正解 **(B)**

12 で「今年はこれまでで最多の走者と観客を集めた」と述べています。onlookers「観客」を類義語のaudienceと言い換え、「より多くの観客を集めた」と表現した(B)が正解です。(D)の開催頻度については触れられていないので不正解です。

この問題では不正解でしたが、TOEICに出題されるイベントでは、どのくらいの頻度で開催されるかが解答のポイントになることがあります。トークにannual event「年次イベント」やis held every summer「毎年夏に開催される」などの表現が出てきたら、(D)が正解になります。

13. 正解 **(A)**

このマラソンにはPeach Pitというバンドが参加し、**13**「今夜ここで演奏させてほしい」と依頼してきたと言っています。このスピーチが「ステージに登場したら大きな拍手をお願いします」という聞き手への呼びかけで終わっていることから、直後にバンド演奏が始まることが推測できます。よって(A)が正解です。(D)のathleteは、この場面ではレースに参加した走者のことを指すとも考えられますが、そのうちの1人がこれから講義をするとは言っていないので、不正解です。

130

Questions 14 through 16 refer to the following telephone message.

M

14 Hi, this is Dean Hill from the Redcliff College of Art. I'm calling to offer one of our students' artworks for the hospital's November charity auction. 15a We recently held an art contest at the school. 15b The winner receives a cash prize of $3,000, and one of the conditions of entry is that the winning artwork becomes a possession of the college. The artist has requested that the college donate the artwork to the charity auction. Although the artist is not famous, the painting is exceptionally well done, and I don't think you'll have any trouble selling it. 16 Please take a look by following the links on the college Web site at redcliffcollegeofart.edu.

14. Who most likely is the speaker?

(A) A salesperson
(B) A professor
(C) A business owner
(D) A photographer

話し手は誰だと考えられますか？

(A) 営業担当者
(B) 教授
(C) 事業主
(D) 写真家

15. According to the speaker, what event was held recently?

(A) A company banquet
(B) A gallery opening
(C) An art competition
(D) A city marathon

話し手によれば、最近何のイベントが開催されましたか？

(A) 会社のパーティー
(B) ギャラリーの開館
(C) 芸術コンテスト
(D) 都市マラソン

16. What does the speaker suggest the listener do?

(A) Purchase some art
(B) Send in an application
(C) Make a reservation
(D) View a Web site

話し手は聞き手に何をするよう勧めていますか？

(A) 芸術作品を購入すること。
(B) 応募書類を送ること。
(C) 予約をすること。
(D) ウェブサイトを見ること。

問題14から16は次の電話のメッセージに関するものです。

男

もしもし、Redcliff芸術大学のDean Hillです。当校のある学生の作品を11月にある病院のチャリティーオークションに出品したく、お電話しています。先日校内で芸術コンテストを開催しました。勝者には賞金3,000ドルが授与されますが、受賞作品を大学に譲渡することが応募条件の1つとなっているのです。その製作者は大学が作品をチャリティーオークションに寄付することを求めています。製作者は有名ではありませんが、絵の出来栄えは非常によく、販売には申し分ないものと思います。大学のウェブサイトredcliffcollegeofart.eduにあるリンクよりご覧ください。

□ artwork 名 美術品　□ auction 名 オークション　□ condition 名 条件　□ possession 名 所有
□ donate 動 ～を寄贈する　□ exceptionally 副 特に、格段に

14.
正解 **(B)**

電話のメッセージで話し手の職業を問われたら、冒頭を聞き逃さないようにしましょう。14 で「Redcliff芸術大学のDean Hillです」と自分の所属を言っています。その次の文でone of our students' artworks「私たちの学生の作品の1つ」をチャリティーに出品したいと申し出ています。その後も大学でのイベントの説明をし、大学のウェブサイトを紹介していることから、話し手は大学の関係者であることがわかります。選択肢の中では、(B)の教授が最も可能性が高い職業になります。

15.
正解 **(C)**

15a「先日校内で芸術コンテストを開催した」と言っており、さらに 15b「勝者には賞金3,000ドルが授与される」と説明しています。art contestをart competitionと言い換えた(C)が正解です。芸術作品についての話ですが、ギャラリーについては触れられていないため(B)は不正解です。

解答には関係ない部分ですが、中盤にある文について説明を。The artist has requested that the college donate the artwork ...「その製作者は大学が作品を寄付することを求めています」のthat節の中をみると、主語the collegeが単数なのに動詞は三単現にならず原形donateとなっていますね。requestのような依頼を表す動詞の文では、その依頼の内容を示すthat節の中の動詞は、常に原形（またはshould + 原形の動詞）になるというルールがあるからなのです。

この文がThe artist requested ...と過去形であっても、やはりthat節の動詞は時制にかかわらず原形になります。依頼だけでなく、suggest「提案する」やorder「命令する」などのthat節も同様です。実際に目にする機会の多い語法です。疑問文なので少しややこしいですが、次の設問16.でもsuggestのあとに接続詞thatが省略され、原形のdoが使われています。

□ marathon 名 マラソン

16.
正解 **(D)**

話し手は、チャリティーオークションに寄付したい学生の受賞作が、すぐれた作品だと言っており、16「大学のウェブサイトにあるリンクよりご覧ください」とその作品が見られる場所を案内しています。この内容が(D)と合致します。話し手はオークションへの出品を申し出ているのであり、聞き手に作品を購入することを求めてはいないため(A)は誤りです。

□ view 動 ～を見る

DAY 10
Words and Phrases

□ charity
名詞 **慈善活動、慈善団体**

organize a charity auction

慈善オークションを計画する

□ fund-raising
名詞 形容詞 **募金活動（の）**

host a fund-raising event

資金集めのイベントを主催する

□ donation
名詞 **寄付**

make a monetary donation to a museum

博物館に金銭的寄付をする

□ sponsor
動詞 **～を後援する**

sponsor a sporting event

スポーツイベントを後援する

□ gratitude
名詞 **感謝**

express our gratitude to donors

寄贈者に感謝を表す

DAY 11

出版・書籍

新刊発行にあたり、著者がラジオ番組へのゲスト出演や書店巡りなどで宣伝したり、著者自らが書店で読み聞かせをする会が開催されます。書店での会話や書籍に関する問い合わせもよく出題されます。品切れの場合、書店員は系列店を勧めることもあります。

PART 1

133

1. 

W

(A) The man is reaching for a glass.
(B) One of the women is leafing through a volume.
(C) One of the women is cleaning a shelving unit.
(D) The man has his arms crossed.

(A) 男性はグラスに手を伸ばしている。
(B) 女性の1人は本のページをめくっている。
(C) 女性の1人は棚を掃除している。
(D) 男性は腕を組んでいる。

PART 2

135

2. W Where can I find a copy of the employee handbook?

従業員ハンドブックはどこにありますか？

M (A) Yes, I found it easily.
(B) Here you are.
(C) My booking is at six.

(A) はい、簡単に見つけられました。
(B) はい、どうぞ。
(C) 私の予約は6時です。

136

3. W Why did you apply for a job at the library?

どうして図書館の仕事に応募したのですか？

M (A) And your résumé, too.
(B) I haven't yet.
(C) Yes, I already returned the books.

(A) あなたの履歴書もです。
(B) まだしていません。
(C) はい、本はすでに返却しました。

137

4. M I'm going to Carlson Books for the book signing at one o'clock.

1時の本のサイン会のためにCarlson Booksに行きます。

W (A) Can I come with you?
(B) A copy of the signed contract.
(C) He hasn't decided yet.

(A) 一緒に行ってもいいですか？
(B) 署名済みの契約書1部です。
(C) 彼はまだ決めていません。

1. **正解 (B)**

女性の１人が本を開いて見ている様子をleafing through a volume「本のページをめくっている」と描写した(B)が正解です。leaf throughは「ページをめくる」で、page throughと同じ意味で使われます。TOEICでは、ページをめくる途中でなくても、本を読んでいる動作をleaf throughやpage throughと表現することがよくあります。volumeは特に分厚い本や全集などの巻を指す語です。ざっくりと「読み物」を指すreading materialと一緒に覚えておきましょう。男性は本に向かって手を伸ばしていますがグラスは写っておらず、腕も組んでいないので(A)、(D)共に不正解。have one's legs crossed「足を組む」も押さえておきたいフレーズです。

□ reach for ～に手を伸ばす　□ leaf through ページをめくる　□ volume 名 大型の本　□ shelving unit 棚
□ have A ＋ 過去分詞　A を～された状態にする

2. **正解 (B)**

Whereで場所を尋ねています。Here you are.は人に何かを手渡す時に添える言葉なので、ハンドブックを手に持って相手に渡している光景をイメージできれば正解として選べます。疑問詞Whereに対してYesで答えている(A)は会話として成り立たず不正解。(C)は問いかけ文のhandbookと何となく関係ありそうに聞こえるbooking「予約」が使われているひっかけです。

□ handbook 名 手引き

---

3. **正解 (B)**

Whyで理由を尋ねていますが、仕事に応募した理由を答える選択肢はありません。まだ応募はしていないと答えている(B)が正解です。「なぜ～したの？」「まだしていない」という自然なやりとりの状況をイメージしながら何度も音読しましょう。(A)はrésumé「履歴書」という、仕事に応募する際に必要な書類が登場しますが、応募の理由とは全く関係ありません。(C)は問いかけ文にあるlibraryから連想しがちなbooksという語を使ったひっかけです。

□ apply for ～に応募する　□ résumé 名 履歴書

---

4. **正解 (A)**

本のサイン会に行くと言う男性に対し、一緒に行ってもいいかと尋ねる(A)が正解です。このように平叙文に質問で応えることは日常の会話ではとても自然なやりとりですので、状況をイメージしながら何度も音読してパターンに慣れておきましょう。(C)は、Heが誰のことか明確ではないため、応答として成り立ちません。

(B)は男性の発言で使われているのと同じsignという単語を使ったひっかけです。a copy of～は「～１部」という意味で、CDなら１枚、本なら１冊と訳されます。

□ signing 名 サイン会

PART 3

139 W M

Questions 5 through 7 refer to the following conversation.

W **5** This is Helen from Farrara Antique Books. **6** I need you to fix a book we purchased this morning. It's quite valuable, but there's some damage to the binding.

M I see. I can't give you an estimate for the work until I see how badly damaged it is. Would you mind bringing it to my workshop this afternoon?

W Not at all… Oh, wait! **7** I can't come this afternoon. A famous author will be visiting my store and giving a talk on some of her favorite books. How's tomorrow?

M OK, Helen. Tomorrow morning is fine with me. Just ring the buzzer when you arrive. I'll meet you at the door.

5. Where does the woman most likely work?

(A) At a library
(B) At a university
(C) At a printing company
(D) At a bookstore

女性はどこで働いていると考えられますか？

(A) 図書館
(B) 大学
(C) 印刷会社
(D) 書店

6. Why is the woman calling the man?

(A) To ask him to make a repair
(B) To announce that an order has arrived
(C) To explain a delivery delay
(D) To offer to purchase a book

女性はなぜ男性に電話していますか？

(A) 修理を依頼するため。
(B) 注文の品が到着したことを伝えるため。
(C) 配達の遅れを説明するため。
(D) 本の購入を申し出るため。

7. What will the woman most likely do this afternoon?

(A) Make a payment
(B) Return some books
(C) Host an event
(D) Submit some documents

女性は今日の午後に何をすると思われますか？

(A) 支払いをする。
(B) 本を何冊か返却する。
(C) イベントを主催する。
(D) 書類を提出する。

女 男

問題5から7は次の会話に関するものです。

女　Farraraアンティーク書店のHelenです。今朝購入した本を修理していただきたいのです。とても貴重なものですが、装丁に損傷がありまして。

男　わかりました。実際にどの程度の損傷か見てみないと、作業の見積もりはできません。今日の午後工房まで持ってきていただけますか？

女　もちろんです。あ、待ってください。今日の午後は行けません。有名な作家さんがお店に来て好きな本について講演してくれるのです。明日ではいかがでしょう？

男　わかりました、Helenさん。明日の朝で問題ありません。着いたらブザーを鳴らしてください。玄関まで行きます。

□ estimate 名 見積り　□ buzzer 名 ブザー

---

5. 正解 **(D)**

冒頭 5 で女性はFarraraアンティーク書店のHelenと名乗っており、発言から彼女はアンティーク本を扱っていて修理を依頼する側であるとわかります。(A)の図書館は書籍を扱いますが、会話中に貸し出しや返却などへの言及は無く、7 で女性がvisiting my store「当店に来る」と言っていることから正解にはなりません。正解は(D)に絞れます。

---

6. 正解 **(A)**

女性は 6 で本の修理を頼みたいと伝えています。その後も本の損傷について会話が続いていることから、電話の目的は修理の依頼だと言えます。(A)が正解。男性は本を持ってきてほしいと言い、配達については触れていないので(C)は不正解です。本はすでに女性が購入済みで、購入の申し出はしておらず(D)も誤りです。

□ offer to + 動詞　～することを申し出る

---

7. 正解 **(C)**

男性のWould you mind bringing it to my workshop this afternoon?「今日の午後持って来られるか」に対し、7 で女性は「今日の午後は本を届けることができない」と伝えています。さらに聞くと行けない理由として「有名な作家が自分の店に来てトークをする」と述べており、それを「イベントを主催する」と言い換えた(C)が正解です。

郁：「作家が店に来てトークをする」と、「イベントを主催する」が同じことを指していると瞬時に理解できなければ正解できない設問です。

奈：TOEICテストでは書店でのトークイベントが頻繁に行われることを知っておくと有利ですよね。ほかにもbook signing「サイン会」、book reading「朗読会」など、著者自身によるイベントが頻出です。

□ host 動 ～を主催する

PART 3

140 W M

Questions 8 through 10 refer to the following conversation.

W 8 I'd like to get some opinions from teachers and students before we publish a new edition of the textbook. They might request some changes.

M 9 I could send a survey out to the colleges that use our book. What do you think?

W That sounds like a good idea. We'll be offering it as an electronic book this time. Can you include a question that will tell us how many people are likely to buy one?

M Sure thing. I'll work on the questions with some of the other editors and send them to you this afternoon. 10 We can discuss them at tomorrow's monthly meeting.

8. What is the company likely to do soon?

(A) Update one of its publications
(B) Open a new office
(C) Choose a new supplier
(D) Discontinue a product

会社はもうすぐ何をすると考えられますか？

(A) 出版物の改訂をする。
(B) 新しい事務所を開く。
(C) 新しい供給元を選ぶ。
(D) 製品の製造を中止する。

9. What does the man suggest?

(A) Inviting some experts
(B) Conducting a survey
(C) Downloading some software
(D) Hiring a new employee

男性は何を提案していますか？

(A) 専門家を招くこと。
(B) アンケート調査を実施すること。
(C) ソフトウエアをダウンロードすること。
(D) 新しい社員を雇うこと。

10. According to the man, what is scheduled for tomorrow?

(A) A sales event
(B) A book launch
(C) A meeting
(D) A vacation

男性によると明日は何が予定されていますか？

(A) 販売イベント
(B) 本の発売
(C) 会議
(D) 休暇

女 男

問題8から10は次の会話に関するものです。

女　教科書の改訂版を出版する前に先生や学生からの意見がほしいですね。何か変更の要望があるかもしれません。

男　当社の本を使っている大学にアンケートを送れますが。いかがでしょう？

女　いい考えですね。今回は電子書籍として発行します。どのくらいの人が購入しそうなのかがわかる質問を入れてもらえますか？

男　もちろんです。ほかの編集者と一緒に質問事項を考えて、今日の午後にはあなたに送ります。明日の月例会議でそれについて話し合いましょう。

□ edition 名 版　□ survey 名 アンケート調査　□ editor 名 編集者

---

8. 正解 **(A)**

女性は 8 で「教科書の改訂版を出版する前に意見を集めたい」と述べており、出版するのはwe「当社」であることから、女性の働く会社だと考えられます。正解の(A)はtextbook「教科書」をpublication「出版物」と抽象的な表現に言い換えています。

□ publication 名 出版物　□ supplier 名 供給元　□ discontinue 動 ～を中止する

---

9. 正解 **(B)**

男性の提案することを問われているので、男性の発言から提案表現を待ち受けるつもりで聞きます。9 I could ～「～することもできます」という提案表現の後ろが重要です。send a survey out「アンケートを送る」をconduct a survey「アンケートを実施する」に動詞を変えた(B)が正解です。

郁：I could ～やI can ～は「～することもできますよ」という、やんわりとした提案表現です。

奈：How about ～？やWhy don't you ～？だけではないですね。ちなみにI could ～は、申し出の表現でもあります。

郁：「私がしてあげますよ」というニュアンスですね。

□ conduct a survey アンケートを実施する　□ hire 動 ～を雇う

---

10. 正解 **(C)**

男性がヒントを言うことが設問文からわかります。さらに3問目の設問なので最後の方にヒントがあるはずだと考えて聞きます。10 で男性は「明日の月例会議で話し合おう」と述べているので、明日予定されていることは(C) A meeting「会議」です。

□ launch 名 発売

PART 4

142

Questions 11 through 13 refer to the following talk.

M

11 Welcome back. This is Radio 4TG and I'm Max Smith. In a few moments, 12a the novelist June Moreton will come into the studio to discuss her latest book. She's well known as the author of *Into the Sunset* — a best-selling novel that has recently been made into a feature film with the same name. This week, her publisher will release her new book, which is called *Around the Way*. I'm sure Ms. Moreton's fans will be very excited, as it's been almost 10 years since her last book came out. Of course, 12b Ms. Moreton is here to promote her new book. However, 13 she has agreed to answer some questions from listeners who call the station. If you have a question for Ms. Moreton, you can call us at 555-3489.

11. Where does the talk most likely take place?

(A) In a department store
(B) At radio station
(C) At a publishing house
(D) In a showroom

話はどこで行われていると考えられますか？

(A) デパート
(B) ラジオ局
(C) 出版社
(D) ショールーム

12. What is the purpose of Ms. Moreton's visit?

(A) To discuss an upcoming film
(B) To request assistance from volunteers
(C) To sign a contract
(D) To promote a publication

Moretonさんの訪問の目的は何ですか？

(A) もうすぐ公開の映画について話し合うこと。
(B) ボランティアの人々の協力を要請すること。
(C) 契約書に署名すること。
(D) 出版物の宣伝をすること。

13. What are listeners invited to do?

(A) Take part in a competition
(B) Share their stories
(C) Ask some questions
(D) Register as members

聞き手は何をすることを勧められていますか？

(A) コンテストに参加すること。
(B) 話を共有すること。
(C) 質問をすること。
(D) 会員登録すること。

問題11から13は次の話に関するものです。

男

再びラジオ4TGのお時間です。Max Smithがお送りします。まもなく小説家のJune Moretonさんがスタジオに来て最新作についてお話ししてくださいます。彼女は*Into the Sunset*の著者としてよく知られていますが、これは最近同タイトルで長編作品として映画化されたベストセラー小説です。今週、新刊が出版社から発売され、そのタイトルは*Around the Way*です。前作が発売されてからほぼ10年が経っていますので、Moretonさんのファンは発売をとても喜ぶことでしょう。もちろん、Moretonさんが今回いらっしゃったのは新作の宣伝のためですが、局に電話したリスナーの質問に答えてくださるとお約束いただいております。Moretonさんに質問がありましたら、555-3489までお電話ください。

□ novelist 名 小説家　□ make A into B　AをBにする　□ feature film 長編映画　□ publisher 名 出版社
□ release 動 ～を発売する　□ promote 動 ～を宣伝する　□ listener 名 リスナー

11. 正解 **(B)**

場所を問う設問では多くの場合トーク全体にヒントが散らばっていますが、冒頭に大きなヒントが聞こえることもあります。11 で話し手は「ラジオ4TGです」と言い、トークゲストについて説明をしているので、この話は(B)ラジオ局で行われているとわかります。

□ publishing house 出版社　□ showroom 名 ショールーム

12. 正解 **(D)**

12a でMoretonさんはnovelist「小説家」であり、最新作について話すためにゲスト出演すると紹介されていますが、選択肢には合致するものがありません。12b で「新刊の宣伝のために」来たと明言しているので、(D)が正解です。映画の原作を書いたとの言及はありますが、その映画について話し合うとは述べられていないので(A)は不正解です。

□ upcoming 形 近く公開される　□ assistance 名 協力　□ publication 名 出版物

13. 正解 **(C)**

話し手は 13 でリスナーからの質問に答えてもらえるので、質問があれば電話をするよう言っています。聞き手はラジオのリスナーで、質問することを勧められているので(C)が正解です。

be invited to + 動詞は「～するよう勧められる」という意味で、時々設問文に登場します。

リスニングでは特に、解答する上で設問文の意味が瞬時にわかると有利です。頻出の設問文に関しては、見れば問われている内容がわかるように何度も読んで慣れておくとよいですね。

□ competition 名 コンテスト

PART 4

143

Questions 14 through 16 refer to the following excerpt from a meeting and table of contents.

W

First of all, 14a I'd like to thank all of you for proofreading this book so carefully. 14b We've identified a number of things that need to be changed before publication. In order to save time, I think we should try to come up with solutions ourselves rather than just sending it back to the authors. 15a The most important changes need to be made between page 7 and page 10. Let's talk about these first and look at the others if we have time left at the end. This is probably going to be a long meeting. 16 I'm having some refreshments delivered by my assistant at 2:00 P.M. He'll be here in a moment to take your orders, so just let him know what you'd like to drink.

Table of Contents

Page 4	The History of Golf
15b Page 7	The Rules of Golf
Page 11	Choosing Equipment
Page 21	What to Wear

14. Who most likely is the speaker?

(A) An athlete
(B) An author
(C) An editor
(D) A coach

話し手は誰だと考えられますか？

(A) アスリート
(B) 著者
(C) 編集者
(D) 指導者

15. Look at the graphic. What section of the book does the speaker want to discuss first?

(A) The History of Golf
(B) The Rules of Golf
(C) Choosing Equipment
(D) What to Wear

図を見てください。話し手が最初に話し合いたい本の箇所はどれですか？

(A) ゴルフの歴史
(B) ゴルフのルール
(C) 道具を選ぶ
(D) ウエアを選ぶ

16. What will happen at 2:00 P.M.?

(A) A guest will arrive.
(B) The meeting will end.
(C) A report will be published.
(D) Some refreshments will be delivered.

午後2時に何がありますか？

(A) 客が到着する。
(B) 会議が終了する。
(C) 報告書が公開される。
(D) 飲み物が運ばれてくる。

問題14から16は次の会議の一部と目次に関するものです。

女

まず、この本を丁寧に校正してくださった皆さんに感謝します。出版前に変更が必要な箇所をいくつも見つけることができました。時間節約のため、著者にただ送り返すのではなく、こちらで解決方法を探してみるべきだと考えます。7ページから10ページにかけて最も重要な変更を加える必要があります。まずはこの部分について話し合い、最後に時間が余ったら他のところを見てみましょう。おそらくこの会議は長くかかりそうです。午後2時にアシスタントに飲み物を届けてもらいます。もうすぐ注文を取りに来ますので、飲みたいものを伝えてください。

目次

4ページ	ゴルフの歴史
7ページ	ゴルフのルール
11ページ	道具を選ぶ
21ページ	ウエアを選ぶ

□ proofread 動 ～を校正する　□ identify 動 ～を見つける　□ publication 名 出版　□ come up with ～を見つけ出す
□ refreshment 名 飲み物

14. 正解 **(C)**

話し手は 14a で「丁寧に校正してくれて感謝する」とお礼を述べ、続けて 14b「出版前に変更が必要な箇所を見つけた」と言っていることから、出版社で本の製作に関わっているとわかり、(C)が正解です。author「著者」に送り返すのではなく自分たちで解決すべきという発言から、(B)は不正解です。

□ editor 名 編集者　□ coach 名 指導者

15. 正解 **(B)**

図を見ながら、聞こえる内容と情報をつなぎ合わせて正解を選ぶ問題です。選択肢には目次の内容部分が並ぶので、選択肢にない情報（本問ではページ番号）を見ながら聞く必要があります。15a で話し手は「7ページから10ページに最も重要な変更が必要」とし、さらに「まずはこれらについて話し合おう」と述べています。目次の 15b によると、7ページから始まるセクションは(B)ゴルフのルールなので、これが正解です。

16. 正解 **(D)**

午後2時という具体的な時間が設問文にあるので、その時間を意識して聞きます。16「2時に飲み物を届けてもらう」から、正解は(D)です。

「2時に」などの時を表す副詞は文の最後の方に付け足されることが多いので、その前に話される重要な情報を聞き逃さないように集中する必要があります。

時間が聞こえた時には欲しい情報はすでに話された後、ということになりがちですよね。

ただ、パート3と4では基本的に設問順にヒントが登場するので、2問目のヒントが聞こえたら次は3問目…と気持ちを切り替えて意識して聞く練習をすると良いと思います。

□ publish 動 ～を公開する、～を発表する

DAY 11
Words and Phrases

□ author
名詞 **著者**

the best-selling author
ベストセラー著者

□ manuscript
名詞 **原稿**

submit a manuscript via e-mail
Eメールで原稿を提出する

□ issue
名詞 **雑誌などの号**

featured article in the inaugural issue
創刊号の特集記事

□ subscribe
動詞 **購読する**

subscribe to a weekly newsletter
週刊ニュースレターを定期購読する

□ book signing
本のサイン会

hold a book signing event in a bookstore
書店でサイン会を開催する

DAY 12

カンファレンス

大規模なカンファレンスでは、場所選び、基調講演者の変更や参加申し込みに関する会話・トークの出題が多くあります。社内カンファレンスでは、会議室の予約やプロジェクターなど機器の不具合についての会話が出題されます。

PART 1

146

1. 

M

(A) Some people are moving a podium.
(B) Some people are entering an auditorium.
(C) A screen is being rolled up.
(D) A man is addressing an audience.

(A) 人々が演壇を動かしている。
(B) 人々が講堂に入るところだ。
(C) スクリーンが巻き上げられているところだ。
(D) 男性が聴衆に向かって話している。

PART 2

148

2. W Will there be enough parking at the conference center?

M (A) I heard there would.
(B) There's plenty of greenery.
(C) I'm looking forward to seeing him.

会議場には十分な駐車スペースがありますか？

(A) あると聞いています。
(B) 緑がたくさんあります。
(C) 彼に会えるのが楽しみです。

149

3. W How many booths do we have left at the farming convention?

M (A) He's been to a few.
(B) I'll have to check.
(C) I'm for it.

農業協議会のブースはいくつ残っていますか？

(A) 彼はいくつかに行ったことがあります。
(B) 確認しなければなりません。
(C) それに賛成です。

150

4. M I might not make it there in time for the opening address.

W (A) Can't you take an earlier train?
(B) I'm making one for you.
(C) Yes, it was quite fast.

開会のあいさつの時間には間に合わないかもしれません。

(A) 早めの電車には乗れませんか？
(B) あなたのために1つ作っています。
(C) はい、とても速かったです。

1. 正解 (D)

大勢の人が写っていますが、聴衆に向かって話していると思われる男性をaddressing an audienceと描写した(D)が正解です。動詞addressには今回の問題のように「人に話（演説）をする」という意味のほか、「～に対処する」という意味もありTOEICでは頻出の語です。複数の人が写っている場合、このように目立つ動作や状況が正解になることがほとんどです。この写真では、大多数の人々を描写するSome people are listening to a lecture.「人々が講義を聞いている」などの表現も正解になります。

□ podium 名 演壇　□ auditorium 名 講堂　□ roll up ～を巻き上げる　□ address 動 ～に向けて話す

2. 正解 (A)

会議場の駐車スペースが十分かどうか心配している女性に対して、I heard there would.「あると聞いている」と答えている(A)が正解です。後ろにbe enough parkingが省略されており、「十分な駐車スペースがあると聞いた」という意味です。Yes/Noで答えられる問いかけ文ですが、Yesは省略して内容だけ伝えています。(C)はhimが誰を指すか判断できず、駐車スペースとの関連もないので不正解です。

parkingで駐車スペースを表しますが、parking lot、parking area「駐車場」もTOEICでよく出会う表現です。

□ greenery 名 緑樹

3. 正解 (B)

How manyで数を尋ねているのに対し、「確認が必要だ」と応答している(B)が正解です。Let me check「確認させてください」やI'll check with my supervisor「上司に確認します」など、どのような問いかけにも応答として成り立ちやすいため、確認に関連する表現は正解になりやすいと言えます。

□ booth 名 ブース　□ convention 名 協議会

4. 正解 (A)

I might not make it「間に合わないかもしれない」と状況を伝えている男性に、「早めの電車に乗れないのか」と質問する形で早く出発することを促しています。正解は(A)。make it は「間に合う」という意味で、日常の会話でもよく使われる表現です。パート2ではどのパターンの問いかけ文に対しても、質問で返すことがよくあります。

□ address 名 挨拶

PART 3

152 M W

Questions 5 through 7 refer to the following conversation.

M Hi. My name's Jack Lawson. **5** My company produces label printers and cash registers and I was hoping to rent a booth at the office equipment convention in Chicago in March.

W I'm afraid that all the booths at the convention in Chicago have been taken. **6** There will be another event in Boston in June, though. You can still reserve a booth at that one.

M I see. **7** I'd better take a look at our production schedule and consult with some colleagues before I make a decision on that.

W Sure. Well, the Boston event is from June 2 to June 5 and it'll be at the Bennet Convention Center.

5. Where does the man work?

(A) At a convention center
(B) At a gardening company
(C) At a hardware store
(D) At an equipment manufacturer

男性はどこで働いていますか？

(A) コンベンションセンター
(B) 園芸会社
(C) ホームセンター
(D) 機器製造業者

6. What does the woman suggest?

(A) Checking a brochure
(B) Attending a later event
(C) Reserving a flight
(D) Visiting a Web site

女性は何を提案していますか？

(A) パンフレットを確認すること。
(B) 後のイベントに参加すること。
(C) 飛行機を予約すること。
(D) ウェブサイトを見ること。

7. What does the man say he will do?

(A) Check a schedule
(B) Read a product review
(C) Download a form
(D) Measure a room

男性は何をすると言っていますか？

(A) スケジュールを確認する。
(B) 製品レビューを読む。
(C) 書式をダウンロードする。
(D) 部屋の大きさを測る。

男 女

問題5から7は次の会話に関するものです。

男　もしもし、Jack Lawsonと申します。私の会社はラベルプリンターとレジを製造していまして、3月にシカゴであるオフィス機器の見本市でブースをお借りしたいと思っているのですが。

女　残念ですが、シカゴの見本市のブースはすべて埋まっております。ですが、6月にボストンで別のイベントが開催されます。そちらでしたら、ブースをご予約いただけます。

男　わかりました。決める前に製造スケジュールを見て、同僚と相談した方がよさそうです。

女　もちろんです。ボストンのイベントは6月2日から6月5日まで、Bennetコンベンションセンターで行われます。

□ cash register レジ　□ booth 名 ブース　□ convention 名 見本市　□ though 副 でも　□ production 名 製造

---

5. 正解 **(D)**

男性の職場を問う設問です。男性は 5 で「私の会社はラベルプリンターとレジを製造している」と伝えています。7 のproduction schedule「製造スケジュール」を確認するという発言からも製造業だと判断でき、ラベルプリンターとレジをequipment「機器」と言い換えている(D) equipment manufacturer「機器製造業者」が正解です。コンベンションセンターはイベントが行われる会場であって男性の職場ではないので、(A)は誤りです。

□ hardware 名 工具　□ manufacturer 名 製造業者

---

6. 正解 **(B)**

3月のイベントでブースを借りたいという男性に対し、すでに予約でいっぱいだと伝えた女性は 6 で「6月に別のイベントがあり、そこはまだ予約可能だ」と言っています。3月のイベントより後に開催されるものに参加を勧めており、(B)が正解です。

郁：TOEICでは、大きなイベントやtrade show「見本市」で参加企業がブースを借りて自社製品を宣伝するシーンが頻繁に登場しますね。rent a booth, reserve a booth, take a booth, run a booth, sign up for a booth「ブースを借りる、予約する、使う、出す、申し込む」などの表現が使われます。

奈：イベントや会議などに「参加する」を表すattend an event「イベントに参加する」、participate in a conference「会議に参加する」などの表現も頻出です。

□ brochure 名 パンフレット

---

7. 正解 **(A)**

設問文にdoes the man sayがあるので男性の発言からヒントを待ち受けます。6月のイベントへのブース出展を勧められた男性は、7「決める前に製造スケジュールを見て同僚と話をする必要がある」と述べています。正解は、Check a schedule「スケジュールを確認する」と簡単にまとめた(A)です。

□ measure 動 ～を測る

PART 3

153 W M

Questions 8 through 10 refer to the following conversation.

W Mr. Thompson. 8 I'd like to attend this sales and marketing conference in Sydney. I think it will help me promote our confections on the Internet more effectively.

M Sure. 9a Just fill out the business trip request form. You'll have to provide the cost of admission, transportation, and accommodation, so you'd better work those out first.

W Thanks. I'll have to submit it tomorrow. I have a busy schedule this afternoon.

M Oh, right. 10 You'll be meeting the people from Sparkdale Entertainment. Let me know 9b if they agree to stock our products.

8. What will the woman learn about at the conference?

(A) Information technology
(B) Human resources
(C) Sales and marketing
(D) Health and safety

女性は学会で何を学びますか？

(A) 情報技術
(B) 人事
(C) 販売とマーケティング
(D) 健康と安全

9. What does the man instruct the woman to do?

(A) Write a report
(B) Complete a form
(C) Negotiate with a supplier
(D) Schedule a meeting

男性は女性に何をするよう指示していますか？

(A) レポートを書く。
(B) 書式に記入する。
(C) 納入業者と交渉する。
(D) 会議の日程を決める。

10. What will the woman do later today?

(A) Evaluate some designs
(B) Interview an applicant
(C) Meet with potential clients
(D) Leave work early

女性は今日この後何をしますか？

(A) デザインを評価する。
(B) 応募者の面接をする。
(C) 見込み客と会う。
(D) 仕事を早退する。

女 男

問題8から10は次の会話に関するものです。

女 Thompsonさん、シドニーで行われる、この販売マーケティング学会に参加したいのですが。当社のお菓子をインターネットでより効果的に宣伝するのに役立つと思うんです。

男 わかりました。出張申請書に記入してください。入場料と交通費、宿泊費を書く必要がありますので、先に調べたらいいでしょう。

女 ありがとうございます。提出は明日になります。今日の午後はスケジュールがいっぱいで。

男 そうでした。Sparkdale Entertainment社の人たちと会うのでしたね。当社製品の仕入れに合意してもらえるかどうか教えてください。

□ promote 【動】～を宣伝する　□ effectively 【副】効果的に　□ admission 【名】入場　□ transportation 【名】交通
□ accommodation 【名】宿泊施設　□ submit 【動】～を提出する　□ stock 【動】～を仕入れる

8. 正解 **(C)**

女性は 8「販売マーケティング学会に出席したい」と希望を伝え、その理由として自社製品をインターネットでより効果的に宣伝するためだと述べています。学会名とその内容から、販売とマーケティングを学ぶとわかります。(C)が正解です。

9. 正解 **(B)**

学会出席の許可を求める女性に対し、男性は 9a「出張申請書に記入するように」と指示しています。fill out「～に記入する」がcompleteと言い換えられている(B)が正解です。9b「当社製品の仕入れに合意してもらえるか」という男性の発言から、女性が午後会う予定のSparkdale Entertainment社は納入業者ではなく仕入れる側で、交渉するよう指示も出していないため、(C)は不正解。会議はすでに今日の午後と決まっており、(D)も間違いです。

奈：設問文のinstructは「人に～するよう指示する」という意味で、会話では指示する際には命令形か依頼の表現を使います。

郁：ここでは男性はfill out「記入しなさい」と命令形で指示していますね。justを前に置くことで「ただそれだけすればいいですよ」という気持ちを伝えています。

□ instruct 【動】～を指示する　□ negotiate 【動】交渉する　□ supplier 【名】納入業者

10. 正解 **(C)**

女性が「今日の午後は忙しい」と言った後、男性が 10 で「Sparkdale Entertainment社の人たちと会うのでしたね」と女性の予定を確認しています。さらに「当社製品の仕入れに合意してもらえるか知らせてくれ」と付け加えていることで、Sparkdale Entertainment社とはまだ取引がないと考えられます。女性はこれから顧客になる可能性のあるpotential clients「見込み客」と会うと言えるので、(C)が正解です。

□ evaluate 【動】～を評価する　□ potential 【形】潜在する

PART 4

155

Questions 11 through 13 refer to the following introduction.

W

Good morning, everyone. I hope you're all excited to listen to today's presenters. 11 This is the second day of the Shopping Mall Managers' Conference and if yesterday is anything to go by, it'll be a big success. Survey results were very favorable. 12a Our first speaker this morning is Terry Fields. She needs little introduction. 12b She's written a number of books on management and even has her own online video channel. During her talk, she'll ask you to hold up blue and red cards to show whether you agree or disagree. 13 You'll find them under your seats. Can you all just check now and make sure they're there?

11. Where does the introduction most likely take place?

(A) At a company orientation
(B) At an awards ceremony
(C) At a retirement party
(D) At a conference

紹介はどこで行われていると考えられますか？

(A) 会社のオリエンテーション
(B) 授賞式
(C) 退職パーティー
(D) 会議

12. Who most likely is Terry Fields?

(A) A musician
(B) A personnel director
(C) A consultant
(D) An author

Terry Fieldsは誰だと考えられますか？

(A) 音楽家
(B) 人事部長
(C) コンサルタント
(D) 著者

13. What are listeners asked to do?

(A) Install an application
(B) Subscribe to a video channel
(C) Look under their seats
(D) Recommend a book

聞き手は何をするよう求められていますか？

(A) アプリをインストールする。
(B) ビデオチャンネルに登録する。
(C) 座席の下を見る。
(D) 本を薦める。

問題11から13は次の紹介についてです。

女

皆さん、おはようございます。本日の講演者の話を聞くことを皆さん心待ちにしておられることと思います。ショッピングモール経営者協議会の2日目となりますが、昨日の内容からすれば本日も大成功間違いないでしょう。アンケート結果は非常に好意的でした。今日の最初の講演者はTerry Fieldsさんです。彼女については紹介するまでもないでしょう。経営に関する著書を多数執筆しており、自身のオンラインビデオチャンネルも持っておられます。講演の中で彼女は、皆さんに赤か青のカードを揚げて賛成か反対かを示すようにお願いします。カードは座席の下にあります。今、そのカードがあることを確認していただけますか？

□ presenter 名 講演者　□ conference 名 会議　□ go by ～により判断する　□ survey 名 アンケート調査
□ favorable 形 好意的な　□ management 名 経営　□ disagree 動 意見が異なる

11. 正解 (D)

話し手は 11 で「今日はショッピングモール経営者協議会の2日目」だと述べています。冒頭で参加者に挨拶をしており、当日の「講演者の話」についても言及しているので、話し手は会議で参加者に向けて話をしていると推測できます。正解は(D)です。

□ orientation 名 オリエンテーション　□ retirement 名 退職

12. 正解 (D)

Fieldsさんは 12a で講演者として紹介されています。さらに話し手は 12b「経営に関する著書を多数執筆している」と続けていることから、彼女は著者だと言えます。よって(D)が正解です。

□ consultant 名 コンサルタント

13. 正解 (C)

話し手は、講演の中で講演者がカードを利用して意見を聞くと述べた後、13 でカードは座席の下にあると言い、確認するよう促しています。これを「座席の下を見る」と短くまとめた(C)が正解です。トークのcheck「確認する」を選択肢ではlook「見る」と言い換えています。

□ subscribe 動 登録する

PART 4

156

Questions 14 through 16 refer to the following telephone message and list.

M

This is Fred Waters from the Paulson Conference Center in Boise. 14 You called earlier about holding an event here, and I said I'd get back to you with a list of rooms we have available. It turns out that we have only one room available on the date you mentioned. 15a We can comfortably fit up to 50 people in the room, so I'm sure it'll be suitable for your needs. 16 I really recommend that you call me back soon and pay a deposit to hold the room. It's a busy time of year for us, and I don't think this room will be available for much longer.

Room	Capacity
Ryder Room	70 People
15b Harbour Room	50 People
Wolfhard Room	40 People
McLaughlin Room	30 People

14. Who is the speaker most likely calling?

(A) A conference center manager
(B) An event organizer
(C) A catering company
(D) A salesperson

話し手は誰に電話をしていると考えられますか？

(A) 会議場の運営者
(B) イベントの主催者
(C) ケータリング会社
(D) 営業担当者

15. Look at the graphic. Which room does the speaker refer to?

(A) Ryder Room
(B) Harbour Room
(C) Wolfhard Room
(D) McLaughlin Room

図を見てください。話し手はどの部屋について言及していますか？

(A) Ryder Room
(B) Harbour Room
(C) Wolfhard Room
(D) McLaughlin Room

16. What does the speaker recommend that the listener do?

(A) Pay a deposit
(B) Update a menu
(C) Arrive at the venue early
(D) Choose another date

話し手は聞き手に対し何をするよう勧めていますか？

(A) 頭金を支払う。
(B) メニューを新しくする。
(C) 会場に早めに到着する。
(D) 別の日を選ぶ。

問題14から16は次の電話のメッセージとリストに関するものです。

男

ボイシにあるPaulson会議場のFred Watersです。当方でのイベント開催について先ほどお電話いただき、使用可能なお部屋のリストを確認してから、おかけ直ししますとお伝えしておりました。調べたところ、ご希望の日程ですとご利用可能なお部屋は1部屋のみとなっております。50人までは収容できるお部屋ですので、ご希望には沿えるかと思います。すぐに折り返しお電話いただき頭金を支払って、お部屋を確保されることを強くお勧めします。1年でも忙しい時期ですので、このお部屋もすぐに埋まってしまうと思います。

部屋	収容人数
Ryder Room	70人
Harbour Room	50人
Wolfhard Room	40人
McLaughlin Room	30人

□ turn out ～と判明する　□ comfortably 副 快適に　□ up to ～まで　□ deposit 名 頭金
□ capacity 名 収容能力

14. 正解 (B)

話し手はPaulson会議場の者だと冒頭で名乗っており、14 で「当方でのイベント開催について電話をもらった」と言っていることから、イベント開催希望者に電話を折り返していると考えられ、相手は(B) An event organizer「イベントの主催者」だと言えます。電話をかけているのが会議場の人間であって、電話をしている相手ではないので(A)は誤りです。

□ organizer 名 主催者　□ catering 名 仕出し

15. 正解 (B)

グラフィック問題なので、表を見ながらトークを聞く必要があります。選択肢には部屋の名前があるため、ヒントとして音声で流れるのは収容人数です。人数の項目を見ながら聞くと、1部屋しか空いていないと言った後で 15a「50人までは収容できる部屋」だと伝えています。15b より、50人まで収容可能な (B) Harbour Roomが正解です。

16. 正解 (A)

人に何かを勧める表現が聞こえてくるのを待ちます。16 で話し手はI really recommend「強くお勧めする」と述べており、that以下が勧める内容です。「折り返し電話をする、頭金を支払う、部屋を確保する」と複数の事項に言及していますが、選択肢にはPay a deposit「頭金を支払う」しかないので正解は(A)です。ここではrecommend that SVの形で勧めていますが、recommend ～ to ＋ 人やrecommend ＋ 動詞ingの形でも使われます。勧める表現は、ほかにencourage ＋ 人 ＋ to ＋ 動詞やinvite ＋ 人 ＋ to ＋ 動詞などもあります。

□ venue 名 会場

DAY 12
Words and Phrases

□ address
～に演説する

address the audience in the closing ceremony
閉会式で聴衆に向けて話す

□ accommodate
動詞 ～を収容する

The hall can accommodate 200 guests.
ホールは200名を収容できる。

□ handbook
名詞 案内書

The conference handbook is available for download.
大会パンフレットはダウンロードできます。

□ networking
名詞 人脈づくり

There will be a networking event on the final day.
最終日に交流イベントがあります。

□ keynote
名詞 基調

We've invited Mr. Roberts to be our keynote speaker.
基調講演者としてロバーツさんを招待した。

DAY 13

生産・工場

工場ではシフト交代や機械の不具合でラインを一時ストップする会話、生産高についてのトーク、見学ツアーが頻繁に行われます。見学前に、ヘルメット着用などの注意事項をガイドが説明するトークが出題されることもあります。

PART 1

159

1. 

W

(A) They are wearing hard hats.
(B) Containers are stacked on top of each other.
(C) Workers are assembling some shelving units.
(D) The woman is pointing at a map.

(A) 彼らはヘルメットをかぶっている。
(B) コンテナが積み重ねられている。
(C) 作業員が棚を組み立てている。
(D) 女性が地図を指している。

PART 2

161

2. M What time will the factory resume production?

W (A) In a couple of minutes.
(B) Yes, it does.
(C) I'll take two.

工場は何時に生産を再開しますか？

(A) 数分後です。
(B) はい、そうです。
(C) 2つもらいます。

162

3. W Have you found the cause of the production delays?

M (A) There was a fault in one of the machines.
(B) It was a wonderful production.
(C) It was founded a few years ago.

生産の遅延原因はわかりましたか？

(A) 機械の1つが故障していました。
(B) 素晴らしい作品でした。
(C) 数年前に設立されました。

163

4. M We need to provide a refresher course on safety procedures at the workshop.

W (A) That's for the light refreshments.
(B) In the safe.
(C) Yeah, before something happens.

作業場での安全手順に関する再履修講座を提供する必要があります。

(A) それは軽食の分です。
(B) 金庫の中です。
(C) ええ、何かが起こる前に。

1.
正解 **(A)**

工場のような建物の中で、二人の人物がヘルメットをかぶって歩いている写真です。ヘルメットのことをhard hatsと表現した(A)が正解です。男性が紙を広げていますが、女性がそれを指差してはいないので、(D)は誤りです。containerとは大型のコンテナだけでなく、物を入れる容器のことも指します。assemble「組み立てる」はassembly line「組み立てライン」とともに工場のトピックでTOEICに頻出します。

複数の人が写っている写真では、人物に共通していることが描写のポイントになることが多いようです。歩いている、物を運んでいるような動作、帽子やジャケットなどの服装、屋内や扉のそばといった場所などの共通項に注意をして英文を聞きましょう。

工場内で身に着けるものといえば本問のhelmetやhard hatのほか、protective gear「防護服」、gloves「グローブ」、safety goggles「ゴーグル」なども出てきますね。

□ hard hat ヘルメット　□ stack 動 ～を積み重ねる　□ assemble 動 ～を組み立てる　□ shelving unit 棚

2.
正解 **(A)**

What time ～?で生産が再開する時間を尋ねられ、具体的な時刻を言わず「数分後だ」と答えた(A)が正解です。疑問詞の疑問文にYesで答えるのは不自然なので(B)は不正解です。(C)は「2つ」にあたるものが不明なため、応答としては不適切です。resumeは「～を再開する」という動詞です。アクセント記号のついたrésumé「履歴書」と似ていますが、意味は全く異なります。両方ともTOEICの頻出語です。

□ resume 動 ～を再開する　□ production 名 生産

3.
正解 **(A)**

production delay「生産の遅延」について尋ねる女性に「機械が故障していた」と原因を答える(A)が正解です。故障や不具合を表す言葉はfaultのほかmalfunction、failure、defect、flawなどがTOEICでよく登場します。(B)のproductionは設問と同じ単語を使っていますが、こちらは作製された物を意味しています。

□ production 名 生産、作品　□ fault 名 故障　□ found 動 設立する

4.
正解 **(C)**

「再履修講座が必要だ」と意見を発した男性に(C)は「ええ、何かが起こる前に」と同意を示しており、応答が成立しています。(A)のrefreshments「軽食」は問いかけのrefresher「再履修」と似た音を利用したひっかけです。

□ refresher 名 再履修　□ safety 名 安全　□ procedure 名 手順　□ refreshment 名 軽食　□ safe 名 金庫

PART 3

165 M W

Questions 5 through 7 refer to the following conversation.

M Hi, Mindy. I was looking for you. 5 I wanted to ask if you're showing the visitors around the factory today.

W No, Harold is doing it this time. What made you ask?

M 6a I was going to ask if you'd mind helping me prepare the meeting room. 6b We need to clean it up before the catering company gets here to serve lunch to the visitors.

W I'll give you a hand. 7 Just let me finish this report. I need to submit it to the personnel department by 10:00 A.M. I'll meet you at the meeting room as soon as I'm done with it.

5. What will happen at the company today?

(A) A new branch will be opened.
(B) Some equipment will be replaced.
(C) Some visitors will come.
(D) An award ceremony will be held.

今日、会社で何が起こりますか？

(A) 新しい支店がオープンする。
(B) 備品の交換がある。
(C) 客が来る。
(D) 授賞式が開催される。

6. What does the man ask the woman to do?

(A) Update a schedule
(B) Contact a colleague
(C) Go to the airport
(D) Help with some cleaning

男性は女性に何をするよう頼んでいますか？

(A) 予定を更新すること。
(B) 同僚に連絡すること。
(C) 空港に行くこと。
(D) 清掃を手伝うこと。

7. Why does the woman ask the man to wait?

(A) She needs to complete a report.
(B) She is dealing with a client.
(C) She will interview an applicant.
(D) She cannot find her keys.

なぜ女性は男性に待つように頼んでいますか？

(A) 報告書を完成させなければならないため。
(B) 顧客対応をしているため。
(C) 応募者の面接をするため。
(D) 鍵が見つけられないため。

男 女

問題5から7は次の会話に関するものです。

男　こんにちは、Mindyさん。探していたところです。今日、Mindyさんが訪問客に工場を案内するのか聞こうと思っていたのです。

女　いえ、今回はHaroldが担当します。どうしたんですか？

男　会議室の準備の手伝いをお願いできないかと思っていたんです。ケータリング会社がここに来て来訪客に昼食を出す前に片付けをする必要があって。

女　手伝います。先にこの報告書を仕上げさせてください。午前10時までに人事部に提出する必要があるんです。終わり次第、会議室で会いましょう。

□ catering 名 仕出し　□ submit 動 ～を提出する　□ personnel 名 人事

5.
正解 (C)

設問のtodayは言い換えされにくい語なので、それをキーワードとしてヒントを待ち受けます。女性を探していたという男性が 5 で「Mindyさんが訪問客に工場を案内するのか」と尋ね、女性はHaroldさんが担当すると答えます。さらに客に昼食を出す準備について話は続きます。その日に来客があることがわかるので(C)が正解です。

□ branch 名 支店　□ award 名 賞

6.
正解 (D)

依頼の表現に気をつけて男性の発言を聞きます。女性を探していた理由を尋ねられた男性が 6a で I was going to ask if ...「～をお願いできないかと思っていた」と言うところがヒントです。「会議室の準備の手伝い」を依頼したかったと言う男性は続けて 6b 「ケータリング会社がここに来る前に掃除する必要がある」とその理由を述べています。この内容を「掃除を手伝うこと」とまとめた(D)が正解です。

7.
正解 (A)

会議室の準備を手伝う意向を示した女性は、 7 で「先に報告書を仕上げさせて」と言っています。男性を待たせる理由は報告書の作成であり、発言のfinish this reportをcomplete a reportと言い換えた(A)が正解です。

設問の順にヒントが流れるとDAY 1で説明しましたが、あらかじめ設問を読んでおくと、事前におおまかなストーリーの流れがわかるんですよ。

本問では、「会話のはじめのほうで今日の予定について話題が出る→男性が女性に頼みごとをする→女性は何かしらの理由で男性を待たせる」という流れが設問だけでわかります。ストーリーのおおまかな枠が事前にわかれば、あとは会話を聞きながら、細かい内容を埋めていきます。何もない真っ白の状態から聞くよりも聞き取りの負担が少なく、ヒントを逃しにくくなるはずです。

□ applicant 名 応募者

PART 3

166 W M

Questions 8 through 10 refer to the following conversation.

W Hi, Jim. I just read your report from your trip to Tokyo. I was surprised at how many potential clients you managed to meet.

M **8** I had a lot of help from one of my contacts there. By the way, **9a** I just got an order for twenty thousand units.

W That's more than I expected. **9b** I don't know if we can produce that many on top of our current orders. Please don't confirm the order until I've spoken with the people in the factory.

M Sure. **10** I'll ask the clients to wait until tomorrow for a reply.

8. What does the man say about his trip to Tokyo?

(A) He took some time for sightseeing.
(B) He received assistance from an acquaintance.
(C) He brought back a lot of samples.
(D) He managed to negotiate a cheaper price.

男性は東京への出張について何と言っていますか？

(A) 観光する時間を少し取った。
(B) 知人に助けてもらった。
(C) 見本品をたくさん持ち帰った。
(D) 交渉の結果、より低い価格で合意した。

9. Why does the woman say, "That's more than I expected"?

(A) She thought the trip would cost less.
(B) She thinks the trip will pay off.
(C) She did not prepare well.
(D) She is concerned about production capacity.

なぜ女性は"That's more than I expected"と言っていますか？

(A) 出張がもっと安く済むと思っていたため。
(B) 出張が成果を上げると考えているため。
(C) 準備を十分にしなかったため。
(D) 生産能力について気にしているため。

10. What does the man say he will do?

(A) Make a correction
(B) Cancel an order
(C) Contact a client
(D) Request reimbursement

男性は何をすると言っていますか？

(A) 修正する。
(B) 注文を取り消す。
(C) クライアントに連絡する。
(D) 払い戻しを請求する。

女 男

問題8から10は次の会話に関するものです。

女　こんにちは、Jimさん。東京への出張報告書を読みました。こんなに多くの見込み客と会えたことに驚きました。

男　現地の知人の一人にたくさん助けてもらいました。ところでたった今、2万個の注文が入ったのですが。

女　それは想像していた以上です。現在受けている注文に加え、そこまで多くの数を生産できるかどうかわかりません。工場の人と話しますから、それまでは注文を確定しないでください。

男　わかりました。クライアントには明日まで回答を待っていただくように伝えます。

□ potential 形 潜在的な　□ contact 名 知人　□ on top of ～に加えて　□ current 形 現在の

---

8. 正解 **(B)**

東京出張の報告書を読み、男性が多くの見込み客に会えたことに驚いていることを女性が伝えると、男性が 8「現地の知人に助けてもらった」と説明しています。この発言のhelpをassistanceに、one of my contactsをan acquaintance に言い換えた(B)が正解です。価格についてはこの会話では話題になっていないため(D)は誤りです。

□ acquaintance 名 知人　□ sample 名 見本　□ negotiate 動 ～を交渉して決める

---

9. 正解 **(D)**

発言の意図は、該当文前後の内容から判断しましょう。男性から 9a「2万個の注文が入った」と聞いた女性が該当文「想像していた以上だ」と言い、直後に 9b「そこまで多くの数を生産できるかわからない」と発言しています。さらに、工場のスタッフと話すまで注文を確定しないように求めていることから、女性は注文数を聞いて生産能力について心配になったことが推測できます。よって(D)が意図を説明する文として適切です。

□ pay off 成果を上げる　□ concerned 形 心配している　□ production 名 生産　□ capacity 名 能力

---

10. 正解 **(C)**

生産能力を心配する女性から、工場に確認するまで注文を確定しないよう求められた男性は 10「クライアントに明日まで回答を待ってもらうように伝える」と返事をしています。この内容を「連絡する」とまとめた(C)が正解です。注文が確定できないと言っているだけで、キャンセルについては話していないため、(B)は不正解です。

□ correction 名 修正　□ reimbursement 名 払い戻し

PART 4

168

Questions 11 through 13 refer to the following talk.

M

11 In a few minutes, we'll commence our tour of the Vandelay Auto Parts Factory. I should warn you that the factory is in full production mode. 12 Everyone who enters is required to wear a helmet. You'll find them in the lockers in the changing rooms behind you. It'll be very noisy in some parts of the factory, so it might be hard to answer questions. 13 I suggest that you write any questions down and ask them during lunch.

11. Where does the talk take place?

(A) At a manufacturing plant
(B) At a building site
(C) At an auto repair shop
(D) At an appliance store

話はどこで行われていますか？

(A) 製造工場
(B) 建築現場
(C) 自動車修理店
(D) 家電販売店

12. What are listeners required to do?

(A) Sign a form
(B) Watch a video
(C) Get on a shuttle bus
(D) Put on a helmet

聞き手は何をするよう求められていますか？

(A) 書式に署名する。
(B) ビデオを見る。
(C) シャトルバスに乗る。
(D) ヘルメットを着用する。

13. What does the speaker suggest listeners do?

(A) Interview an employee
(B) Write down some questions
(C) Improve product design
(D) Update a manual

話し手は聞き手に対しどうすることを勧めていますか？

(A) 従業員にインタビューすること。
(B) 質問を書き留めること。
(C) 製品デザインを改善すること。
(D) マニュアルを更新すること。

問題11から13は次の話に関するものです。

男

まもなくVandelay自動車部品工場の見学を開始します。工場の生産がフル稼働中であることを先にお知らせしておきます。入場者は全員ヘルメットの着用義務があります。後方にある更衣室のロッカーに入っています。工場内には大変騒音の激しい場所がありますので、質問に答えるのは難しいかもしれません。質問は書き留めておいて、昼食のときに聞いていただくことをお勧めします。

☐ commence 動 ～を開始する　☐ auto 形 自動車の　☐ production 名 生産　☐ mode 名 状態
☐ helmet 名 ヘルメット

11. 正解 **(A)**

トークの冒頭で、11「まもなくVandelay自動車部品工場の見学を開始します」と挨拶しています。その後、工場がフル稼働中であること、工場内の騒音が激しいことなど、注意事項が続きます。これらのヒントより、工場の見学前に挨拶が行われていると考えられます。auto parts factory「自動車部品工場」をmanufacturing plant「製造工場」と言い換えた(A)が正解です。

☐ manufacturing 名 製造　☐ appliance 名 電化製品

12. 正解 **(D)**

12 で「全員ヘルメットの着用義務がある」と言っています。工場内に今から入る人たちに向けたトークなので、主語everyone who enters「入場者は全員」は聞き手のことを含んでおり、(D)が正解です。

13. 正解 **(B)**

工場内は騒音が激しいので質問に答えるのが難しいと言った後、13「質問は書き留めておいて、昼食のときに聞く」ことを聞き手に勧めています。よって(B)が正解です。

PART 4

169

Questions 14 through 16 refer to the following excerpt from a meeting and list.

W

14 Before we make a decision about where to construct the new manufacturing plant, I think we should consider a few extra factors. One of them is the availability of workers. 15a I know you all thought Bradman would be a good location because of its high population. However, there're very few unemployed people there. We would suffer from a labor shortage. 15b The second largest town on the list actually has the most people looking for work. I think we should build there. 16 I visited Carlton Transport this week to find out if it would cost us any more to ship goods from there. According to their calculations, we'd save money on shipping.

Town	Population
Bradman	440,000
15c Chapel	350,000
Ponting	320,000
Hughes	290,000

14. What is the main topic of the talk?

(A) Opening a new store
(B) Revising a production schedule
(C) Building a new factory
(D) Hiring additional workers

話の主な話題は何ですか？

(A) 新しい店を開店すること。
(B) 生産スケジュールを修正すること。
(C) 新工場を建設すること。
(D) 追加作業員を雇うこと。

15. Look at the graphic. Which town does the speaker prefer?

(A) Bradman
(B) Chapel
(C) Ponting
(D) Hughes

図を見てください。話し手はどの町が良いと思っていますか？

(A) Bradman
(B) Chapel
(C) Ponting
(D) Hughes

16. What does the speaker say she has done this week?

(A) Requested a discount
(B) Visited a shipping company
(C) Taken a vacation
(D) Spoken with an accountant

話し手は今週何をしたと言っていますか？

(A) 割引を要求した。
(B) 配送会社を訪問した。
(C) 休暇を取得した。
(D) 会計士と話した。

問題14から16は次の会議の一部とリストに関するものです。

女

新しい製造工場をどこに建設するか決定する前に、いくつか別の要因について検討する必要があると考えます。1つは作業員の確保です。人口の多さから、皆さんがBradmanが候補地にはいいと考えていることはわかります。ですが、その町の失業者の数はごくわずかです。労働力不足に苦しむことになるでしょう。リストにある2番目に大きな町には求職者が最も多くいますので、そちらに建設した方がいいと考えています。そこから商品を出荷するのに、今以上のコストがかかるのかどうかを調べるため、今週Carlton運送会社に行きました。先方の計算では、配送料金を節約できそうです。

町	人口
Bradman	440,000人
Chapel	350,000人
Ponting	320,000人
Hughes	290,000人

□ excerpt 名 抜粋　□ manufacturing 名 製造　□ extra 形 追加の　□ factor 名 要素
□ unemployed 形 雇用されていない　□ labor 名 労働力　□ shortage 名 不足　□ calculation 名 計算

14. 正解 **(C)**

会議での一場面です。冒頭で 14「新しい製造工場をどこに建設するか決定する前にいくつか検討する必要がある」と述べた後、候補地について説明をしています。新しい工場の建設について話しているので、construct「建設する」をbuildに、manufacturing plantをfactoryに言い換えた(C)が正解です。店舗については話題にあがっていないので(A)は不正解です。

□ revise 動 ～を修正する　□ production 名 生産　□ hire 動 ～を雇う　□ additional 形 追加の

15. 正解 **(B)**

表を見て答える問題です。選択肢には町名があるので、表でそれらのパートナー情報となっている人口に注目してトークを聞きます。15a で「皆さんは人口の多さからBradmanがいいと考えているだろう」と言いますが、その町の労働力不足の懸念を指摘しています。15b で「リストにある2番目に大きな町は求職者が最も多いので、そこに建設した方がいい」と考えを述べています。表を見ると、2番目に大きいのはChapelなので、(B)が正解です。

16. 正解 **(B)**

16 で今週はCarlton Transportという会社に行き「商品の出荷に今以上のコストがかかるのかどうかを調べた」とあります。その次の文で「その会社の計算によると配送料金が節約できるとわかった」と伝えています。訪問した会社の業種は配送会社なので(B)が正解です。社名にあるTransportも普通名詞では「運送」という意味です。

社名が業種を表す例は本当に多いですね。

Shibuya Electronics「シブヤ電気」、Shibuya Pharmaceuticals「シブヤ製薬」、Shibuya Builders「シブヤ建設」など。Shibuya Manufacturing「シブヤ製造」は製造しているジャンルはわかりませんが、製造業とわかれば工場、原料価格、製造計画などの単語が出てきたときにスムーズな理解につながります。

話者の職業がわかれば、それだけ無意識に頭のなかに場面が広がり、ストーリーを浮かべやすくなります。単語を追いかけるのでなくストーリーを追えば、解答しやすいように問題が作られているのです。

DAY 13
Words and Phrases

☐ **assembly line**

組立ライン

stop an assembly line for an hour
組立ラインを1時間止める

☐ **environmental**

形容詞 **環境の**

meet environmental standards
環境基準を満たす

☐ **manufacturing plant**

製造工場

hire a manager at a manufacturing plant
製造工場でマネージャーを雇う

☐ **laboratory**

名詞 **研究室**

purchase tools for our laboratory
研究室の道具を購入する

☐ **resume**

動詞 **再開する**

The production will resume next month.
生産は来月再開される。

DAY 14

不動産・移転

社内の異動や転職などにより、新居を探して引っ越しをする人がたびたび登場します。物件や内覧に関する問い合わせ電話や、不動産業者から内覧のお勧め電話がかかってくることもあります。

PART 1

172

1. 

M

(A) A truck is being loaded with furniture.
(B) There are some sofas in a hallway.
(C) The rear of a truck has been left open.
(D) A tree is being trimmed.

(A) トラックに家具が積みこまれているところだ。
(B) 廊下にソファーがある。
(C) トラックの後部が開いたままになっている。
(D) 木が刈り込まれているところだ。

PART 2

174

2. M Are you interested in any of the properties we looked at today, or would you like to see a few more?

今日見た物件のどれかに興味がありますか、それとも他にも少し見てみますか？

W (A) The first one was nice.
(B) I think they were.
(C) I took my car.

(A) 1つ目が良かったです。
(B) それらはそうだったと思います。
(C) 車で来ました。

175

3. W Do you have any office space for rent in the Alcester area?

Alcester地区に賃貸オフィスはありますか？

M (A) We've been here a while.
(B) Let me check.
(C) No, the entire office.

(A) 私たちはしばらくここにいます。
(B) 調べてみます。
(C) いいえ、オフィス全体なのです。

176

4. M I need to find a moving company to help us relocate the office.

事務所移転を手伝ってくれる引っ越し業者を見つける必要があります。

W (A) A lot of income.
(B) I know of a good one.
(C) I enjoyed the movie.

(A) 収入が多いです。
(B) 良いところを知っています。
(C) 映画は楽しめました。

1. 正解 **(C)**

駐車されたトラックの荷台にソファなどが積まれている写真です。トラックの後方(rear)が開いたままになっている状態を表現した(C)が正解です。(A)はis being loadedと現在進行形になっており、積みこむ作業中の写真でなければ正解になりません。A truck has been loaded with furniture.「トラックに家具が積みこまれた状態だ」ならば正解になります。(B)はソファのある場所がhallway「廊下」と言っているので不正解です。トラックの前方に木が見えますが、刈り込みの作業中ではないため、(D)は誤りです。

郁: 人物が写っていない写真は毎回2～3枚出題されます。物が置かれている、何かが見える、など静的な状態を表す英文が使われます。ビジュアル情報を客観的に伝える表現は、ビジネスのコミュニケーションでも役立ちますよ。

□ load A with B　AにBを積みこむ　□ hallway 名 廊下　□ rear 名 後部　□ trim 動 ～を刈り込む

DAY 14

2. 正解 **(A)**

不動産業者と物件を探している人の会話と思われます。入居したい物件が今日見た中にあったか、それとも他の物件を見たいかどうか、選択疑問文で尋ねています。(A)のThe first oneは質問のthe properties we looked at today「今日見た物件」の中の1つ目を指しており、応答が成り立ちますので、これが正解です。(B)はtheyがpropertiesを指していたとしても、wereの後に何が省略されているか情報が不足しており意味が通りません。

奈: A or B？の選択疑問文は2問ほど出題されます。orの前後が節になると質問文が長くなりますが、何を比較して尋ねられているのか短く要約してから選択肢を聞くと、解きやすいですよ。本問は私ならば「見た物件がいい？」「他の見たい？」と頭の中で要約します。

□ property 名 物件

3. 正解 **(B)**

賃貸物件があるかどうか尋ねられて、その答えを提供するために「調べてみます」と受けた(B)が正解です。Let me check.やI'll take a look.などいったん回答を保留する応答は、質問に直接答えていませんが、ほとんどの問いかけに対応することができるオールマイティな返しです。

4. 正解 **(B)**

引っ越し業者が必要だと言う男性に「良いところを知っている」と情報を提供しようとする(B)が正解です。ここでのoneはmoving companyを指しています。問いかけは平叙文ですが、困って相手に助言を求めているとも考えられます。TOEICの中のストーリーは問題解決に向かうケースがほとんどです。問題提起をしている問いかけがあると、解決のための情報を提供したり提案をしたりするのがよくあるパターンです。

□ relocate 動 ～を移転させる　□ income 名 収入

PART 3

178 M W

Questions 5 through 7 refer to the following conversation.

M 5a Few of the doctors and nurses on the night shift have been making use of the company apartments. Perhaps we should sell them.

W Good point. 5b They used to be popular because hardly any of the doctors and nurses lived nearby. They needed somewhere to stay after working long shifts. Now, most of our staff live within 20 minutes of the facility.

M Yeah, they can drive home just as easily. And 6 we no longer have the emergency room, so there aren't that many people on duty at night.

W 7 I'll bring up the subject at Friday's board meeting and see if everyone agrees.

5. What is the main topic of the conversation?

(A) Selling some property
(B) Expanding a business
(C) Renting some accommodation
(D) Going shopping for a gift

会話の主な話題は何ですか？

(A) 資産を売却すること。
(B) 事業を拡大すること。
(C) 住宅を借りること。
(D) 贈り物を買いに行くこと。

6. At what kind of business do the speakers most likely work?

(A) A department store
(B) A hospital
(C) A publishing house
(D) A real estate agency

話し手たちはどのような職場で仕事をしていると考えられますか？

(A) デパート
(B) 病院
(C) 出版社
(D) 不動産会社

7. What does the woman say she will do?

(A) Leave work earlier than usual
(B) Update a work schedule
(C) Consult with some executives
(D) Read some online reviews

女性は何をすると言っていますか？

(A) いつもより早く退勤する。
(B) 仕事のスケジュールを更新する。
(C) 理事たちと相談する。
(D) オンラインレビューを読む。

男 女

問題5から7は次の会話に関するものです。

男　社宅を利用する夜勤の医師や看護師はほとんどいません。売却してしまってもいいかもしれません。

女　そうですね。以前は近くに住む医師や看護師はほとんどいなかったので、とても人気が高かったのです。長い時間働いた後、滞在する場所が必要でしたから。今ではスタッフのほとんどは施設から20分以内の所に住んでいます。

男　ええ、家まで容易に車で帰れます。それに救急外来も廃止になりましたから、夜間勤務者もそれほど多くはいません。

女　金曜日の理事会の話題として取り上げて、全員が同意するか見てみます。

□ shift 名 交替勤務　□ make use of ～を利用する　□ facility 名 施設　□ emergency room 救急治療室
□ on duty 当番で　□ board meeting 理事会、役員会

5. 正解 **(A)**

男性が冒頭 5a で社宅を利用する医師や看護師がほとんどいないので、売却してもいいかもしれないと言っています。女性も 5b で「社宅はかつて人気が高かった」と返し、社宅が必要とされていない事情を話し合っています。社宅をproperty「資産」と言い換えた(A)が正解です。社宅を「住居」と言い換えることは可能ですが、それを借りる話をしていないので(C)は不正解です。

□ property 名 資産　□ expand 動 ～を拡大する　□ accommodation 名 宿泊施設、住居

6. 正解 **(B)**

話し手たちの職場や職業を問われたら、会話全体の間接的なヒントに注意をしましょう。5a でdoctors and nurses「医師と看護師」の社宅について言及し、6 で「救急外来が廃止になった」と言っています。話し手たちは病院で働いていると思われるので(B)が正解です。

□ publishing house 出版社　□ real estate 不動産

7. 正解 **(C)**

社宅を売却すべきか2人で話し合った後、女性が 7 で「金曜日の理事会の話題として取り上げる」と言っています。boardは理事会や取締役会など、意思決定をする組織のことで、executives「役員、理事」の集まりとも言えます。bring up the subject「話題として取り上げる」をconsult「相談する」と言い換えて「理事たちと相談する」とした(C)が正解です。

□ executive 名 役員、理事

179 W M

Questions 8 through 10 refer to the following conversation and list.

W 8 I have too much stuff to fit in my van. What size truck should I rent for the move?

M 9a I think you'll fit it all in this one. It costs $120 a day, but you won't have to make two trips.

W Good point. I'll call the rental company and reserve one now. What time will you be able to come and help me load it? 10a It'd be great if you could come before nine o'clock.

M 10b I'll be a bit later than that. I have an appointment to see a dentist in the morning. I guess I could be here by eleven o'clock.

W That's fine. It'll give me time to go and pick up the truck.

Size	Daily Rental Rate
9.4 ton	$190
6.5 ton	$140
9b 5.5 ton	$120
3.3 ton	$100

8. What does the woman say about her belongings?

(A) She will throw some of them away.
(B) She will take them to a second-hand store.
(C) She cannot fit them into her vehicle.
(D) She has just unloaded them from a truck.

女性は持ち物について何と言っていますか？

(A) 少し捨てる。
(B) 中古品店に持っていく。
(C) 自分の車には積みきれない。
(D) トラックから荷下ろしたばかりだ。

9. Look at the graphic. What size truck will the woman most likely reserve?

(A) 9.4 ton
(B) 6.5 ton
(C) 5.5 ton
(D) 3.3 ton

図を見てください。女性はどの大きさのトラックを予約すると考えられますか？

(A) 9.4トン
(B) 6.5トン
(C) 5.5トン
(D) 3.3トン

10. Why does the man say he will be late?

(A) He has to take a driving test.
(B) His section is very busy this week.
(C) His car is being repaired.
(D) He will visit a dental clinic.

男性はなぜ遅くなると言っていますか？

(A) 運転免許試験を受けなければならないため。
(B) 部署が今週とても忙しいため。
(C) 車が修理中であるため。
(D) 歯科医院に行くため。

女 男

問題8から10は次の会話に関するものです。

女 荷物が多すぎて私のバンに収まりません。引っ越しにどのサイズのトラックを借りたらいいでしょうか？

男 これならすべて収まると思います。1日当たり120ドルですが、2回に分けて運ぶ必要がなくなります。

女 そうですね。今すぐレンタル会社に電話して予約します。あなたは何時に積みこみの手伝いに来られそうですか？ 9時前に来てもらえると助かるんですが。

男 それよりは少し遅くなります。午前中に歯医者の予約があるので。11時までにはここに来られると思います。

女 それで大丈夫です。その間にトラックを取りに行っておきますから。

サイズ	1日のレンタル料
9.4トン	190ドル
6.5トン	140ドル
5.5トン	120ドル
3.3トン	100ドル

□ load 動 ～を積みこむ □ rate 名 料金 □ ton 名 トン

8. 正解 **(C)** 女性は 8「荷物が多すぎて私のバンに収まりません」と言っています。その後引っ越しのトラックを借りる話をしているので、stuffというのは女性の引っ越し荷物のことだとわかります。設問ではstuffがbelongings「持ち物」と表現されています。vanを上位語のvehicleに言い換えた(C)が正解です。

□ belonging 名 持ち物 □ unload 動 (荷物) を下ろす

9. 正解 **(C)** サイズ別のレンタル料金表を見ながら答える問題です。選択肢にはトン数が並んでいるので、料金の方に注意して会話を聞きます。引っ越しの荷物を運ぶためにどのサイズのトラックにするか女性に尋ねられた男性は、9a「これならすべて収まると思う」と答え、それが 9b「1日当たり120ドル」だと言っています。それを聞いた女性は「今すぐ予約をする」と言っているので、120ドルの車両、つまり(C)の5.5トントラックを予約すると考えられます。

10. 正解 **(D)** 女性は、男性が引っ越しの手伝いに来る時間について 10a「9時前に来てもらえると助かる」と希望を伝えています。それに対して男性が 10b「それよりは少し遅くなる」と答えます。理由として「午前中に歯医者の予約がある」と説明しています。see a dentist「歯医者に行く」をvisit a dental clinicと表現した(D)が正解です。

PART 4

181

Questions 11 through 13 refer to the following advertisement.

W

If you're looking for an affordable one- or two-bedroom apartment just minutes from the city center, Dalton Towers is the only name you need to know. This wonderful new high-rise apartment building is adjacent to RJ Shopping Mall and 11 within walking distance of Harrington Station. Despite its central location, Harrington is designated as a residential area. 12 Dalton Towers is now under construction with a completion deadline of November 10. 13 If you'd like to learn more about this amazing real estate opportunity, visit us on the Web. Just search for "Dalton Towers Harrington." Buy yours, before it's too late.

11. What does the speaker say about Dalton Towers?

(A) It was designed by a famous architect.
(B) It has excellent views.
(C) It has stores on the lower floors.
(D) It is near public transportation.

Dalton Towersについて話し手は何と言っていますか？

(A) 著名な建築家によって設計された。
(B) 眺めが素晴らしい。
(C) 低層階には店がある。
(D) 公共交通機関から近い。

12. What is scheduled for November?

(A) A public auction
(B) A building's completion
(C) A price increase
(D) A property inspection

11月には何が予定されていますか？

(A) 公売
(B) 建物の完成
(C) 価格の上昇
(D) 建物の点検

13. According to the advertisement, how can listeners learn more about Dalton Towers?

(A) By reading a brochure
(B) By attending an information session
(C) By contacting a real estate agent
(D) By visiting the Web site

広告によると聞き手はDalton Towersについてどのように詳しく知ることができますか？

(A) パンフレットを読むことによって。
(B) 説明会に参加することによって。
(C) 不動産業者に連絡することによって。
(D) ウェブサイトにアクセスすることによって。

問題11から13は次の広告に関するものです。

女

町の中心部からわずか数分の場所に、寝室が1室または2室のマンションを手ごろな価格でお探しなら、知っておくべき名前はDalton Towersだけです。この素晴らしい新築高層マンションはRJ ショッピングモールに隣接し、Harrington駅の徒歩圏にあります。中心部という立地にもかかわらず、Harringtonは住宅地に指定されています。Dalton Towersは現在建設中で11月10日が完成期日です。この驚きの物件について詳しくは当社ウェブサイトにアクセスしてください。「Dalton Towers Harrington」で検索してください。手遅れとなる前にご購入を。

□ affordable 形 手ごろな　□ high-rise 形 高層の　□ adjacent to ～に隣接した
□ designate A as B　AをBに指定する　□ residential 形 居住の　□ completion 名 完成
□ deadline 名 期日　□ real estate 不動産

11. 正解 (D)

ラジオのコマーシャルで流れるような、都心部にある集合住宅を宣伝するトークです。11 で「Harrington駅の徒歩圏にある」と言っているのでwithin walking distanceをnearと言い換え、駅をpublic transportation「公共交通機関」と抽象的な表現にした(D)が正解です。high-riseは「高層の」という意味で、パート1にもよく登場する単語です。摩天楼のような超高層ビルはskyscraperといいます。

□ architect 名 建築家　□ transportation 名 交通機関

12. 正解 (B)

設問の具体的なキーワードNovemberを意識してヒントを聞き取ります。12 で「Dalton Towersは11月10日が完成期日」と言っています。completion deadline「完成期日」をbuilding's completion「建物の完成」と言い換えた(B)が正解です。(D)のproperty inspectionとは、物件の状態を点検することで、不動産関連の話題に出ることが多いものの、この広告では触れられていません。

□ auction 名 オークション　□ inspection 名 点検

13. 正解 (D)

後半にある広告の決まり文句 13 If you'd like to learn more about「～について詳しく知るには」以降を注意して聞きます。「詳しくは当社ウェブにアクセスください」とあるので(D)が正解です。不動産業者に連絡すれば当然物件の詳細はわかるかもしれませんが、この宣伝の内容からわかる情報を尋ねられているので(C)は誤りです。

□ brochure 名 パンフレット

PART 4

182

Questions 14 through 16 refer to the following excerpt from a meeting.

M

I have one more topic I'd like to mention in this morning's meeting. I'm talking about the rental agency side of the business. We used to allow clients to borrow the keys for properties and view them themselves. 14a From now on, rental agents will be required to accompany clients and give them a tour of the houses and apartments. 14b We're making the change to avoid any potential security problems. If you're unable to take clients to the addresses immediately, 15a please set up an appointment for later in the day. 15b In such cases, make sure you remember to give the client your card with your mobile phone number on it. 16 You are welcome to take the clients to the addresses in one of the office vehicles. Just remember to reserve it in advance.

14. What is the purpose of the new rule?

(A) To improve employees' skills
(B) To attract more clients
(C) To assign work more fairly
(D) To prevent security issues

新しいルールの目的は何ですか？

(A) 従業員のスキルを磨くこと。
(B) より多くの顧客を引き付けること。
(C) 仕事をより公平に割り振ること。
(D) 安全性の問題が起こらないようにすること。

15. What should clients receive when they make an appointment?

(A) A business card
(B) A list of properties
(C) A company brochure
(D) A free pen

予約を入れる際、顧客は何を受け取らなければいけませんか？

(A) 名刺
(B) 物件のリスト
(C) 会社のパンフレット
(D) 無料のペン

16. According to the speaker, what are agents allowed to borrow?

(A) A prepaid fuel card
(B) A digital camera
(C) A tablet computer
(D) A company vehicle

話し手によると、スタッフは何を借りることができますか？

(A) 前払い式ガソリンカード
(B) デジタルカメラ
(C) タブレット型コンピューター
(D) 社用車

問題14から16は次の会議の一部に関するものです。

男

今朝の会議で触れておきたい議題がもう1点あります。賃貸業者としての事業についてです。今までは顧客に物件の鍵を渡し、自身で見学してもらうことを認めていました。今後は賃貸担当者が顧客に同行し、家やアパートの案内を行う必要があります。安全上問題になりかねない事態を防ぐための変更です。顧客を所在地まですぐにお連れできない場合は、その日の後の時間に予定を入れてください。その場合は、顧客にあなたの携帯電話番号が書かれた名刺を渡すことを忘れないでください。所在地へ顧客に同行するのに事務所の車を使っても構いません。事前の利用予約を忘れないでください。

□ excerpt 名 抜粋　□ property 名 物件　□ view 動 ～を見る　□ potential 形 潜在的な　□ security 名 安全性

14. 正解 **(D)**

設問のnew ruleとは 14a「今後は賃貸担当者が顧客に同行し、家やアパートの案内を行う」ことで、その目的は次の文で 14b「安全上問題になりかねない事態を防ぐため」と説明されています。avoid「防ぐ」をpreventに、security problems「安全上の問題」をsecurity issuesとそれぞれ同義語に言い換えた(D)が正解です。

奈　new rule、new policy、new scheduleなど、新しくなったことについて問う設問には、本文で「過去は～だったが今後は」と新旧を対比する文に注意するとヒントが拾いやすくなります。from now on「今後は」やbut now「ですが今は」、change「変更」なども手掛かりになる語句です。

□ assign 動 ～を割り当てる　□ fairly 副 公平に　□ prevent 動 ～を防ぐ

15. 正解 **(A)**

新しいルールとして、今後は客に鍵を貸さず、スタッフが物件見学に同行することになりました。スタッフがすぐに同行できない場合は 15a「その日の後の時間に見学の予定を入れる」ように求めています。続けて 15b「その場合は、顧客にあなたの名刺を渡すことを忘れないように」と注意を促しています。この内容より、客が見学の予約をするときに受け取らなければいけないのは担当員の名刺なので(A)が正解です。15b のyour card with your mobile phone number on itを選択肢ではa business cardと言い換えています。

□ business card 名刺　□ brochure 名 パンフレット

16. 正解 **(D)**

16 で「所在地へ顧客に同行するのに事務所の車を使っても構わない」と言っています。つまり車を借りることができるということなので、office vehicles「事務所の車」をcompany vehicleと言い換えた(D)が正解です。

□ prepaid 形 前払いの

DAY 14
Words and Phrases

□ property
名詞 **土地、建物などの不動産**

contact the property manager
資産管理者に連絡する

□ be located
位置する

The apartment is conveniently located.
そのアパートは便利な場所にある。

□ real estate
不動産

real estate agency
不動産業者

□ lease
動詞 **～を賃借りする**

lease an office space
オフィススペースを賃借りする

□ rental agreement
賃貸契約

The tenant has signed the rental agreement.
入居者は賃貸契約に署名をした。

DAY 15

文化・芸能

劇場のチケット売り場で座席購入に関する会話が行われたり、博物館での案内トーク、出版物を原作とした映画の宣伝など、様々なエンターテイメントが登場します。ラジオで脚本家や俳優がインタビューを受けることもあります。

PART 1

185

1.

M

(A) People are giving the performers a round of applause.
(B) Some musical instruments are displayed for sale.
(C) Musicians are performing in an open space.
(D) A tree is casting a shadow over the beach.

(A) 人々が演奏者に拍手を送っている。
(B) いくつか楽器が販売のために展示されている。
(C) ミュージシャンが広場で演奏している。
(D) 木が砂浜に影を落としている。

PART 2

187

2. M Can you meet me at the museum at five o'clock?

W (A) That's a bit early for me.
(B) Yes, at least two for each one.
(C) I don't eat meat.

5時に博物館で会えますか？

(A) 少し早すぎます。
(B) はい、各自少なくても2つずつです。
(C) 肉は食べません。

188

3. W What are the benefits of taking out membership in the book club?

M (A) I think they fit well.
(B) She took them out yesterday.
(C) We get discounts at some bookstores.

読書会の会員になることの特典は何ですか？

(A) ちゃんと収まると思います。
(B) 彼女は昨日持ち出しました。
(C) いくつかの書店で割引が受けられます。

189

4. M We had a record number of spectators at the game, didn't we?

W (A) It was the final.
(B) I have one at home.
(C) If you are.

試合の観衆は記録的な数になりましたよね？

(A) 決勝戦でしたから。
(B) 家に1つあります。
(C) もしあなたなら。

1. 正解 **(C)**

バンドが屋外で演奏している様子を「広場で演奏している」と描写した(C)が正解です。演奏者の方を向いている人物が確認できますが、複数の人々が拍手をしている様子は見えないので(A)は不正解です。(B)のmusical instruments「楽器」は見えていますが販売されているようには見えません。人の影などが見えていますが砂浜の上ではないので(D)も不適切です。

□ applause 名 拍手　□ cast 動（影）を落とす

DAY 15

2. 正解 **(A)**

「5時に会えるか」と尋ねられ、「少し早すぎる」とやんわりその時間に会うことを断っている(A)が正解です。a bitやa littleなどは表現を和らげる働きがあり、相手の依頼を断らなくてはならないような場面で多用されます。(B)はYesで受けており承諾の応答のように聞こえますが、続きの部分が問いかけとは合いません。

3. 正解 **(C)**

会員の特典が何かを尋ねられ「書店での割引」だと説明した(C)が正解です。(A)は何が収まるのかこのやりとりではわからず、かみ合いません。book clubは読書会のことで、TOEICでは図書館などで開催されるbook club meetingがおなじみです。

□ benefit 名 特典　□ take out ～を取得する　□ membership 名 会員権

4. 正解 **(A)**

問いかけ文は、試合の観客数が記録的だったことに対して付加疑問文で同意を求めており、「決勝戦だったから（観客が多かった）」と理由を言う(A)が応答として成り立っています。(B)のoneは話題に出ているものを「それを1つ」のように示す代名詞ですが、このやりとりでは何を指すのか不明です。(C)も、you areの後に続くものが何かわからず、応答になりません。

□ record 名 記録　□ spectator 名 観客　□ final 名 決勝戦

PART 3

191 M W

Questions 5 through 7 refer to the following conversation.

M 5 I think we should organize an art festival to draw more visitors to the town.

W Nice idea. 6 We really need something to stimulate the local economy. We have a big art community and tourism could bring us a lot of business. Have you spoken about it with the mayor?

M Yes, she said she thinks March next year would be a good time to hold it. I'm planning to ask some of the other members of the Dunhill Business Association to form a steering committee.

W That's not much time. 7 What kind of budget can the council give us?

5. What does the man suggest?

(A) Hiring a consultant
(B) Changing an advertising strategy
(C) Opening a new office
(D) Arranging an event

男性は何を提案していますか？

(A) コンサルタントを雇うこと。
(B) 広告戦略を変更すること。
(C) 新しい事務所を開設すること。
(D) イベントを企画すること。

6. What does the woman say about the town?

(A) Its economy needs a boost.
(B) It has many historical sites.
(C) It has many new businesses.
(D) Its mayor will attend an event.

女性は町について何と言っていますか？

(A) 経済に起爆剤が必要である。
(B) 多くの史跡がある。
(C) 新しい企業がたくさんある。
(D) 町長がイベントに出席する。

7. What does the woman ask about?

(A) Sales figures
(B) An address
(C) A training program
(D) Funding

女性は何について尋ねていますか？

(A) 売上高
(B) 住所
(C) 研修プログラム
(D) 資金調達

男 女

問題5から7は次の会話に関するものです。

男　より多くの人に町に来てもらうために、芸術祭を開催するべきだと思います。

女　いい考えですね。地域経済を刺激する何かが不可欠です。町には大きな芸術集団がありますし、観光は大きな商機となります。町長とはそのことについて話しましたか？

男　はい、開催するのなら来年の3月がいい時期だと思うと言っていました。Dunhill商工会のメンバー数人に運営委員会の設立を依頼しようと思っています。

女　それなら時間はあまりありませんね。議会からはどれだけの予算がもらえますか？

□ draw 動 ～を引き寄せる　□ stimulate 動 ～を刺激する　□ steering committee 運営委員会　□ budget 名 予算

5. 正解 (D)

男性が 5 でI think we should ...「我々は～すべきだと思う」という提案表現を使っているところにヒントがあります。「より多くの人に町に来てもらうために、芸術祭を開催するべきだ」と言っています。organize「開催する」を同義語のarrangeに置き換え、art festival「芸術祭」を抽象度の高いeventと言い換えた(D)が正解です。会話の後半では商工会のメンバーにsteering committee「運営委員会」の設立を依頼する計画について話しており、その部分からもイベントの企画について話していることがわかります。

□ hire 動 ～を雇う　□ consultant 名 コンサルタント　□ strategy 名 戦略

6. 正解 (A)

女性は芸術祭の開催に同意し、6 で「地域経済を刺激する何かが不可欠」と言っています。something to stimulate「刺激する何か」をboost「起爆剤」と表現した(A)が正解です。mayor「町長」については男性がイベントを相談した人物として出てきますが、イベントに出席するかどうかは会話の内容では判断できないため(D)は不正解です。

□ boost 名 後押し、起爆剤

7. 正解 (D)

芸術祭を開催する時期は来年3月がよいと町長が話したことを知った女性は、「時間があまりない」と述べた後、7「議会からはどれだけの予算がもらえるか」と男性に尋ねています。budget「予算」をfunding「資金調達」と言い換えた(D)が正解です。

□ funding 名 資金調達

PART 3

192 M W

Questions 8 through 10 refer to the following conversation.

M **8** Did you get the tickets for that movie we talked about?

W Yes. **9** I bought them yesterday from the cinema's Web site. They're for tomorrow night. The 8:30 screening.

M 8:30? That's a bit late. **10a** I would have liked to go a little earlier. It won't be finished until almost 11 o'clock.

W **10b** The 6:30 screening was booked out so there was nothing else to choose from. That's that, I'm afraid.

M I see. Well, let's go for dinner first.

8. What are the speakers discussing?

(A) A concert
(B) A movie
(C) A museum exhibit
(D) A new restaurant

話し手たちは何について話し合っていますか？

(A) コンサート
(B) 映画
(C) 博物館の展示
(D) 新しいレストラン

9. Where did the woman get tickets?

(A) From a friend
(B) From a radio program
(C) From a ticket booth
(D) From a Web site

女性はどこでチケットを手に入れましたか？

(A) 友人から
(B) ラジオ番組から
(C) チケット売り場から
(D) ウェブサイトから

10. What does the woman mean when she says, "That's that"?

(A) She has found what she is looking for.
(B) She will consider the man's suggestion.
(C) She has nothing more to say about the topic.
(D) She has to cancel an appointment.

女性が"That's that"と言う際、何を意図していますか？

(A) 探し物を見つけた。
(B) 男性の提案を検討する。
(C) その話題について言えることはもう何もない。
(D) 予約を取り消さなければならない。

男 女

問題8から10は次の会話に関するものです。

男　話していた映画のチケットは手に入りましたか？

女　ええ。昨日映画館のウェブサイトで買いました。明日の夜、8時半の上映回です。

男　8時半ですか？　ちょっと遅いですね。もう少し早い方がよかったのですが。11時近くまで終わらないですよね。

女　6時半の回は予約でいっぱいで、ほかに選びようがありませんでした。仕方がありません。残念ですけど。

男　わかりました。では、先に夕食に行きましょう。

□ screening 名 上映

---

8. 正解 **(B)**

男性が 8 で「話していた映画のチケットは手に入りましたか」と尋ね、女性が映画館のウェブサイトで買ったと返しています。その後も上映時間について話が続くので、(B) movie「映画」が正解です。(A) concert「コンサート」も(C) museum exhibit「博物館の展示」もチケットが必要なことが多いですが、この会話には出てきません。

奈　exhibitは「展示する」という動詞でも使われますが、名詞では展示会や展示物のことを指します。

郁　exhibitionも展示会という意味がありますね。exhibitよりも大規模なイベントで使われることが多いようです。両方ともTOEICでは毎回といっていいほど登場しますよ。

□ exhibit 名 展示

---

9. 正解 **(D)**

映画のチケットを入手したか尋ねられた女性が 9 で「昨日映画館のウェブサイトで買った」と答えているので(D)が正解です。ヒントが一度きりなので、先に設問を読んでおき、チケットの話題になったら意識して聞き取ることが重要です。

郁　(C)のticket booth「チケット売り場」の同義語でbox officeもTOEICでは頻繁に出てきます。

□ ticket booth チケット売り場

---

10. 正解 **(C)**

女性が買ったチケットが8:30の上映開始のものと知った男性が 10a「もう少し早い方がよかった」と言っています。それに対し女性が 10b「6時半の回は予約でいっぱいで、ほかに選びようがなかった」と説明し、該当フレーズを発しています。That's thatは「それでもういい、仕方がない」という意味です。男性がI see「わかりました」と納得し、「では先に夕食に行きましょう」と話題が移ったことからも、これ以上何も言えることはないという意図の発言であることが推測できるので、その内容をまとめた(C)が正解です。

□ suggestion 名 提案　□ appointment 名 予約

PART 4

194

Questions 11 through 13 refer to the following broadcast.

W

In a few moments, I'll be welcoming Hal Russel into the studio. 11a He's the writer of the hugely popular musical *Get Your Hat*. The musical was a big hit on Broadway, and it's now touring the world. 12 The Australian premiere will be this Friday evening at the Fringe Playhouse in Melbourne. Hal Russel is here to promote the play. He'll be on stage with the producer and the director at the premiere 11b to introduce the play and to talk about the writing process. 13 Before I invite Mr. Russel in, I'd like to play one of the most popular songs from the musical for you. This one's called "Blue Town."

11. Who is Hal Russel?

(A) An actor
(B) A playwright
(C) A singer
(D) A director

Hal Russelさんとは誰ですか？

(A) 俳優
(B) 劇作家
(C) 歌手
(D) 監督

12. According to the speaker, what will take place on Friday evening?

(A) A television interview
(B) A free concert
(C) A premiere
(D) A festival

話し手によると、金曜日の夜に何が起こりますか？

(A) テレビのインタビュー
(B) 無料のコンサート
(C) 初演
(D) フェスティバル

13. What will the speaker most likely do next?

(A) Play a recording
(B) List some achievements
(C) Introduce a product
(D) Talk about the weather

話し手は次に何をすると考えられますか？

(A) 音源を再生する。
(B) 成果を列挙する。
(C) 製品を紹介する。
(D) 天気について話す。

問題11から13は次の放送に関するものです。

女

まもなく、Hal Russelさんをスタジオにお迎えします。彼はとても人気のあるミュージカル*Get Your Hat*の作者です。ミュージカルはブロードウェイで大ヒットし、現在は世界ツアー中です。オーストラリアでの初演は今週金曜日の夜にメルボルンのFringe劇場で行われます。Hal Russelさんは舞台の宣伝のためこちらにいらっしゃっています。初演日は演出家や監督とともにステージに立ち、舞台の紹介や執筆の経緯についてのお話をすることになっています。Russelさんをお迎えする前に、ミュージカルの中で最も人気の曲をお届けします。曲名は“Blue Town”です。

□ hugely 副 非常に　□ premiere 名 初演　□ promote 動 ～を宣伝する　□ producer 名 演出家
□ process 名 過程

---

11. 正解 **(B)**

Hal Russelさんをゲストに迎える番組内のトークです。話し手はスタジオに来るゲストの名前を紹介した後、11a「彼はとても人気のあるミュージカル*Get Your Hat*の作者だ」と言っています。後半では 11b「舞台の紹介や執筆の経緯についての話をする」ためにRusselさんが舞台挨拶をすると話しています。これらによりミュージカルの脚本を書いた人物だとわかるので(B) playwright「劇作家」が正解です。この番組では劇中に使われた歌が流れると言っていますが、Russelさんがこの歌を歌っているとは言っていないため、(C)は誤りです。

□ playwright 名 劇作家

---

12. 正解 **(C)**

世界ツアーについて 12「オーストラリアでの初演は今週金曜日の夜」だと言っているので(C)が正解です。Russelさんが初演のときに舞台に上がって話をする予定だと後半に説明がありますが、その舞台挨拶はfestivalとは言わないため(D)は不正解です。

---

13. 正解 **(A)**

トークの直後に起こることを、トークの後半に注意して聞き取ります。13 で「Russelさんをお迎えする前に、ミュージカルの中で最も人気の曲をお届けします」と言っているので、これから曲がかかることがわかります。ラジオ番組でのトークであり、録音された音楽を放送すると想像できるため、(A)が正解です。(B)は、曲が終わってゲストを迎えた後はゲストのこれまでの功績を話す可能性がありますが、ここでは触れられていないため不正解です。

郁：トークの冒頭でこれからゲストをお迎えしますと言っているのだから、「次に起こることは何か」と問われれば、ゲストに関する選択肢を探してしまいそうです。トーク後半をしっかり聞いておかないといけませんね。

奈：ラジオ番組や博物館ツアーなど、目玉イベントの前フリのトークでよくある設問です。これからの予定を複数挙げた後、「ですがその前に」と前置きして直後の予定を言い、それが設問で問われます。英語表現としてはBefore「～する前に」、But first「ですがまず初めに」などが使われますが、その部分は相手の注意を引くために少し強調して発音されます。本来は、話のトーンが変われば、聞き手が気づきやすいように声の調子も変わるはずなのです。ストーリーを聞き取るには、単語だけでなく、イントネーションにも気を配ることが重要です。

PART 4

195

Questions 14 through 16 refer to the following advertisement.

M

If you're looking for something to do this weekend, 14a how about coming down to the all-new Travis Science Museum? Our grand opening was on March 15, but we're still continuing the celebrations. This weekend, we've invited Rhonda Marks from the Texas Space Research Institute. 15 Ms. Marks is best known as the host of the popular television show *Space Investigators*. 16 Admission is free for people under 18 and only five dollars for everyone else. 14b More information about this and other upcoming events is available at the Travis Science Museum Web site.

14. What is the advertisement for?

(A) A tour
(B) A museum
(C) A film
(D) An amusement park

何の広告ですか？

(A) ツアー
(B) 博物館
(C) 映画
(D) 遊園地

15. What does the speaker say about Rhonda Marks?

(A) She is a history expert.
(B) She has written a book.
(C) She has appeared on television.
(D) She is an event planner.

話し手はRhonda Marksさんについて何と言っていますか？

(A) 歴史の専門家である。
(B) 本を書いたことがある。
(C) テレビに出演したことがある。
(D) イベントの企画者である。

16. How much is admission for people over 18 years of age?

(A) Free
(B) $5.00
(C) $10.00
(D) $15.00

18歳以上の人の入場料はいくらですか？

(A) 無料
(B) 5ドル
(C) 10ドル
(D) 15ドル

問題14から16は次の広告に関するものです。

男

今週末にすることを何かお探しでしたら、新規開館のTravis科学博物館に来られてはいかがでしょうか。オープンは3月15日でしたが、開館記念イベントは引き続き行っています。今週末は、テキサス宇宙研究所のRhonda Marksさんをお招きしています。Marksさんは人気テレビ番組*Space Investigators*の司会者として最もよく知られています。18歳未満の方の入場は無料、それ以外の皆様はわずか5ドルです。本イベントや今後のほかのイベントに関する詳細情報はTravis科学博物館のウェブサイトをご覧ください。

□ all-new 形 全く新しい　□ grand opening グランドオープン　□ institute 名 研究所　□ host 名 司会者
□ admission 名 入場料　□ upcoming 形 まもなく行われる

14. 正解 (B)

14a で「新規開館のTravis科学博物館に来られてはいかがでしょう」と言っています。続いて開館記念のイベントについて案内があり、最後に 14b「詳細情報はTravis科学博物館のウェブサイトへ」と締めていることから、(B)の博物館が宣伝されていることがわかります。

15. 正解 (C)

Rhonda Marksさんの名は博物館に招いたゲストとして紹介されます。15 で「人気テレビ番組*Space Investigators*の司会者として知られている」と言っています。テレビに出演している人物なので(C)が正解です。宇宙研究所の所属なので本を執筆した経験もあるかもしれませんが、このトークではそれを確認できないので(B)を選ぶことはできません。

□ expert 名 専門家

16. 正解 (B)

16 に「18歳未満の方の入場は無料、それ以外の皆様はわずか5ドル」と言っています。18歳以上はeveryone else「それ以外の皆様」なので、(B)が正解です。admissionは「入場、入場料」という意味。admission ticket「入場券」、free admission「入場無料」、admission price「入場料」、group admission fee「団体入場料金」などが博物館関連のトピックで使われる表現です。

DAY 15

DAY 15
Words and Phrases

□ exhibition

名詞 展示

permanent exhibition

常設展

□ box office

劇場のチケット売り場

receive tickets at the box office

チケット売り場でチケットを受け取る

□ tour guide

ツアーガイド、見学ガイド

I'll be your tour guide today.

本日みなさんの見学ガイドを担当します。

□ audition

名詞 オーディション

hold an audition

オーディションを開催する

□ raffle

名詞 くじ

enter the raffle

くじ引きに参加する

DAY 16

レストラン・食品

TOEICにはレストランやケータリング会社が頻繁に登場します。レストランの従業員が新しいメニューについて話し合ったり、イベントのためにケータリングの注文をする電話をかける場面もあります。料理教室の案内や料理本の宣伝なども登場します。

PART 1

198

1.

M

(A) A man is opening a cupboard.
(B) They're preparing some food.
(C) A woman is cutting some vegetables.
(D) Cutlery has been set on a table.

(A) 男性が食器棚を開けている。
(B) 彼らは食事の準備をしている。
(C) 女性が野菜を切っている。
(D) テーブルにカトラリーがセットしてある。

PART 2

200

2. W I'd like to make a reservation for a party of four.

4人で予約をしたいのですが。

M (A) A little earlier than that.
(B) A birthday party.
(C) What time will you be dining?

(A) それより少し早い時間に。
(B) 誕生日会です。
(C) お食事は何時になさいますか？

201

3. W Why did Mr. Castro enroll in a culinary school?

Castroさんはなぜ料理学校に入学したのですか？

M (A) So that he can open his own restaurant one day.
(B) Right next to the kitchen table.
(C) Yes, French cuisine.

(A) いつか自分のレストランを開くためです。
(B) キッチンテーブルのすぐ隣です。
(C) はい、フランス料理です。

202

4. M What did you think of the atmosphere at Randolph's Steak House?

Randolph'sステーキハウスの雰囲気はどうでしたか？

W (A) Really well.
(B) Pretty typical.
(C) He had the chicken.

(A) とても上手です。
(B) とてもありふれた感じでした。
(C) 彼は鶏肉を食べました。

1. 正解 **(B)**

キッチンカウンターのような場所で男女が皿を前にして作業をしています。その様子を「食事の準備をしている」とざっくりと描写した(B)が正解です。cupboard「食器棚」らしきものは見えていますが、男性はそれに背を向けており、開けている動作は確認できず(A)は不正解。(D)のcutleryはナイフやフォークなどの食器のことですが、それらが食事用にセットされている状態ではないので、誤りです。

□ cupboard 名 食器棚　□ cutlery 名 食卓用金物

2. 正解 **(C)**

レストランのスタッフと客とのやりとりなのでしょう。「4人で予約をしたい」と希望を受け「何時に」と質問を返して予約作業を進める(C)が正解です。a party of ~は「~人のグループ」という意味です。(B)はパーティーを連想した人のために用意されたトラップで、不正解。

3. 正解 **(A)**

Castroさんが料理学校に入学した理由を尋ねられ、目的や理由を表すso thatを使って「自分のレストランを開くため」と説明した(A)が正解です。(B)は場所を答えており、不正解です。(C)は疑問詞を使った問いかけにYesで受けており、応答になりません。cuisineは「料理」のことで、French cuisine「フランス料理」、ethnic cuisine「エスニック料理」のような形でどのパートにも登場する単語です。発音が少し難しいので音声を聞いて確認しておきましょう。

□ culinary 形 料理の　□ so that ~するために　□ cuisine 名 料理

4. 正解 **(B)**

ステーキハウス店の雰囲気を尋ねられ、typical「ありふれた」と評した(B)が正解です。typicalは「典型的な」という意味で登場することが多い単語ですが、このように「特徴が少なく、ありふれた」というニュアンスで使うこともあります。(A)はwell「上手」がatmosphereを修飾する形容詞としては不適切です。(C)は「彼」が誰を指すのか不明なうえに、鶏肉を食べたことと店の雰囲気の関連性が不明なので、不正解です。

□ atmosphere 名 雰囲気

PART 3

204 M W

Questions 5 through 7 refer to the following conversation.

M A lot of people have been asking whether or not we use locally grown produce, so 5a I'm thinking of updating the menu to include more local ingredients.

W Good idea. 5b It's about time we added a few new dishes. 6 I'll mention the updated menu in our advertisement in next month's *Dining Out Magazine*. Let's make sure we're ready by then.

M Sure. I'll speak with the other chefs at the meeting tomorrow afternoon. Don't you think we should update the furniture in the dining room, too?

W You might be right. 7 I'll invite some interior decorators to give us a price estimate.

---

5. Where do the speakers most likely work?

(A) At a bakery
(B) At a catering company
(C) At a restaurant
(D) At a supermarket

話し手たちはどこで働いていると考えられますか？

(A) パン屋
(B) ケータリング会社
(C) レストラン
(D) スーパーマーケット

---

6. According to the woman, what will happen next month?

(A) An advertisement will be published.
(B) A new building will be completed.
(C) An inspection will be carried out.
(D) An article will be written.

女性によると来月何がありますか？

(A) 広告が出される。
(B) 新しい建物が完成する。
(C) 検査が実施される。
(D) 記事が書かれる。

---

7. What does the woman say she will do?

(A) Interview some job applicants
(B) Drop by a store
(C) Speak with a client
(D) Request some price quotations

女性は何をすると言っていますか？

(A) 求職者と面接をする。
(B) 店に立ち寄る。
(C) 顧客と話す。
(D) 価格の見積もりを依頼する。

男　女

問題5から7は次の会話に関するものです。

男　地元の食材を使っているかどうか多くの人から聞かれたので、もっとたくさん取り入れたメニューに変更することを考えています。

女　いいですね。そろそろいくつか新しい料理を追加する時期です。来月の*Dining Out* 誌に載せる広告で、改定したメニューに触れたいと思います。それまでに必ず準備ができているようにしましょう。

男　わかりました。ほかのシェフとも明日午後の会議で話しておきます。食事スペースの家具も新しくしなくて大丈夫でしょうか？

女　確かにそうですね。インテリアデザイナーを呼んで価格の見積もりを出してもらいます。

□ produce 名 農産物　□ ingredient 名 材料　□ interior decorator インテリアデザイナー
□ estimate 名 見積もり

5. 正解 **(C)**

話し手たちの職場は、全体にちらばる間接的なヒントから推測しましょう。男性が 5a「地元の食材をもっとたくさん取り入れたメニューに変更することを考えている」と言い、女性が 5b「そろそろいくつか新しい料理を追加する時期だ」と賛成しています。その後もspeak with the other chefs「ほかのシェフと話す」、furniture in the dining room「食事スペースの家具」などから、二人が(C)のレストランで働いていることが推測できます。(B)のケータリング会社には食事スペースがないのが普通なので、不正解です。

6. 正解 **(A)**

女性が発言するときのnext month「来月」をキーワードにしてヒントを待ちます。6 で「来月の*Dining Out* 誌に載せる広告で、改定したメニューに触れたいと思う」と言っています。つまりこの店の広告が来月雑誌に載ると言えるので、(A)が正解です。広告のことをarticle「記事」とは言わないので(D)は不正解です。

□ inspection 名 検査

7. 正解 **(D)**

食事スペースの家具を新調することを提案された女性は 7 で「インテリアデザイナーを呼んで価格の見積もりを出してもらう」と返事をしています。price estimate「価格の見積もり」を同義語のprice quotationsと言い換えた(D)が正解です。価格見積もりはほかにprice quotesという表現もあり、いずれもTOEICで必須の語句です。

locally grown produce「地元で育った野菜」のproduceは「農産物」という名詞です。動詞「生産する」はアクセントが第2音節にありますが、名詞の場合は第1音節が強く読まれます。

□ applicant 名 志願者　□ drop by ～に立ち寄る　□ quotation 名 見積もり

PART 3

205 W M

Questions 8 through 10 refer to the following conversation and flyer.

W [8] I just found this flyer in the letterbox. It's for Verdi Mart. The prices look much cheaper than those at GTP Market. I might start buying my groceries at Verdi Mart in future.

M GTP is known for being expensive. They're a more upmarket brand, but not everything's expensive. [9a] This costs $3.20 at GTP Market, too.

W Right. Well, [10] GTP is much closer to my house. I might not save that much if I consider the extra fuel I'd use to get to Verdi Mart.

M That's an important thing to consider.

Verdi Mart	
Heartland Orange Juice $7.95	Glowbright Yogurt $4.70
[9b] Highland Cheese $3.20	Mildew Eggs $2.70

---

8. How does the woman say she got the flyer?

(A) It was handed to her on the street.
(B) It was placed in her shopping basket.
(C) It was sent to her by e-mail.
(D) It was in the letterbox.

女性はどのようにチラシを受け取ったと言っていますか？

(A) 道で手渡された。
(B) 買い物かごに入れられていた。
(C) Eメールで送られてきた。
(D) 郵便受けにあった。

---

9. Look at the graphic. Which item costs the same at Verdi Mart and GTP Market?

(A) Heartland Orange Juice
(B) Glowbright Yogurt
(C) Highland Cheese
(D) Mildew Eggs

図を見てください。Verdi MartとGTP Marketで価格が同じ商品はどれですか？

(A) Heartlandオレンジジュース
(B) Glowbrightヨーグルト
(C) Highlandチーズ
(D) Mildew 卵

---

10. What does the woman say about GTP Market?

(A) It is closer to her home.
(B) It has lowered its prices.
(C) It has a wider variety of goods.
(D) It has stopped selling fuels.

女性はGTP Marketについて何と言っていますか？

(A) 家からより近い。
(B) 価格を下げた。
(C) より品揃えがいい。
(D) 燃料の販売をやめた。

女　男

問題8から10は次の会話とチラシに関するものです。

女　このチラシが郵便受けに入っていました。Verdi Martのです。GTP Marketより価格がだいぶ安いようです。これからは食料品はVerdi Martで買うことになるかもしれません。

男　GTPは高くて有名です。どちらかと言えば高級なブランドですが、すべてが高いわけではありません。これはGTP Market でも3.20ドルです。

女　確かにそうですね。GTPの方が家からはずっと近いですし。Verdi Martに行くのにかかる余計なガソリン代を考えれば、それほどの節約にはならないかもしれません。

男　そのことは頭に入れておいた方がいいですね。

Verdi Mart	
Heartland オレンジジュース 7.95 ドル	Glowbright ヨーグルト 4.70 ドル
Highland チーズ 3.20 ドル	Mildew 卵 2.70 ドル

□ flyer 名 チラシ　□ upmarket 形 高級な

8. 正解 **(D)**

女性が冒頭で 8「このチラシが郵便受けに入っていた」と言っているので(D)が正解です。ヒントがこの場所にしかないので、設問を先に読んで情報を待ち受けなければいけません。

□ place 動 ～を置く

DAY 16

9. 正解 **(C)**

会話が流れる前に、問題番号に続いてrefer to the following conversation and flyer「以下の会話とチラシに関するものです」と聞こえるので、この図がflyer「チラシ」だとわかります。選択肢には商品名が並んでいるため、チラシにあるそれぞれの値段に注意しながら会話を聞きましょう。チラシのVerdi Martの方がGTP Marketより安いと言う女性に、男性は「すべてが高いわけではない」と言い、9a「これはGTP Market でも3.20ドルだ」と値段を比較しています。チラシ 9b を見ると3.20ドルの商品はHighlandチーズなので、(C)が正解です。

10. 正解 **(A)**

今後はこのチラシのVerdi Martで買い物をしようかと考えた女性ですが 10 で「GTPの方が家からはずっと近い」と言っています。続いて「Verdi Martに行くためのガソリン代を考えればたいして節約にならない」と指摘していることからも、GTP Marketの方が距離が近いと言っていることがわかるので(A)が正解です。

PART 4

207

Questions 11 through 13 refer to the following excerpt from a meeting.

M

I've invited Marg Stinson from Stinson Catering to today's meeting. 11a She has brought some samples of the food we're planning to serve guests at the charity event in June. 12 I'd like you all to try them and let me know what you think at the end of the meeting. Of course, we can talk about the other arrangements while we eat. I think 11b Karen has some news about the seating arrangements, and I'm looking forward to hearing about the guestlist from Tony. By the way, I had a call from the venue. 13 They say that their main function room has become available. It has room for an additional 100 people. It'll cost 30 percent more, so I wonder what everyone thinks.

11. Who most likely are the listeners?

(A) Restaurant owners
(B) Event organizers
(C) Fashion designers
(D) Financial experts

聞き手たちは誰だと考えられますか？

(A) レストラン事業主
(B) イベントの主催者
(C) ファッションデザイナー
(D) 金融の専門家

12. What will the listeners do during the meeting?

(A) Listen to a performance
(B) Taste some food
(C) Watch a video
(D) Make a schedule

聞き手たちは会議中に何をしますか？

(A) 演奏を聴く。
(B) 食べ物の試食をする。
(C) ビデオを見る。
(D) 予定表を作成する。

13. According to the speaker, what has become available?

(A) A garage
(B) A charity Web site
(C) A function room
(D) Advertising space

話し手によれば、何が利用可能になりましたか？

(A) 車庫
(B) チャリティーのウェブサイト
(C) 宴会場
(D) 広告スペース

問題11から13は次の会議の一部に関するものです。

男

今日の会議にはStinsonケータリング社のMarg Stinsonさんをお招きしました。6月のチャリティーイベントで、当社から招待客に提供する予定の食事サンプルを持ってきてくれました。皆さんには試食して、感想を会議の最後に教えていただきます。もちろん試食中もほかの案件について話し合いをします。Karenからは座席表についての報告が、そしてTonyからは招待客リストについて聞けると思います。ところで、会場から電話がありました。メインの大会合場が利用可能になったとのことです。追加で100人が入るスペースがあります。価格が30パーセント増しになりますが、皆さんの意見はいかがでしょう。

☐ excerpt 名 抜粋　☐ sample 名 見本　☐ try 動 ～を試食する　☐ arrangement 名 打ち合わせ　☐ venue 名 会場
☐ function room 宴会場、大会合場　☐ room 名 場所　☐ additional 形 追加の

---

11. 正解 **(B)**

会議中のトークなので、聞き手は会議の参加者です。話し手はケータリング会社のStinsonさんを紹介し、11a「6月のチャリティーイベントで当社から招待客に提供する予定の食事サンプルを持ってきてくれた」と言っています。さらにほかの議題として 11b で「座席表と招待客リスト」について報告を待っていると話しています。チャリティーイベントの企画について話し合う会議であることが推測できるため、聞き手たちは(B)イベントの主催者だと言えます。

☐ organizer 名 主催者　☐ expert 名 専門家

---

12. 正解 **(B)**

ケータリング会社が、イベントで提供する食事サンプルを会議に持ってきたと紹介した後、12「皆さんには試食して、感想を会議の最後にいただきたい」と依頼しています。try「試食する」を同義語のtasteに言い換えた(B)が正解です。「試食する」の言い換え表現としては、sample some foodも覚えておきましょう。

---

13. 正解 **(C)**

話し手はイベント会場から 13「メインの宴会場が利用可能になった」と聞いたと言っているので(C)が正解。企画されているのはチャリティーイベントですが、ウェブサイトを開設したわけではないので(B)は不正解です。

function roomとはミーティングやパーティーなどをする多目的スペースのことをいいます。TOEICではbanquet hall「宴会場」やevent space「イベントスペース」なども登場しますね。

PART 4

208

Questions 14 through 16 refer to the following advertisement.

W

Freshway is Atlanta's best place to buy fruit and vegetables. Freshway is a family-owned business that's been in operation in Atlanta for more than 50 years. 14 Our success comes from our reputation for freshness and low prices. 15 This weekend we're opening our seventh location, and we're offering amazing discounts on all of our stock to celebrate. Doors open at 8:00 A.M. and close at 5:00 P.M. on both days. 16 Keep in mind, the discount prices are only available while stocks last, so get in early if you want to save big.

14. According to the advertisement, what is Freshway known for?

(A) Fast delivery
(B) Knowledgeable staff
(C) Quality furnishings
(D) Reasonable prices

広告によると、Freshwayは何で知られていますか？

(A) 速い配達
(B) 商品知識のあるスタッフ
(C) 高品質の家具
(D) 手ごろな価格

15. What will the business do this weekend?

(A) Launch a new product
(B) Hold a barbecue
(C) Announce a winner
(D) Open a new location

今週末、店は何をしますか？

(A) 新製品を発売する。
(B) バーベキューをする。
(C) 勝者を発表する。
(D) 新店舗を開く。

16. What does the speaker advise people to do?

(A) Take out membership
(B) Arrive early
(C) Consult with a representative
(D) Make a reservation

話し手は何をするように勧めていますか？

(A) 会員になる。
(B) 早く到着する。
(C) 代表者に相談する。
(D) 予約をする。

問題14から16は次の広告に関するものです。

女

果物や野菜を買うのなら、Freshwayがアトランタで一番です。Freshwayはアトランタで50年以上も営業している家族経営の店です。成功の秘訣は、その鮮度と低価格が評判を呼んだことにあります。今週末には7番目の店舗を開店し、記念として店頭の全商品を大幅に割引します。両日とも開店は午前8時、閉店は午後5時です。割引価格は在庫限りで終了することをお忘れなく、そしてたくさん節約したいなら、早めにご来店ください。

□ reputation 名 評判　□ freshness 名 鮮度　□ stock 名 在庫品　□ keep in mind 心に留める　□ last 動 続く

---

14. 正解 **(D)** Freshwayという家族経営店の広告です。14 で「成功の秘訣は、その鮮度と低価格が評判を呼んだことにある」と言っています。鮮度と低価格のうち、low prices「低価格」をreasonable pricesと言い換えた(D)が正解です。配達やスタッフについてはこの広告では話していません。冒頭で取り扱い商品を「フルーツと野菜」と宣伝しており、その他の品目には言及していないので(C)も正解ではありません。

□ knowledgeable 形 知識のある　□ furnishings 名 備え付け家具

---

15. 正解 **(D)** 15 で「今週末には7番目の店舗を開店」と言っています。new location「新店舗」を開くと表現した(D)が正解です。locationはもともと「所在地・場所」という意味ですが、店や会社が営業する拠点として、リスニングとリーディング両方のセクションで使用される語です。

□ launch 動 ～を発売する

---

16. 正解 **(B)** 後半の 16 で、割引価格は在庫限りで終了なので「節約したいなら、早めにご来店を」と聞き手に勧めています。get in early「早く到着する」をarrive earlyと同義語で言い換えた(B)が正解です。広告を聞いている人にadvise（助言をする）、suggest（提案する）、encourage（促す）ことを尋ねる設問のヒントは、ほとんどが後半にあります。

□ membership 名 会員権　□ representative 名 代表者

DAY 16
Words and Phrases

□ **produce**

名詞 **農産物**

locally grown produce

地元で育った農産物

□ **utensil**

名詞 **調理用具**

Some utensils are hanging on the kitchen wall.

調理用具がキッチンの壁に掛けられている。

□ **dairy**

形容詞 **乳製品の**

increase dairy production

乳製品を増産する

□ **server**

名詞 **給仕スタッフ**

The server was courteous.

給仕スタッフが丁寧だった。

□ **cater**

動詞 **仕出しをする**

order catered meals

ケータリングの食事を注文する

DAY 17

福利厚生

TOEICには優良企業が多く、福利厚生が充実しています。社内にフィットネスクラブや社員食堂を完備していたり、家族を招いての社内ピクニックが行われたりします。社員の功績を称えるパーティーが開催されることもあります。

PART 1

211

1. 

W

(A) A lighting fixture is being removed.
(B) Towels are laid out in front of some equipment.
(C) Some plants are hanging from a railing.
(D) There is a row of exercise equipment.

(A) 照明器具が取り外されているところだ。
(B) タオルが機材の前に敷かれている。
(C) 植物が柵に掛けられている。
(D) トレーニング機器が一列になっている。

PART 2

213

2. M What kind of benefits does this position offer?

この仕事にはどんな手当がありますか？

W (A) Anytime will be fine.
(B) You get a company car.
(C) That was kind of her.

(A) いつでも大丈夫ですよ。
(B) 社用車が与えられます。
(C) 彼女は親切でしたね。

214

3. W Is it Tim or Jennifer that's organizing the next company picnic?

次の会社の親睦会の幹事をするのはTimですか、Jenniferですか？

M (A) It's our turn.
(B) At Foreman Park.
(C) I'm looking forward to it.

(A) 私たちの番です。
(B) Foreman公園で。
(C) 楽しみにしています。

215

4. M I'm thinking of taking advantage of the employee discount.

社員割引の利用を考えています。

W (A) Make sure you bring it back.
(B) Are you aware of the conditions?
(C) I don't remember.

(A) 必ず持ち帰ってきてください。
(B) 条件については理解していますか？
(C) 覚えていません。

1. 壁際にランニングマシーンが並んでいます。その状況をa row of「～の列」を使って「トレーニング機器が一列になっている」と表現した(D)が正解です。(A)のlighting fixtureは照明器具のことで、天井から吊られているのが見えますが、取り外している最中ではありません。

正解 **(D)**

郁：写真にタオルが写っていないので、(B)はtowelsと聞き取れたらその先は聞く必要がありません。というのは、TOEICでは写真に写っていないものを使って正解描写文を作れないからです。否定文であれば可能ですが、パート1に否定のnotを使った文はまず使用されないと思ってよいでしょう。

□ fixture 名 設備　□ remove 動 ～を取りはずす　□ railing 名 柵

2. ある仕事に就くことでどんなbenefits「手当」が享受できるか尋ねられ、「社用車が与えられる」と手当の内容を説明した(B)が正解です。(A)は、何の時間について言っているのかわからず不正解です。(C)は「It is ~ of A」の形で「Aは～な人である」と人の性質を表す構文になっています。「そんなことをするなんて彼女は親切ですね」というニュアンスの表現ですが、本問では「彼女」が誰を指すか不明で、応答として成り立ちません。

正解 **(B)**

□ benefits 名 手当

3. 親睦会の幹事が誰かを尋ねる質問に、次は自分たちだと答える(A)が正解です。turnは持ち回りの順番という意味です。(B)は場所を答えているので不正解。(C)は情報を求められているときの応答としては不適切です。

正解 **(A)**

奈：AかBかを尋ねる選択疑問文には、「Aだ」「Bだ」と答えるほかに、「AとB両方だ」「AでもBでもなくCだ」などの正答パターンがあります。

郁：Either is fine.「どちらでもいいですよ」と相手に判断を委ねるのもポピュラーな返答ですね。具体的に応答しない例として「まだ発表になっていないよ」「実は親睦会は中止になったよ」などの返しもあるでしょう。これはTOEICの中に限ったことでなく、実際のやりとりでもよくあることですよね。

4. employee discount「社員割引」を利用すると言っている男性に、割引の条件を理解しているか確認している(B)が正解です。割引を利用できる品物や金額に制限があるなど、何か条件があるのでしょう。(A)は何を持ち帰るのか不明なので不正解です。

正解 **(B)**

奈：(C)「覚えていません」は(B)に対する応答になっていますね。選択肢同士なのにスムーズなやりとりなので、気持ちが緩んだときに惑わされそうです。

郁：パート2は25問ありますからね。集中力を保つのは大変ですが、最初の発言をしっかりと頭に残して選択肢を聞くことが大切です。

□ take advantage of ～を利用する　□ condition 名 条件

PART 3

217 M W

Questions 5 through 7 refer to the following conversation.

M Ms. Saunders, I think we should do something to improve the department's output.

W I agree. 5a We need to focus more on working as a team.

M 5b How about a company retreat? 6 We received a brochure for a retreat package in the mail about a week ago.

W Let's take a look at it, but we should also compare it with some others online. Let's try to find one with a solid reputation.

M Are you thinking of a one-day thing or a couple of days?

W 7 There's some money left in the budget, so I think we can afford to take everyone away for a weekend.

5. What is the main topic of the conversation?

(A) Opening a new office
(B) Changing a vacation policy
(C) Planning a company event
(D) Promoting a service

会話の主な話題は何ですか？

(A) 新しい事務所を開設すること。
(B) 休暇の規定を変えること。
(C) 会社のイベントを企画すること。
(D) サービスを宣伝すること。

6. What does the man say they received in the mail?

(A) An invoice
(B) Survey results
(C) An invitation
(D) A brochure

男性は郵便で何が届いたと言っていますか？

(A) 請求書
(B) 調査結果
(C) 招待状
(D) パンフレット

7. What does the woman say about the budget?

(A) She has asked for additional funds.
(B) It has not been used up.
(C) It will be calculated soon.
(D) The department needs to cut spending.

女性は予算について何と言っていますか？

(A) 追加の資金を求めた。
(B) 使い切ってはいない。
(C) まもなく計算される。
(D) 部として支出削減の必要がある。

男 女

問題5から7は次の会話に関するものです。

男　Saundersさん、部の成績を改善するために何かすべきだと思うのですが。

女　そうですね。チームとして働くことにもっと集中しなければ。

男　研修旅行はどうですか？　1週間ほど前に研修旅行のパッケージプランについてのパンフレットが郵送されてきました。

女　見てみましょう。でもほかのインターネットに出ているものとも比較した方がいいでしょう。しっかりとした評判のものを見つけましょう。

男　日帰りを考えていますか、それとも数日間のものですか？

女　予算は残っていますから、週末に全員で行く余裕はあると思います。

□ output 名 成果、成績　□ focus on ～に集中する　□ retreat 名 研修　□ brochure 名 パンフレット
□ solid 形 しっかりした　□ reputation 名 評判　□ budget 名 予算

5.
正解 **(C)**

女性が 5a「チームとして働くことにもっと集中すべき」と意見を言い、男性が 5b「研修旅行はどうか」と提案します。その後、日程について相談しているので、会話の話題は研修を企画することだと言えます。研修をcompany event「会社のイベント」と言い換えた(C)が正解です。company retreatとは、職場以外の場所で行う研修のことです。研修であって休暇ではないので、(B)は不正解です。

□ promote 動 ～を宣伝する

6.
正解 **(D)**

男性は 6 で「研修旅行のパッケージプランのパンフレットが郵送されてきた」と言っているので(D)が正解です。研修プランへの招待を受けたわけではないので(C)は不正解です。

□ invoice 名 請求書　□ survey 名 調査

7.
正解 **(B)**

研修の期間を問われた女性は 7 で「予算が残っている」ことを理由に「週末にかけて全員で行く余裕がある」と言っています。予算に余裕があることを「使い切っていない」と表現した(B)が正解です。

□ additional 形 追加の　□ fund 名 資金　□ use up ～を使い切る　□ calculate 動 ～を計算する
□ spending 名 支出

PART 3

218 W M

Questions 8 through 10 refer to the following conversation.

W **8** Did you know that there was a free gym for employees on the fourth floor?

M No, but it must be really crowded if we can use it for free.

W That's the thing. Apparently, **9** it's been underused, and management is considering using the space for something else.

M I wish they had done more to promote it. I would have been using it every day. **10** What are the opening hours?

8. According to the woman, where is the company gym?

(A) On the first floor
(B) On the second floor
(C) On the third floor
(D) On the fourth floor

女性によれば、会社のジムはどこにありますか？

(A) 1階
(B) 2階
(C) 3階
(D) 4階

9. What does the woman say about the gym?

(A) It does not have enough equipment.
(B) The monthly rates are too high.
(C) Too few people have been using it.
(D) It offers aerobics classes.

女性はジムについて何と言っていますか？

(A) 設備が十分ではない。
(B) 月額料金が高すぎる。
(C) 利用者が少なすぎる。
(D) エアロビクスのクラスがある。

10. What does the man ask about?

(A) The gym's opening hours
(B) The instructor's qualifications
(C) The availability of showers
(D) The reservation system

男性は何について尋ねていますか？

(A) ジムの開館時間
(B) インストラクターの適性
(C) シャワールームの有無
(D) 予約システム

女　男

問題8から10は次の会話に関するものです。

女　4階に従業員用の無料ジムがあることは知っていましたか？

男　いいえ、でも無料で使えるとなればさぞ混雑してるでしょう。

女　そこなんです。どうやら利用者があまり多くなく、経営陣はそのスペースを何かほかに使うことを考えているようなんです。

男　もっと周知してほしかったですね。知っていたら毎日でも使っていたでしょう。開館時間はどうなっていますか？

□ apparently 副 どうやら　□ underuse 動 ～をあまり使わない　□ management 名 経営陣
□ promote 動 ～を宣伝する

---

8. 正解 **(D)**

社員同士の会話です。女性が 8 で「4階に従業員用のジムがあることを知っていたか」と尋ねているので(D)が正解です。設問ではfree gym for employeesをcompany gym「会社のジム」と言い換えています。gymはfitness centerやfitness facilityの同義語としてTOEICに登場します。この会社のように、会社の敷地内に施設がある場合はon-site fitness centerと呼ばれることもあります。

---

9. 正解 **(C)**

社内のジムが混雑しているのではないかと推測する男性に、女性は 9 でunderused「十分に利用されていない」と答えます。続いて「経営陣はスペースをほかに使うことを考えているようだ」と言っています。「利用者が少なすぎる」と言い換えた(C)が正解です。接頭辞のunder-が「不十分」という意味を添える単語はほかにunderestimate「過小評価する」、understaffed「人手不足の」などがあります。

□ rate 名 料金

---

10. 正解 **(A)**

従業員用のジムがあることを知った男性は「毎日でも使うのに」と感想を述べています。さっそく行きたくなったのでしょう。10「開館時間はどうなっていますか」と女性に尋ねているので、(A)が正解です。

□ qualifications 名 適性、資質　□ availability 名 利用の可能性

PART 4

220

Questions 11 through 13 refer to the following talk.

W

I think we're just about ready to open the doors for the lunch service. Before we let the customers in, I've got an announcement to make. 11 When I read through the report from the recent Mambo Burger employee survey, I learned that a lot of you felt that the lunch break was too short. This is because of the rule that employees must change out of their uniforms before leaving the restaurant. I'm afraid we are not flexible on that rule, but I can make a concession. 12 From today, employees are entitled to have a free burger and a drink from Mambo Burger at lunchtime. Oh, look. 13 It's just turned eleven o'clock. We'd better unlock the doors and get ready in the kitchen.

---

11. What does the speaker say Mambo Burger did recently?

(A) Conducted a survey
(B) Updated its menu
(C) Changed its operating hours
(D) Welcomed a new employee

話し手はMamboバーガー店が最近何をしたと言っていますか？

(A) アンケートを実施した。
(B) メニューを改めた。
(C) 営業時間を変更した。
(D) 新しい従業員を迎えた。

---

12. According to the speaker, what are employees entitled to?

(A) A cleaning allowance
(B) Extended lunch breaks
(C) Remuneration for transportation
(D) Some free food

話し手によると、従業員には何が与えられますか？

(A) クリーニング手当
(B) 昼休みの延長
(C) 交通費
(D) 無料の食べ物

---

13. What will some listeners most likely do next?

(A) Make some suggestions
(B) Unlock the doors
(C) Take a break
(D) Read an employee manual

何名かの聞き手は次に何をすると考えられますか？

(A) 提案をする。
(B) ドアを解錠する。
(C) 休憩する。
(D) 従業員マニュアルを読む。

問題11から13は次の話に関するものです。

女

ランチ営業のための開店準備が整ったようです。お客様をお迎えする前に、お知らせがあります。最近実施したMamboバーガー店従業員アンケートの報告書を読んだところ、皆さんの多くが昼食休憩が短かすぎると感じていることがわかりました。これは、従業員がレストランを出る際に制服から着替えなければならないという規則があるためです。残念ながらこの規則を変えることはできませんが、代わりの措置を考えました。今日から、従業員は昼食時に無料のハンバーガーと飲み物をMamboバーガー店から受け取ることができます。あ、見てください。もう11時です。ドアを解錠して、調理場で準備に取りかかりましょう。

□ survey 名 アンケート調査　□ flexible 形 融通の利く　□ concession 名 譲歩　□ entitle 動 ～を与える
□ unlock 動 ～の鍵を開ける

---

11. 正解 **(A)**

店舗のスタッフに向けたトークです。 11 で「最近実施したMamboバーガー店従業員アンケートの報告書を読んだところ、昼食休憩が短かすぎると感じていることがわかった」と話しています。店が行ったのはsurvey「アンケート」なので(A)が正解です。

□ conduct 動 ～を実施する

---

12. 正解 **(D)**

外出する際に着替えなければいけないルールは変えられないが、 12 「今日から、従業員は昼食時に無料のハンバーガーと飲み物を受け取ることができる」と言っています。free burgerをfree food「無料の食べ物」と言い換えた(D)が正解です。be entitled to ～で「～する資格を受ける」という意味になります。昼休みが短いという意見が多かったと前半で言っていますが、休み時間を延長するとは言っていないため(B)は不正解です。

□ allowance 名 手当　□ extend 動 ～を延ばす　□ remuneration 名 報償　□ transportation 名 交通

DAY 17

---

13. 正解 **(B)**

話し手が 13 で「11時です。ドアを解錠して、調理場で準備に取りかかりましょう」と呼び掛けています。その声に従って聞き手が動くと思われるので(B)が正解です。トーク冒頭で「ランチの準備が整った」と言っていることからも、これからランチ営業に入ることがわかります。

□ suggestion 名 提案

PART 4

221

Questions 14 through 16 refer to the following announcement.

M

14 On November 28, you're all invited to attend a special dinner for staff members. Wilton Pharma is paying for the entire event in order to thank the staff for all their hard work over the past 12 months. It will be held at the McCoy ballroom in the Sharpton Hotel. 15 You'll all receive an official invitation. Check your mailbox tomorrow morning. Please reply by October 3 to indicate whether or not you'll be attending and how many guests you plan to bring along. Please keep in mind, there's a maximum of three guests per staff member. 16 If you'd like to find out more about the program or if you have any special meal requirements, you can give me a call on extension 234.

---

14. What will be held on November 28?

(A) An inspection of the facility
(B) A product launch
(C) An employee appreciation banquet
(D) A charity auction

11月28日には何が行われますか？

(A) 設備の検査
(B) 製品発売
(C) 従業員感謝パーティー
(D) チャリティーオークション

---

15. Why does the speaker say, "Check your mailbox tomorrow morning"?

(A) There have been some delivery problems.
(B) Some work will be assigned.
(C) They will test a new service.
(D) An invitation should arrive.

話し手はなぜ"Check your mailbox tomorrow morning"と言っていますか？

(A) 配送に問題があったため。
(B) 仕事の割り当てがあるため。
(C) 新サービスのテストをするため。
(D) 招待状が届くため。

---

16. According to the announcement, how can listeners learn more about the event?

(A) By calling the speaker
(B) By sending the speaker an e-mail
(C) By viewing a program online
(D) By attending an information session

お知らせによれば、聞き手はどのようにしてイベントの詳細を知ることができますか？

(A) 話し手に電話をすることによって。
(B) 話し手にEメールを送ることによって。
(C) プログラムをインターネットで見ることによって。
(D) 説明会に参加することによって。

問題14から16は次のお知らせに関するものです。

男

11月28日はスタッフ全員が特別夕食会に招待されます。この12カ月間の全スタッフの懸命な仕事ぶりに感謝するため、イベント費用は全額Wilton製薬が負担します。SharptonホテルのMcCoy宴会場で行われます。正式な招待状が全員に届きます。明日の朝、郵便受けを確認してください。10月3日までに回答して、出欠と同行者の人数をお知らせください。同行者はスタッフ1名につき最大3名までですのでご注意ください。プログラムについて詳しく知りたい方、また食事制限のある方は内線番号234までお電話ください。

□ entire 形 全体の　□ ballroom 名 舞踏場、宴会場　□ keep in mind 心に留める　□ requirement 名 要求
□ extension 名 内線

14. 正解 (C)

設問にあるNovember 28を手掛かりに内容を聞き取ります。14「スタッフ全員が特別夕食会に招待される」と言っており、その次の文で「全スタッフの懸命な仕事ぶりに感謝するため」という招待の理由がわかります。thank the staff「スタッフに感謝をする」ための夕食会をemployee appreciation banquet「従業員感謝パーティー」と言い換えた(C)が正解です。

□ inspection 名 検査　□ facility 名 設備　□ appreciation 名 感謝　□ auction 名 オークション

15. 正解 (D)

夕食会が催されることを発表した話し手は 15 で「正式な招待状が全員に届きます」と言っています。その次に該当文「明日の朝、郵便受けを確認してください」と言っており、翌朝に招待状が届くことを見越しての発言だとわかるため、正解は(D)です。夕食会は感謝を示すイベントであり「仕事」ではないため(B)は誤りです。

□ assign 動 ～を割り当てる　□ test 動 ～を試す

16. 正解 (A)

16 で「プログラムについて詳しく知りたい方は内線番号234までお電話ください」と言っているので(A)が正解です。special meal requirements「食事制限」のある人というのは、例えば苦手な食品を申告したり、ベジタリアン向けの食事にする必要がある人のことを指しています。

□ view 動 ～を見る

DAY 17
Words and Phrases

☐ **wellness**

名詞 心身が健康であること

introduce a wellness program for employees
従業員向けの健康プログラムを導入する

☐ **benefits**

名詞 手当、福利厚生

explain the company benefits package to new staff
新しいスタッフに福利厚生プランを説明する

☐ **nutrition**

名詞 栄養

hire a nutrition consultant
栄養コンサルタントを雇う

☐ **outing**

名詞 外出、小旅行

a destination for our next company outing
次の社内旅行の行き先

☐ **allowance**

名詞 手当

moving allowance
転居手当

DAY 18

工事・建設

道路工事やビル建設の他、造園業者がホテルの庭を作業するなど様々な工事が行われます。交通情報では、道路工事のために迂回を勧められることもあります。

PART 1

224

1. 

M

(A) They are hammering some poles into the ground.
(B) Scaffolding has been erected around a building.
(C) Workers are digging a hole in the ground.
(D) Some heavy machinery is parked in front of an unfinished structure.

(A) 彼らは地面に柱を打ちつけている。
(B) 建物の周りに足場が組まれている。
(C) 作業員が地面に穴を掘っている。
(D) 重機が建設途中の建物の前に駐車してある。

PART 2

226

2. W The completion deadline for the new wing of the hospital is approaching, isn't it?

新しい病棟の完成期限が近づいていますね。

M (A) About five new doctors.
(B) Usually on Bradley Avenue.
(C) Sometime in the new year.

(A) 5人ほどの新しい医師です。
(B) 通常はBradley大通りです。
(C) 新年早々です。

227

3. W Who recommended this landscaping company to us?

この造園会社を勧めたのは誰ですか？

M (A) Just the front garden.
(B) I agree, it's a great view from here.
(C) I saw an advertisement online.

(A) 前庭だけです。
(B) そうですね、ここからの眺めは素晴らしいです。
(C) オンラインで広告を見ました。

228

4. M Would you like to see the apartments we're constructing in East Winston?

East Winstonに建設中のマンションをご覧になりますか？

W (A) Will they be expensive?
(B) Wear something nice.
(C) Apart from that.

(A) 値段は高くなりますか？
(B) 何か素敵な服を着てください。
(C) それとは別に。

1. 正解 **(D)**

建設中の家らしき建物の前にクレーン車のような車両が停められています。これを「重機が建設途中の建物の前に駐車してある」と描写した(D)が正解です。はっきりとクレーン車かどうか判断できない車両を上位語でheavy machinery「重機」と言い換え、明らかに建設中の建物をunfinished structure「建設途中の建物」としています。建物の骨組みは見えますが、scaffolding「足場」が組まれている訳ではないので(B)は正解にはなりません。

郁：人が複数写っていますが、細かい状態までは確認できないくらいの大きさです。このような場合目立つ動作や状態が正解となることが多いので、そこに注目するとよいでしょう。

奈：heavy machineryは、クレーン車以外にショベルカーやダンプカー、ブルドーザーなどを描写する便利な語ですね。machineryは機械類を表す集合名詞なので、一機でもsome machineryとします。

□ hammer 動 ～を打ち込む　□ pole 名 柱　□ scaffolding 名 足場　□ erect 動 ～を組み立てる
□ machinery 名 機械　□ unfinished 形 未完成の　□ structure 名 建造物

2. 正解 **(C)**

付加疑問文で、完成期限が間近であることを確認しています。それに対して新年早々だと応答している(C)が正解です。Sometime in the new yearは年が明けて10日ほどまでを指しており、これは年末近くに行われている会話だとわかります。(A)のdoctorはhospitalから何となく連想させるひっかけです。(B)は場所を答えており、工事の期限についての応答としてふさわしくありません。

□ completion 名 完成　□ deadline 名 期限

3. 正解 **(C)**

Who ～?で造園会社を勧めた人物を尋ねていますが、素直に名前で答えず「オンラインで広告を見た」と返している(C)が正解です。(A)のfront garden「前庭」はlandscaping companyと関係がありそうに思えますが、応答として成り立っていません。(B)は眺めが良いことと、勧めた人物との関わりがわからず不正解です。

4. 正解 **(A)**

まだ建設中だという物件の内覧を勧められて「高額になるのか」と質問で返している(A)が正解です。興味はあるが値段が気になり、尋ねずにはいられなかったのでしょうか。(B)は問いかけ文のwe'reと音の似たwearを使ったひっかけです。(C)はthatが指すものが何かわからず、応答になっていません。

□ apart from ～は別として

PART 3

230 M W

Questions 5 through 7 refer to the following conversation.

M 5a We need to prepare the plot of land at 34 Gladstone Street so that the construction crew can start work on June 4.

W That's not much time. 5b We need to demolish that small building on the land first. 6 I'll call a local contractor and get them to knock it over and carry away the debris in the next couple of days.

M Thanks. We also need to build a fence around the perimeter of the building site to keep people out.

W Right. All of our temporary fencing is being used at our other projects at the moment.

M 7 I'll call around the project managers now and see if any of them will be finished in time. If they will, we can ask them to deliver it to Gladstone Street.

---

5. What are the speakers mainly discussing?

(A) Negotiating with a landowner
(B) Preparing some land for construction
(C) Choosing an architect
(D) Storing some equipment

話し手たちは主に何について話し合っていますか？

(A) 土地所有者と交渉すること。
(B) 建設用に土地を整備すること。
(C) 建築家を選ぶこと。
(D) 機器を保管すること。

---

6. What does the woman say she will do?

(A) Hire a contractor
(B) Check some measurements
(C) Change a design
(D) Return some documents

女性は何をすると言っていますか？

(A) 請負業者を雇う。
(B) 測定値を確認する。
(C) デザインを変更する。
(D) 書類を返す。

---

7. What will the man most likely do next?

(A) Read some instructions
(B) Meet with a town planner
(C) Update a schedule
(D) Call some colleagues

男性は次に何をすると考えられますか？

(A) 指示書を読む。
(B) 都市計画者と会う。
(C) 予定表を更新する。
(D) 同僚に電話をする。

男　女

問題5から7は次の会話に関するものです。

男　建設作業員が6月4日に作業を開始できるようGladstone通り34番地の土地を整備する必要があります。

女　あまり時間がありませんね。まずその場所にある小さな建物を取り壊す必要があります。地元の請負業者に電話して、数日以内に解体とがれきの処理をしてもらいましょう。

男　ありがとうございます。それと、建設現場の周囲にフェンスを設置して人が入ってこられないようにする必要があります。

女　そうですね。仮フェンスは現在すべて他のプロジェクトで使っています。

男　あちこちのプロジェクトマネジャーに電話をかけて、それまでに終わる工事があるかどうか聞いてみます。もし終わるようなら、Gladstone通りまで届けてもらうよう頼んでみます。

□ plot 名 区画　□ crew 名 一団　□ demolish 動 ～を取り壊す　□ contractor 名 請負業者
□ knock over ～を解体する　□ debris 名 がれき　□ fence 名 フェンス　□ perimeter 名 周囲
□ keep out ～を中に入れない　□ fencing 名 柵

---

5. 正解 **(B)**

冒頭 5a で男性が「建設作業員が作業を開始できるよう土地を整備する必要がある」と伝えています。女性は 5b「まず建物を取り壊す必要がある」と応じ、そのための段取りを確認しています。さらに建設現場を囲むフェンス調達の話をしています。話の中心は、あるプロジェクトのために土地を整備することだと言えるので、正解は(B)です。土地所有者との交渉や建築家の選定、機器の保管については触れられていないため、その他の選択肢は不正解です。

□ negotiate 動 ～を交渉する　□ landowner 名 土地所有者　□ architect 名 建築家　□ store 動 ～を保管する

---

6. 正解 **(A)**

女性の発言から今後の行動を示す表現を待ち受けます。6 で未来を表すシグナルI'll ～を使い、I'll call a local contractor and get them to knock it over and carry away the debris「地元の請負業者に電話して、解体とがれきの処理をしてもらう」と述べているので、(A)が正解です。電話をして業務を依頼することを「雇う」と簡潔に言い換えています。

□ hire 動 ～を雇う　□ measurement 名 測定値

---

7. 正解 **(D)**

男性はGladstone通りの建設現場について上司らしき女性に相談しています。現場で必要なフェンスについて、女性は「すべて他のプロジェクトで使用中」だと伝え、男性は 7「あちこちのプロジェクトマネジャーに電話をかけ」、6月4日までに終わる工事があるかどうか聞いてみると言っています。会話に登場するour temporary fencing「(当社の) 仮フェンス」やour other projects「(当社の) 他のプロジェクト」からthe project managersも2人と同一組織内の人だと推測できるため、正解は(D)です。project managersを選択肢ではcolleagues「同僚」と言い換えています。

和訳には現れませんが、英文では日本語より厳格にyourやourなどの代名詞を使用して所属をはっきりとさせる傾向があります。

代名詞には強勢が置かれないことが多いため、聞き取る際に音をキャッチしにくいのですが、聞き取れるようになればシチュエーションを即座に理解するのに大きく役立ちますね。

PART 3

231 W M

Questions 8 through 10 refer to the following conversation.

W Jerry, 8a I've been looking at the plans for the building renovation and I just noticed that we haven't included a changing room. 8b We'll have to make some changes.

M 9 Shall I call the construction company and ask them to come in and discuss it?

W We can't today. They're closed today and tomorrow.

M What should we do?

W Work won't start for a few weeks, so we have plenty of time. 10 Can you send out an e-mail with the latest version of the plans to all the section leaders? You should ask them to review the plans again to see if there's anything else we've overlooked.

8. What problem does the woman mention?

(A) An application was submitted late.
(B) A battery has run down.
(C) A budget has been cut.
(D) A plan needs to be amended.

女性はどんな問題について述べていますか？

(A) 申請書の提出が遅れた。
(B) 電池が切れた。
(C) 予算が削られた。
(D) 図面の修正が必要である。

9. What does the man offer to do?

(A) Arrange a meeting
(B) Advertise a position
(C) Send out party invitations
(D) Update an employee manual

男性は何をすることを申し出ていますか？

(A) 会議を設定する。
(B) 求人広告を出す。
(C) パーティーの招待状を送る。
(D) 従業員マニュアルを改定する。

10. What does the woman ask the man to do?

(A) Schedule some maintenance
(B) Make a dinner reservation
(C) Distribute a document
(D) Cancel an event

女性は男性に何をするよう求めていますか？

(A) 点検の予定を立てる。
(B) 夕食の予約をする。
(C) 書類を配布する。
(D) イベントを中止する。

女　男

問題8から10は次の会話に関するものです。

女　Jerryさん、ビル改修工事の図面を見ていてたった今、更衣室がないことに気づきました。変更を加えなくてはいけませんね。

男　建設会社に電話して来てもらい、それについて話し合いましょうか？

女　今日は無理です。あちらは今日と明日は閉まっていますから。

男　どうしましょう？

女　数週間先まで作業は始まらないので、時間は十分あります。班長全員に最新版の図面をEメールで送ってもらえますか？　図面をもう一度見直すよう頼んで、ほかに見落としがないか確認した方がいいでしょう。

□ renovation 名 改修　□ changing room 更衣室　□ version 名 版　□ overlook 動 ～を見落とす

8. 正解 **(D)**

女性は 8a「図面を見て、更衣室が無いことに気づいた」とし、続けて 8b「変更を加えなくてはいけない」と述べています。図面への変更が必要だと判断できるので、(D)が正解です。have to make some changesをneed to be amended「修正が必要だ」と言い換えています。申請書や電池、予算についての発言は無く、(A)(B)(C)どれも正解として選ぶことはできません。

□ submit 動 ～を提出する　□ battery 名 電池　□ run down （電池）が切れる　□ budget 名 予算
□ amend 動 ～を修正する

9. 正解 **(A)**

図面に変更を加えなければならないという女性に、男性はShall I ～?という表現で 9「建設会社に電話して来てもらい、それについて話し合いましょうか」と申し出ています。人に来てもらって話し合うために電話をかけることをarrange a meeting「会議を設定する」とした(A)が正解です。

10. 正解 **(C)**

女性は 10 で男性に「班長全員に最新版の図面をEメールで送ってもらえますか」と頼んでいます。Can you ～?は依頼の表現で、それに続く内容は相手に求めていることなので正解は(C)です。Eメールに添付して送ることをdistribute「～を配布する」、the latest version of the plans「最新版の図面」をa document「書類」と選択肢で言い換えています。

□ maintenance 名 整備、点検　□ distribute 動 ～を配布する

PART 4

233

Questions 11 through 13 refer to the following announcement.

W

Good morning everyone. Now, before we start work today, I'd like to remind you all of the weather forecast. 11 We're going to have a lot of rain from tomorrow. That means that we need to get as much work as possible done today. I've scheduled a lot of deliveries for today because we won't be able to get the trucks in tomorrow. The ground will be too soft. 12 Please cover all of the building materials with plastic sheets after you unload them from the trucks. If they get wet, they'll be ruined. 13 The drivers will give you an invoice when they drop off the goods. Make sure you bring them to me before you go home.

11. What is expected tomorrow?

(A) A quality inspection
(B) A sales report
(C) Inclement weather
(D) Traffic congestion

明日は何が起こると予想されますか？

(A) 品質検査
(B) 販売報告
(C) 悪天候
(D) 交通渋滞

12. What are listeners asked to do?

(A) Request a discount
(B) Attend a training session
(C) Cover some materials
(D) Complete a form

聞き手は何をするよう求められていますか？

(A) 割引を求める。
(B) 研修会に参加する。
(C) 資材を覆う。
(D) 用紙に記入する。

13. What will drivers do when they deliver goods?

(A) Sign a document
(B) Show identification
(C) Make a phone call
(D) Submit an invoice

ドライバーは商品を配達する際に何をしますか？

(A) 書類に署名する。
(B) 身分証明書を見せる。
(C) 電話をかける。
(D) 請求書を提出する。

問題11から13は次のお知らせに関するものです。

女

皆さん、おはようございます。まず、本日の作業に取りかかる前に、天気予報について全員に再度確認しておきます。明日から大雨になります。つまり今日中にできるだけ多くの仕事を済ませる必要があります。明日はトラックが入ってこられないので、今日は多くの搬入予定を入れておきました。地面はひどくぬかるむでしょうから。建築資材はトラックから降ろした後、すべてビニールシートで覆ってください。濡れると使い物にならなくなります。商品納入時にドライバーが請求書を渡します。家に帰る前に必ず私のところに持って来てください。

□ remind A of B　AにBを思い出させる　□ forecast 名 予報　□ unload 動（積み荷）を降ろす
□ ruin 動 ～を台無しにする　□ invoice 名 請求書

11. 正解 **(C)**

話し手は天気予報について再確認したいと述べた後、11「明日から大雨になる」と伝えています。have a lot of rainはinclement weather「悪天候」と言い換え可能なので、正解は(C)です。

郁：inclementは「荒れ模様の」という意味で、weatherとの相性が良い形容詞です。TOEICでは、inclement weatherはトラブルの原因として頻出なので覚えておきましょう。

□ inspection 名 検査　□ congestion 名 混雑

12. 正解 **(C)**

聞き手が求められている内容は、多くの場合話し手が発する依頼表現の後に続いて聞こえます。12 でPleaseが聞こえたら、その後ろをしっかり聞き取る必要があります。話し手は「建設資材はすべてビニールシートで覆ってください」と依頼しており、(C)の「資材を覆う」が正解です。

13. 正解 **(D)**

13 で話し手は「商品納入時にドライバーが請求書を渡す」と述べているので、(D)が正解です。本文のdrop off「～を納入する」が設問文ではdeliver「～を配達する」と言い換えられていることに注意が必要です。選択肢でも、本文のgive you an invoiceがsubmit an invoiceと言い換えられています。

郁：パート3と4ではとにかく頻繁に言葉が言い換えられるので、解いた後の復習の際には必ず「本文のこれと、設問文あるいは選択肢のこの言葉が同じ事柄を指している」と確認することが重要です。

奈：言い換え表現は必ずしも同義語ではないため、この設問のsubmitのように「特定のこの状況ならば言い換えとして成立する」ということも多いですよね。使われている状況を意識して確認しましょう。

□ identification 名 身分証明書　□ submit 動 ～を提出する

PART 4

234

Questions 14 through 16 refer to the following broadcast announcement.

M

Welcome back, listeners. This is Radio RTD and I'm Tim Cleminson. It's just after five o'clock and there's already a lot of traffic on the road. On your way home, 14 you should try to avoid the Pumpfry Highway between Runcorn and Mt. Hammondon because some roadwork there has been causing delays all week. 15 You can expect the delays to continue until late tomorrow afternoon. If you're going to the concert at Cornell Stadium tonight, you should take the bus. The band Green Room is performing there tonight. In a few moments, 16 I'll be interviewing the band's lead singer, Marty Holland. But first, let's listen to one of their popular songs.

---

14. What does the speaker warn listeners about?

(A) A price increase
(B) A traffic jam
(C) A shortage of tickets
(D) A deadline

話し手は聞き手に何について忠告していますか？

(A) 値上り
(B) 交通渋滞
(C) チケット不足
(D) 締め切り

---

15. When will the problem be solved?

(A) This morning
(B) This afternoon
(C) Tomorrow morning
(D) Tomorrow afternoon

問題はいつ解決されますか？

(A) 今日の午前中
(B) 今日の午後
(C) 明日の午前中
(D) 明日の午後

---

16. Who will the speaker talk with?

(A) A musician
(B) A mechanic
(C) A builder
(D) A politician

話し手は誰と話をしますか？

(A) ミュージシャン
(B) 整備士
(C) 建設業者
(D) 政治家

問題14から16は次の放送でのお知らせに関するものです。

男

ラジオをお聞きの皆さん、お帰りなさい。こちらはRadio RTD、Tim Cleminsonがお届けします。今5時を過ぎたところですが、すでに道路は混雑しています。道路工事のため今週はずっと渋滞が発生していますので、お帰りの際はPumpfry幹線道路のRuncornとHammondon山の間は避けた方がいいでしょう。この渋滞は明日の午後遅い時間まで続くことが予想されています。今夜Cornellスタジアムでのコンサートに行かれる方はバスに乗る方がよいでしょう。今夜はそこで、音楽バンドGreen Roomのライブが行われます。数分後に、リードボーカルのMarty Hollandさんにインタビューしますが、その前に彼らの人気ナンバーをお届けします。

□ roadwork 名 道路工事　□ cause 動 ～を引き起こす

14. 正解 **(B)**

話し手は 14 で聞き手に、「Pumpfry幹線道路のRuncornとHammondon山の間」についてsome roadwork there has been causing delays「そこでの道路工事が渋滞を引き起こしている」と述べ、「帰る際には避けた方がいい」と伝えています。工事が原因で引き起こされる遅れはa traffic jam「交通渋滞」と言えるので、(B)が正解です。後半、ライブの話題が出ますが、チケットについては触れられていないため(C)は不正解です。

奈：ラジオの交通情報は最近出題数が減っているようですが、登場するとたいていの場合交通渋滞が起きていて、迂回(detour)を勧められます。

郁：渋滞の原因としては工事が多いのですが、映画の撮影などで道路が封鎖されていたり、お祭りのパレードが行われていたりもします。

□ shortage 名 不足　□ deadline 名 締め切り

15. 正解 **(D)**

ラジオパーソナリティである話し手は、交通渋滞のために特定の道路は避けるよう伝えた後、15「この渋滞は明日の午後遅い時間まで続くことが予想されている」と述べています。設問文では交通渋滞が起こっていることを指してthe problem「その問題」と言っており、それが解決するのは明日の午後の遅い時間なので、正解は(D)です。

16. 正解 **(A)**

話し手は今夜ライブ開催予定のバンドについて言及し、この後に 16「リードボーカルのMarty Hollandさんにインタビューする」ことがわかります。バンドのリードボーカルはミュージシャンと言い換えられるので、正解は(A)です。

□ builder 名 建設業者

DAY 18
Words and Phrases

□ **demolish**

動詞 **～を取り壊す**

The restaurant will be demolished next month.
レストランは来月取り壊される予定だ。

□ **landscaping company**

造園業者

hire a landscaping company to design the garden
庭の設計をする造園業者を雇う

□ **shrubs**

名詞 **低木**

plant shrubs around the building
建物の周りに低木を植える

□ **detour**

名詞 **迂回**

take a detour to avoid traffic
渋滞を避けて迂回する

□ **resurface**

動詞 **再舗装をする**

resurface an old sidewalk
古い歩道を再舗装する

DAY 19

業界動向

新規事業の発表、吸収合併や経営陣の交代など、企業の動向についての会話やトークは頻繁に行われます。環境に優しい事業の取り組みや製品開発は必須のようです。

PART 1

237

1.

W

(A) Pedestrians are waiting at the intersection.
(B) Some buildings are under construction.
(C) The road is being paved.
(D) High-rise buildings overlook the ocean.

(A) 歩行者たちが交差点で待っている。
(B) いくつかのビルが建設中である。
(C) 道路は舗装されているところだ。
(D) 高層ビルから海が見下ろせる。

PART 2

239

2. W Would you like me to order some refreshments for the store's grand opening?

お店の開店祝いイベントに何か軽食を注文しましょうか？

M (A) I don't have change.
(B) That'd be helpful, thanks.
(C) Thanks, but I've just eaten.

(A) 小銭がありません。
(B) 助かります、ありがとうございます。
(C) ありがとう、でもいま食べたところです。

240

3. W What did you think of the news about the merger between VGT and Winvech?

VGTとWinvechの合併のニュースについてどう思いましたか？

M (A) It won't affect us.
(B) I don't need a new one.
(C) In a year or two.

(A) 我々に影響はありません。
(B) 新しいものは不要です。
(C) 1、2年後に。

241

4. M Where will this year's trade show be held?

今年の展示会はどこで開催されますか？

W (A) In March.
(B) Same as last time.
(C) Thanks for showing me.

(A) 3月です。
(B) 前回と同じです。
(C) 見せてくれてありがとうございます。

1. 正解 **(B)**

いくつかの建物に工事用クレーンが載っている様子を「ビルが建設中だ」と描写した(B)が正解です。車両が止まっているのは見えますが、歩行者が確認できないので(A)は不正解です。(D)は海が見えていれば正解になるのですが、この写真には水面らしきものが確認できず不正解です。

奈：(D)のような動詞の現在形を使った描写文はパート1の上級レベルではないでしょうか。A balcony overlooks a garden.「バルコニーから庭を見下ろせる」なんて、広告に出てくるようで少ししゃれた感じに聞こえます。

郁：A bridge extends towards a building.「橋がビルまで伸びている」やSome flowers decorate the tables.「花がテーブルを飾っている」なども TOEIC に出てきやすい描写文ですね。

□ intersection 名 交差点　□ pave 動 ～を舗装する　□ high-rise 形 高層の　□ overlook 動 ～を見下ろす

2. 正解 **(B)**

Would you like me to ～「～しましょうか」と相手に申し出る問いかけ文に、お礼を伝える(B)が正解です。order some refreshments「軽食を注文」しようと申し出ているので(C)が応答として成り立ちそうですが、今食べるための食事ではなく、grand openingのイベントの食事のことを言っているので、不正解です。

□ grand opening グランドオープン

3. 正解 **(A)**

合併のニュースについて感想を求められ、「影響はない」と答えた(A)が応答として正解です。(B)はnew one「新しいもの」が不要だと言っていますが、新しい何が不要なのかoneが指すものが不明なので、返事になりません。(C)も1、2年後にどのような状態なのか、情報不足です。

奈：mergerは「企業合併」のこと。acquisition「買収」とともに、ビジネス動向の話題でTOEICによく登場します。

□ merger 名 合併　□ affect 動 ～に影響を及ぼす

4. 正解 **(B)**

Whereで場所を尋ねる質問に「前回と同じ場所だ」と答える(B)が正解です。(A)は時を尋ねられたときの返答で不正解。(C)は何かを提示されたときに謝意を伝える表現なので、不正解です。

PART 3

243 M W

Questions 5 through 7 refer to the following conversation.

M 5a I've been made the main consultant for Hammond Footwear. It looks to me like it'd be cheaper for them to import goods than manufacture them here in the future. I'm thinking of recommending that to them when I meet their CEO next week.

W Production costs aren't everything. 5b I conducted a survey for Hammond Footwear last year. 6 It showed that many of their customers choose Hammond Footwear because they're locally made.

M 7 Would you mind showing me that data? I'd like to find a compromise. Their competitors are all beating them on price.

W Sure. I'll send you an e-mail later today.

---

5. Who most likely are the speakers?

(A) Factory workers
(B) Salespeople
(C) Business consultants
(D) Journalists

話し手たちは誰だと考えられますか？

(A) 工場の作業員
(B) 営業担当者
(C) ビジネスコンサルタント
(D) ジャーナリスト

---

6. According to the woman, why do customers choose Hammond Footwear shoes?

(A) They are locally made.
(B) They are inexpensive.
(C) They are of high quality.
(D) They are fashionable.

女性によると、顧客がHammond Footwear社の靴を選ぶのはなぜですか？

(A) 地元で製造されているから。
(B) 価格が安いから。
(C) 高品質だから。
(D) おしゃれだから。

---

7. What does the man ask the woman to do?

(A) Provide some data
(B) Arrange a meeting
(C) Check a report
(D) Reduce a price

男性は女性に何をするように頼んでいますか？

(A) データを提供する。
(B) 会議を開く。
(C) 報告書を確認する。
(D) 価格を下げる。

男 女

問題5から7は次の会話に関するものです。

男 Hammond Footwear社担当の主任コンサルタントになりました。将来的にはここで商品を製造するよりも、輸入した方が安くなるように思います。来週、CEOに会うときにそれを勧めようかと思っています。

女 製造コストがすべてではありません。昨年Hammond Footwear社の調査を行いました。購入者の多くがHammond Footwearを選ぶ理由として地元で製造されていることを挙げていました。

男 そのデータを見せてもらってもいいですか？ 妥協点を見つけたいと思います。ライバル会社はどこも価格で勝っているんです。

女 もちろんです。今日、のちほどEメールでお送りします。

□ consultant 名 コンサルタント □ footwear 名 履物 □ import 動 ～を輸入する □ manufacture 動 ～を製造する
□ production 名 製造、生産 □ conduct 動 ～を行う □ survey 名 調査 □ locally 副 地元で
□ compromise 名 妥協

---

5. 正解 **(C)** 5a で「Hammond Footwear社担当の主任コンサルタントになった」と女性に言っています。女性は 5b「昨年Hammond Footwear社の調査を行った」と言い、男性がデータを共有してもらえるよう依頼しています。これらの会話から、2人はクライアントの経営についてコンサルティングをする職業だとわかるので、(C)が正解です。

---

6. 正解 **(A)** Hammond Footwear社の調査をした女性が 6 で「購入者の多くがHammond Footwearを選ぶ理由として地元で製造されていることを挙げていた」と言っているので(A)が正解です。女性はコストがすべてではないと反論していますが、商品の価格については理由として挙げておらず、(B)は不正解です。

□ inexpensive 形 安い

---

7. 正解 **(A)** 女性はHammond Footwear社の調査結果をもとに男性に助言をしました。それを受けて男性はWould you mind ～?という依頼表現を使って 7「そのデータを見せてもらってもいいか」と尋ねています。showをprovide「提供する」と言い換えた(A)が正解です。

DAY 19

PART 3

244 W M

Questions 8 through 10 refer to the following conversation.

W **8** How do you think our sales will be next quarter? I need to set our new production targets.

M Well… None of the other manufacturers have released anything new. Our new motorcycles are of excellent quality and we've been getting great reviews online. So, **9** I think we should really start to see some high sales figures.

W The shareholders will be happy to hear that. **10** Would you mind speaking at the next shareholder's meeting? It's on May 4.

M I'd be happy to. How long would you like me to speak?

---

8. What does the woman ask the man about?

(A) A training program
(B) A construction project
(C) A production delay
(D) A sales prediction

女性は男性に何を尋ねていますか？

(A) 研修プログラム
(B) 建設プロジェクト
(C) 生産の遅れ
(D) 売り上げ予測

---

9. What does the man mean when he says, "None of the other manufacturers have released anything new"?

(A) The company does not need to develop a product urgently.
(B) The company should experiment with innovative products.
(C) The company should spend more money on research.
(D) The company does not face much competition.

男性が"None of the other manufacturers have released anything new"と言う際、何を意図していますか？

(A) 会社は緊急に製品を開発する必要はない。
(B) 会社は革新的な製品を試みるべきだ。
(C) 会社は研究により多くのお金を費やすべきだ。
(D) 会社はそれほどの競争には直面していない。

---

10. What does the woman ask the man to do?

(A) Visit a factory
(B) Update a schedule
(C) Give a presentation
(D) Conduct a survey

女性は男性に何をするよう頼んでいますか？

(A) 工場を訪れる。
(B) 予定を更新する。
(C) プレゼンテーションをする。
(D) 調査を実施する。

女 男

問題8から10は次の会話に関するものです。

女　次の四半期の売り上げはどうなると思いますか？　新しい生産目標を設定する必要があります。

男　そうですね、ほかのメーカーは新製品を何も発表していません。当社の新しいオートバイの品質はとても優れていますし、インターネット上での評価も高いです。ですので、確実に高い売上高を見込めると思います。

女　それを聞いたら株主も喜ぶでしょう。次回の株主総会で話してもらえませんか？　5月4日です。

男　喜んで。どれくらいの時間話したらいいですか？

□ target 名 目標　□ manufacturer 名 製造業者　□ release 動 ～を発表する　□ sales figures 売上高
□ shareholder 名 株主

---

8. 正解 **(D)**

女性は冒頭 8 で「次の四半期の売り上げはどうなると思うか」と質問をしています。その後に「新しい生産目標を設定する必要がある」と尋ねた理由を補足しています。尋ねた内容をsales prediction「売り上げ予測」と要約した(D)が正解です。生産が遅れているとは言っていないので(C)は不正解です。

□ prediction 名 予測

---

9. 正解 **(D)**

前後の話の流れから発言の意図を推測しましょう。次の四半期の売り上げ予測を尋ねられた男性は、該当文「ほかのメーカーは新製品を何も発表していません」と言った後、自社の品質がすぐれているため 9「確実に高い売上高を見込める」との考えを述べています。この文脈で他社の動向に触れたのは、競争を心配する必要がないという意味合いが込められていると思われるため、(D)が発言の意図として適切です。

奈：(A)は少々トリッキーですね。この設問だけ見れば、同業他社が新製品を発表していないのだから、わが社も焦る必要はないよ、という意図に取れそうです。

郁：ですが会話全体を聞くと、男性は売り上げの見通しを尋ねられていますし、高い売上高を見込めるという発言を株主総会で話すように求められています。この文脈で自社製品の開発に言及したとは考えにくいのです。

□ urgently 副 緊急に　□ experiment 動 試みる　□ innovative 形 革新的な　□ face 動 ～に直面する
□ competition 名 競争

---

10. 正解 **(C)**

売り上げ予測を聞いた女性は、株主が喜ぶので 10「次回の株主総会で話してもらえませんか？」と男性に依頼をしています。最後に男性が「どのくらいの時間話せばいいか」と確認していることからも、男性がある程度時間をとって売上高の見込みについて説明しようとしていることがわかります。これを「プレゼンテーションをする」と表現した(C)が正解です。

□ conduct 動 ～を実施する　□ survey 名 調査

PART 4

246

Questions 11 through 13 refer to the following broadcast announcement.

M

In business news today, 11 it was announced that John Furlong has stepped down as CEO of F & C Financial Group. The business will now be led by company co-founder Edward Connor. A press release from F & C Financial Group indicated that Mr. Furlong has decided to leave the company in order to enjoy his retirement. Some industry experts have said that they expected Mr. Furlong to make this announcement sooner. 12 F & C Financial Group's profits have been falling gradually over the past five years and many people had been suggesting that it was time for new leadership. Mr. Furlong's sixtieth birthday seems to have been a convenient time for the change to take place. 13 A ceremony to celebrate Mr. Furlong's contribution to the company will be held at the Douglass Convention Center next week.

11. What is the purpose of the announcement?

(A) To warn listeners of a rule change
(B) To provide information about a government department
(C) To inform about a change of leadership
(D) To explain the benefit of a new device

お知らせの目的は何ですか？

(A) 聞き手に規則の変更を知らせること。
(B) 行政部門に関する情報を提供すること。
(C) リーダーの交代について知らせること。
(D) 新しい機器の利点を説明すること。

12. What is mentioned about F & C Financial Group?

(A) Its profits have been decreasing.
(B) Its headquarters has been relocated to Douglass.
(C) It will demonstrate new products at a convention.
(D) It will replace its product development team.

F & C金融グループについて何が言及されていますか？

(A) 収益が減少している。
(B) 本社がDouglassに移転した。
(C) コンベンションで新製品の実演を行う。
(D) 製品開発チームを入れ替える。

13. According to the speaker, where will an event be held next week?

(A) At city hall
(B) At a conference center
(C) At a hotel
(D) At a local park

話し手によると、来週のイベントはどこで開催されますか？

(A) 市役所
(B) 会議場
(C) ホテル
(D) 地元の公園

問題11から13は次の放送でのお知らせに関するものです。

男

今日のビジネスニュースです。F＆C金融グループのCEOであるJohn Furlong氏が退任したと発表されました。事業は今後、共同創業者のEdward Connor氏が引き継ぎます。F＆C金融グループのプレスリリースによれば、Furlong氏は余生を楽しむために会社を去る決断をしたとのことです。業界関係者によると、Furlong氏がもっと早い時点でこの発表を行うと予想していたそうです。F＆C金融グループの収益は過去5年間で徐々に下降線をたどっていたことから、多くの人が新たなリーダーの登場を示唆していました。Furlong氏の60歳の誕生日は今回の交代にはいい潮時と見られます。Furlong氏の会社への貢献をたたえる会は来週Douglass会議センターで行われます。

□ step down 退任する　□ co-founder 名 共同創業者　□ retirement 名 引退後の生活　□ expert 名 専門家
□ profit 名 収益　□ gradually 副 徐々に　□ leadership 名 指揮者　□ seem to ＋ 動詞　～するように思われる
□ contribution 名 貢献

11. 正解 (C)

冒頭 11 で「F＆C金融グループのCEOであるJohn Furlong氏が退任したと発表されました」と言っています。その後も後任のCEOや退任の理由について説明が続くので、(C)「リーダーの交代について知らせること」がこのお知らせの目的と言えます。

□ device 名 機器

12. 正解 (A)

Furlong氏の退任発表がもっと早い時点であるのでは、と業界では予想されていたそうですが、その理由として 12「収益は過去5年間で徐々に下降線をたどっていた」と述べています。利益がfall「下降する」という動詞を、decrease「減少する」と言い換えた(A)が正解です。Douglasはセレモニーが行われる場所であり、本社が移転するとは言っていないため(B)は不正解です。

□ headquarters 名 本社　□ relocate 動 ～を移転させる　□ demonstrate 動 ～を実演してみせる
□ convention 名 大会

13. 正解 (B)

退任するFurlong氏を称える会が 13「来週Douglass会議センターで行われます」と言っています。convention centerをconference centerと言い換えた(B)が正解です。

DAY 19

PART 4

247

Questions 14 through 16 refer to the following excerpt from a meeting.

W

This week, 14a I read an article in *Financial Times Magazine* that claimed that consumers are giving preference to goods that are better for the environment. It mentioned several ways that we can get recognition for our efforts in this area. 14b One is to comply with the requirements of an association called Only Earth. By allowing Only Earth inspectors to verify our processes, we'll receive permission to place a sticker with their logo on all of our products. 15 I've asked a representative of Only Earth to come to our next monthly meeting to explain their requirements. I think it's very important that everyone hear what she has to say. 16 If you can't come to the next monthly meeting, let me know and I'll try to reschedule for a date when we're all available.

---

14. How did the speaker learn about Only Earth?

(A) By doing an online search
(B) By speaking with a colleague
(C) By subscribing to a newsletter
(D) By reading a magazine article

話し手はOnly Earthをどのようにして知りましたか？

(A) オンラインで検索することによって。
(B) 同僚と話すことによって。
(C) ニュースレターを購読することによって。
(D) 雑誌の記事を読むことによって。

---

15. What will happen at the next monthly meeting?

(A) A new employee will be introduced.
(B) A meal will be served.
(C) A guest speaker will come.
(D) A staff member will be honored.

次の月例会議で何が起こりますか？

(A) 新しい従業員が紹介される。
(B) 食事が提供される。
(C) ゲスト講演者が来る。
(D) スタッフが表彰される。

---

16. According to the speaker, when are listeners directed to contact the speaker?

(A) If they have completed an assignment
(B) If they will not be able to attend a meeting
(C) If they have reached their sales goal
(D) If they would like to change their order

話し手によれば、聞き手たちが話し手に連絡するように言われているのはどんな時ですか？

(A) 課題を終えた場合。
(B) 会議に出席できない場合。
(C) 売上目標を達成した場合。
(D) 注文を変更したい場合。

問題14から16は次の会議の一部に関するものです。

女

今週、消費者はより環境に優しい商品を好むという*Financial Times Magazine*の記事を読みました。記事の中で、この分野における当社の取り組みを認知してもらう方法がいくつか述べられていました。1つはOnly Earthという団体の要件を遵守することです。当社の工程をOnly Earth検査官に認証してもらうことで、当社の商品すべてにOnly Earthロゴ入りのステッカーを貼る許可が与えられます。Only Earthの代表者に、次の月例会議に来て要件を説明してもらうよう依頼しました。全員で彼女の話を聞くことが非常に重要だと考えます。次の月例会議に出られない場合、全員が出席可能な日を調整しますので、お知らせください。

□ excerpt 名 抜粋　□ claim 動 ～であると主張する　□ preference 名 好み　□ environment 名 環境
□ recognition 名 認知　□ comply with ～に従う　□ requirement 名 要件　□ association 名 団体
□ inspector 名 検査官　□ verify 動 ～を認証する　□ process 名 工程　□ permission 名 許可
□ representative 名 代表者　□ reschedule 動 ～の予定を変更する

14. 正解 **(D)**

ミーティング中のトークです。話し手は冒頭 14a で*Financial Times Magazine*の「消費者はより環境に優しい商品を好む」という記事を読んだと言っています。環境への取り組みを認知してもらう方法が書かれており、14b「1つはOnly Earthという団体の要件を遵守すること」と紹介しています。雑誌で取り上げられていたからOnly Earthを知ったので、(D)が正解です。

□ subscribe 動 ～を購読する　□ newsletter 名 会報

15. 正解 **(C)**

15 で「Only Earthの代表者に、次の月例会議に来て要件を説明してもらうよう依頼した」と言っています。Only Earthは外部の団体なので、話をする代表者をguest speakerと表現した(C)が正解です。ゲストが参加するのであり、社員を雇うわけではないため、(A)は不正解です。

□ honor 動 ～を表彰する

16. 正解 **(B)**

Only Earthの代表者を会議に招いたと言った後、16「次の月例会議に出られない場合、全員が出席可能な日を調整しますので、お知らせください」とあります。おそらく月例会議の日程は周知されているのでしょう。その日に都合が悪ければ連絡するように求められているので、(B)が正解です。

□ assignment 名 課題

DAY 19
Words and Phrases

□ press conference
記者会見

make an announcement at a press conference
記者会見で発表をする

□ merger
名詞 **合併**

a merger of two pharmaceutical companies
製薬会社２社の合併

□ headquarters
名詞 **本社**

be transferred to headquarters
本社に異動になる

□ competition
名詞 **競争**

face strong competition
激しい競争に直面する

□ founder
名詞 **創業者、創始者**

be named after its founder
創業者の名より名づけられる

DAY 20

社内コミュニケーション

社内では様々な打ち合わせや会議が開かれます。売上数値や生産高、来客数の推移などに関する会話やトークは、グラフィック問題で出題されることもあります。

PART 1

250

1.

W

(A) Cables are being plugged in.
(B) A screen is being set up in a meeting room.
(C) All the chairs are unoccupied.
(D) Some tables have been folded up.

(A) ケーブルが機器につながれているところだ。
(B) 会議室にスクリーンが設置されているところだ。
(C) 椅子はどれも使われていない。
(D) テーブルが折り畳まれた状態である。

PART 2

252

2. W When will we get feedback on our annual performance evaluation?

M (A) I already have mine.
(B) Tickets are sold out.
(C) I'm afraid so.

年間業績評価についてのフィードバックはいつもらえますか？

(A) 私はもうもらいました。
(B) チケットは完売しました。
(C) 残念ながらその通りです。

253

3. W Is there anything else on the agenda that we need to discuss?

M (A) She's a good agent.
(B) A couple of items.
(C) Yes, he was.

議題でほかに話し合っておくべき事柄はありますか？

(A) 彼女は優秀な代理人です。
(B) いくつかあります。
(C) はい、彼はそうでした。

254

4. M The Hamilton office isn't as productive as it used to be, is it?

W (A) I used two of them.
(B) They've been underperforming.
(C) A few product defects.

Hamiltonの事務所は以前ほど業績がよくありませんよね？

(A) それらのうちの2つを使いました。
(B) 期待していたようにはできていませんね。
(C) 製品の欠陥が少しあります。

1. 正解 **(C)**

無人の会議室が写っています。椅子が何脚か見えますが誰も座っていません。その様子をunoccupied「使われていない」と表現した(C)が正解です。テーブルの上にケーブルは見えますが誰かが接続している最中ではないので(A)は不正解。壁にスクリーンらしきものが確認できますが、これも誰かがセットアップしている最中ではないので(B)も不正解です。現在進行形を使ったひっかけに注意が必要です。テーブルは折りたたまれた状態ではないので(D)も不正解です。

□ cable 名 ケーブル　□ plug 動 ～をつなぐ　□ unoccupied 形 空いている

2. 正解 **(A)**

When ～?で評価を受け取ることのできる時を尋ねられ、質問者が受け取る時期は知らないが「私はもらった」と答えている(A)が応答として成り立ちます。これを聞いた質問者が「ならば今ごろ自分にも届いているかもしれない」と思ってメールを確認するなど、次のアクションが展開しそうです。(C)は相手が言ったことに同意をする表現ですが、疑問詞の疑問文に対してはso「その通り」が示す内容がわからず、応答として不自然です。

□ feedback 名 フィードバック　□ evaluation 名 評価　□ sell out 売り切れる

3. 正解 **(B)**

話し合うべき議題がほかにないか確認する問いかけに対し、「いくつかの議題（があります）」と返した(B)が正解です。(A)はgood agentであることがagenda「議題」とどうつながるのか不明なので不正解です。(C)は彼がどうだったのか、wasにつながる情報が問いかけにもなく、応答として不十分です。パート2では通常、誰を指しているのかわからないSheやHeが突如選択肢に出てきたら不正解と考えてかまいません。

□ agenda 名 議題

4. 正解 **(B)**

付加疑問文で「事務所の業績が芳しくない」という意見に同意を求める問いかけに対し、underperforming「期待を下回っている」と相手に同調している(B)が正解です。(A)はtwo of them「それらのうちの2つ」が指すものが問いかけにないため、正しい応答になりません。(C)は問いかけにあるproductive「生産的な」と音が似たproduct「製品」が使われていますが、製品の欠陥が業績とどう関わるのか説明不足なので不正解です。

(B)は問いかけ文とほぼ同じ内容を、違った表現で返しています。こうしたやりとりは、Yesだけであいづちを打つよりも、相手の話題に関心を持っていることを示しているため、豊かなコミュニケーションを生みますね。

このような例はパート3にも出てきます。TOEICはテストとはいえ、リアルなコミュニケーション素材の宝庫です。気に入った表現は練習しておけば、実際に自分が使いたい場面になったときに自然に使えるようになりますよ。

□ productive 形 生産的な　□ underperform 動 通常の成績をあげられない　□ defect 名 欠陥

PART 3

256 M W

Questions 5 through 7 refer to the following conversation.

M Ms. Grey. Um... 5 I'd like to talk to you about transferring to the Boise office.

W Robert. I thought you were happy here. Why would you want to go to Boise?

M I'm very happy here. 6 It's just that I'm originally from Boise. It's where my family is, and I'd like to spend more time with them.

W I understand. Of course, the company will try to accommodate your request, but you might have to wait a while until a position opens up there. For now, though, 7 why don't you come into my office and fill out a transfer application?

5. What does the man want to discuss?

(A) Relocating to another office
(B) The schedule for a business trip
(C) The location of a convention
(D) Purchasing additional equipment

男性が話し合いたいことは何ですか？

(A) 別のオフィスへの異動
(B) 出張の日程
(C) 会議の場所
(D) 追加機器の購入

6. What does the man say about Boise?

(A) He took a trip there recently.
(B) It is where he grew up.
(C) An important client is based there.
(D) It is expensive to transport goods from there.

男性はボイシについて何と言っていますか？

(A) 最近旅行で行った。
(B) 育った場所である。
(C) 重要な顧客の拠点がある。
(D) そこからの商品の輸送費が高い。

7. What does the woman suggest the man do?

(A) Request a brochure
(B) Speak with a salesperson
(C) Complete an application
(D) Reserve a hotel room

女性は男性に何をするよう提案していますか？

(A) パンフレットを請求する。
(B) 営業担当者と話す。
(C) 申請書に記入する。
(D) ホテルの部屋を予約する。

男 女

問題5から7は次の会話に関するものです。

男　Greyさん、あの……。ボイシオフィスへの異動についてお話ししたいのですが。

女　Robertさんはここで満足していると思ってました。どうしてボイシに行きたいのですか？

男　ここでは楽しくやっています。ただ、私はボイシの出身です。家族もあちらにいますし、より多くの時間を一緒に過ごしたいと思いまして。

女　わかりました。もちろん会社はあなたの希望を考慮しますが、そこでの仕事に欠員が出るまでしばらくの間待ってもらうことになるかもしれません。とりあえず、私のオフィスに来て異動申請書に記入しませんか。

□ transfer 動 異動する 名 異動　□ originally 副 もともとは　□ accommodate 動 ～に対応する
□ application 名 申請書

---

5. 正解 **(A)**

会話の冒頭部分には、会話全体のトピックが集約されている場合が多いので注意して聞きましょう。男性が 5「ボイシオフィスへの異動についてお話ししたい」と女性に話しかけています。その後、転勤をしたい理由を述べているので、transfer「異動する」をrelocateと同義語で言い換えた(A)が正解です。出張ではないので(B)は不正解です。

□ relocate 動 異動する　□ convention 名 会議　□ additional 形 追加の

---

6. 正解 **(B)**

ボイシに転勤したい理由を尋ねられ、男性は 6「私はボイシの出身だ」と言い、「そこにいる家族とより多くの時間を過ごしたい」と説明します。つまり男性はボイシで育ったと言えるので(B)が正解です。ふるさとに里帰りの旅行をした可能性はありますが、この会話では触れられていないので(A)は不正解です。

□ transport 動 ～を輸送する

---

7. 正解 **(C)**

女性は男性の転勤について、欠員が出るまで待つことになるかもしれないと伝えた後、7 で「私のオフィスに来て異動申請書に記入しませんか」と勧めています。fill out a transfer application「異動申請書に記入する」をcomplete an applicationと言い換えた(C)が正解です。fill out、fill in、completeの3つは、用紙に「記入する」という意味で頻出します。

□ brochure 名 パンフレット

PART 3

257 W M

Questions 8 through 10 refer to the following conversation.

W **8** I'd like to set up a videoconference between us and the team at the Charleston office. We're expected to coordinate our promotional activities with them this year.

M Right. I'll get in touch with them and set up a meeting. **9a** I suppose Thursday afternoon will be the best time.

W Yes. **9b** The advertising budget will be announced in the morning, so we'll know how much we have to spend.

M We haven't used the video conferencing equipment in a while. **10** I'd better call Dan Grady from the IT department now and have him take a look at it and make sure it's in working order.

8. What does the woman say she would like to do?

(A) Reschedule a convention
(B) Review some results
(C) Arrange a meeting
(D) Write a review

女性は何をしたいと言っていますか？

(A) 会議の時間を変更する。
(B) 結果を確認する。
(C) 会議を設定する。
(D) レビューを書く。

9. What will be announced on Thursday?

(A) An advertising budget
(B) A work assignment
(C) A sales target
(D) An event location

木曜日に何が発表されますか？

(A) 広告予算
(B) 仕事の割り当て
(C) 販売目標
(D) イベントの場所

10. What will the man most likely do next?

(A) Order some parts
(B) Check an inventory
(C) Read a manual
(D) Call a technician

男性は次に何をすると考えられますか？

(A) 部品を注文する。
(B) 在庫を確認する。
(C) マニュアルを読む。
(D) 技術者に電話する。

女 男

問題8から10は次の会話に関するものです。

女　我々とCharleston事務所を結ぶテレビ会議を設定したいと思います。今年は一緒に販促活動をする予定です。

男　そうですね。連絡して会議を設定します。木曜日の午後が一番よさそうです。

女　ええ。広告予算が午前中に発表されるので、使える金額がいくらなのかわかります。

男　テレビ会議用の機器はしばらく使っていません。IT部門のDan Gradyさんに今電話して、ちゃんと動くか見てもらわないといけません。

□ videoconference 名 テレビ会議　□ coordinate 動 ～を協調させて動かす　□ promotional 形 販売促進の
□ suppose 動 ～と思う　□ budget 名 予算　□ in working order 正常に動く状態にある

8. 正解 **(C)**

冒頭で女性が 8「Charleston事務所とのテレビ会議を設定したい」と言っています。それを受け、男性が先方と連絡を取ると申し出て、会話が進みます。videoconferenceとは相手と音声と映像でつないで行うテレビ会議のことです。set up「設定する」を同義語arrangeに言い換えた(C)が正解です。これから会議を設定するので、日時の変更は発生していないため(A)は不正解です。

奈「会議を開催する、設定する」の言い方にはset up a meeting、arrange a meetingのほかにorganize a meetingやhold a meetingなどがあります。

郁 この会話にはテレビ会議が出てきましたが少し前までリモート会議といえばteleconference「遠隔会議」だけでしたね。最近はvideoconference「テレビ会議」やonline meeting「オンラインミーティング」も登場するようになりました。

□ convention 名 会議

9. 正解 **(A)**

テレビ会議の準備を申し出た男性は 9a で「木曜日の午後がよさそうだ」と言います。女性は同意し、9b「広告予算が午前中に発表されるので、使える金額がいくらなのかわかる」と説明しています。木曜日に発表されるのは広告予算なので(A)が正解です。この日に会議が行われれば仕事の割り当てについて話し合われるかもしれませんが、会議日程は未確定で割り当てについては触れられていないため(B)は不正解です。

□ assignment 名 割り当て　□ target 名 目標

10. 正解 **(D)**

男性は、テレビ会議をしばらく開催していないので、10「IT部門のDan Gradyさんに今電話して、（機器が）ちゃんと動くか見てもらう」と言っています。機器をチェックしてくれるDan Gradyさんをtechnician「技術者」と言い換えた(D)が正解です。I'd betterは強い意思を表します。「今電話して対処しないと、万が一機器が不具合を起こしたときに困る」というニュアンスが含まれています。

□ inventory 名 在庫

PART 4

259

Questions 11 through 13 refer to the following talk.

W

Emily and Chloe, could I have your attention for a moment? Thanks. **11** Rosa Noonan just called to say that she can't come to work today because of the snow. This is a big problem for us because we're already short-staffed with Ms. Coleman taking her holidays. Ordinarily, **12a** we have two employees stocking the shelves and two serving customers at the register. Today, **12b** let's not worry about stocking shelves in the menswear section or in children's apparel. Instead, I'd like both of you to work on the register. I'll be in women's clothing assisting customers. I'm afraid **13** I might have to ask you to stay at work an hour or two after your usual finish time to help stock the shelves in menswear and children's apparel.

11. What problem does the speaker mention?

(A) A delivery has been delayed.
(B) A staff member cannot come to work.
(C) A visitor will arrive early.
(D) A product has been malfunctioning.

話し手はどのような問題について言及していますか？

(A) 配達が遅れている。
(B) スタッフが仕事に来られない。
(C) 客が早めに到着する。
(D) 製品が故障している。

12. Where does the speaker most likely work?

(A) At a laboratory
(B) At a factory
(C) At a warehouse
(D) At a clothing store

話し手はどこで働いていると考えられますか？

(A) 研究所
(B) 工場
(C) 倉庫
(D) 衣料品店

13. According to the speaker, what might the listeners be asked to do?

(A) Call some clients
(B) Expedite a delivery
(C) Wear special clothing
(D) Work additional hours

話し手によれば、聞き手は何を頼まれるかもしれませんか？

(A) 顧客に電話をすること。
(B) 発送を速くすること。
(C) 特別な服を着ること。
(D) より長い時間働くこと。

問題11から13は次の話に関するものです。

女

Emilyさん、Chloeさん、ちょっと来てもらえますか？　ありがとうございます。Rosa Noonanさんから今電話があって、今日は雪のせいで仕事に来られないそうです。Colemanさんがもともと休暇を取っていて人が足りない状況なので困りました。普段は従業員2人が品出し、2人がレジで接客をしています。今日は紳士服売り場や子供服売り場の品出しは考えないでおきましょう。その代わり、お二人にはレジで働いてもらいます。私は婦人服売り場で接客をします。すみませんが、通常の終了時刻から1時間か2時間残業して、紳士服と子供服の品出しの手伝いをお願いするかもしれません。

□ short-staffed 形 人員不足の　□ ordinarily 副 普段は　□ stock 動 （品物）を置く　□ apparel 名 衣服

---

11. 正解 **(B)**

problemの内容を問う設問があるときは、ネガティブな表現に注意してトークを聞きます。話し手が 11 で「Rosa Noonanさんから今電話があって、今日は雪のせいで仕事に来られない」と2人の同僚に伝えています。続いてshort-staffed「人手が足りない」と言っており、スタッフが休むことが問題だとわかります。よって(B)が正解です。

□ malfunction 動 正常に動かない

---

12. 正解 **(D)**

全体の内容から話し手の職場を推測します。12a で「従業員2人が品出し、2人がレジで接客」と言っているので、その場所が店舗であることがわかります。12b で「紳士服売り場や子供服売り場の品出しは考えないでおきましょう」と言っています。以降もwomen's clothing「婦人服」の接客といったキーワードが登場することから、話し手の職場は(D) clothing store「衣料品店」だとわかります。stock the shelvesは棚に商品を並べることで、(C)「倉庫」でもこの仕事があるかもしれませんが、レジでの接客は倉庫では考えられず、不正解です。

□ laboratory 名 研究所　□ warehouse 名 倉庫　□ clothing 名 衣服

---

13. 正解 **(D)**

人手が足りず困っている話し手はトークの終盤で 13「通常の終了時刻から1時間か2時間残業して、紳士服と子供服の品出しの手伝いをお願いするかもしれません」と言っています。つまり通常よりも長く働いてもらう可能性を示唆しているのでwork additional hours「より長く働く」と言い換えた(D)が正解です。(B)のexpediteは「～を迅速にする」という意味ですが、何かを発送する業務はここでは関連がないため、不正解です。

□ expedite 動 ～を迅速にする　□ additional 形 追加の

PART 4

260

Questions 14 through 16 refer to the following talk and graph.

M

The next item on the agenda for today's meeting is client visits. You've each been given the same amount to spend on travel and accommodation for salespeople at your respective offices. These funds are to be used when they visit clients and potential clients in regional areas. 14a When it comes to farm machinery, dependability is extremely important. 14b We need to build trust through face to face meetings with farm managers. 15a It appears that there's a link between the amount offices spend on travel and their yearly revenue. 15b The office with the highest revenue spent $3,000 on travel last year. 16 Every month from now on, I want to receive a travel report from each office. You should include the details of where the salespeople went, whom they spoke to, and any information that may help with future sales.

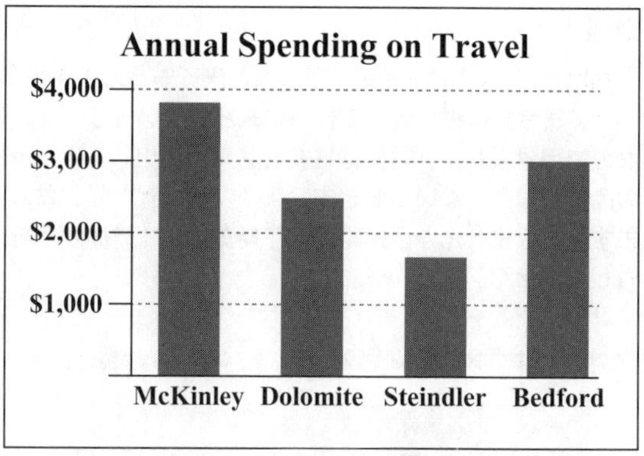

---

14. What kind of products does the speaker's company sell?

(A) Camping goods
(B) Office equipment
(C) Agricultural machinery
(D) Vehicle parts

話し手の会社はどんな製品を販売していますか？

(A) キャンプ用品
(B) 事務機器
(C) 農業機械
(D) 車両部品

---

15. Look at the graphic. Which office had the highest revenue for the year?

(A) McKinley
(B) Dolomite
(C) Steindler
(D) Bedford

図を見てください。その年で最も高い収益を上げたのはどの事業所ですか？

(A) McKinley
(B) Dolomite
(C) Steindler
(D) Bedford

---

16. What are listeners asked to do?

(A) Hire additional employees
(B) Comment on some promotional material
(C) Use public transportation
(D) Submit monthly reports

聞き手は何をすることを頼まれていますか？

(A) 追加で従業員を雇うこと。
(B) 販促資料に意見を述べること。
(C) 公共交通機関を利用すること。
(D) 月次報告書を提出すること。

問題14から16は次の話とグラフに関するものです。

男

今日の会議での次の議題は顧客訪問です。みなさんの事業所には営業担当員の旅費と宿泊費としてそれぞれ同じ額が支給されています。この資金は営業担当者が地方の顧客や見込み客を訪問することを目的に使用するものです。農業機械に関して言えば、信頼は非常に重要です。農場経営者との直接の話し合いを通して、信頼を築く必要があります。事業所が出張に費やす額と年間収益には関係があるようです。昨年最高収益を上げた事業所は出張に3,000ドルを費やしました。今後は毎月、各事業所には出張報告書の提出をお願いしたいと思います。営業担当者がどこへ行ったのか、誰と話したのか、ほかに今後の営業に役立ちそうな情報について報告書に記入してください。

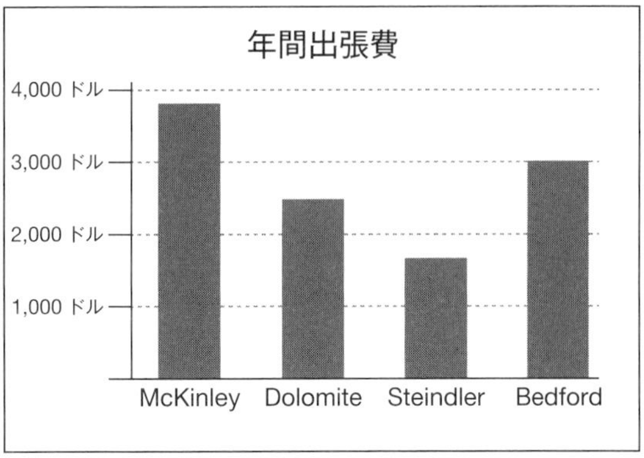

□ agenda 名 議題　□ respective 形 それぞれの　□ fund 名 資金　□ potential 形 潜在的な　□ regional 形 地方の
□ machinery 名 機械　□ dependability 名 信頼性　□ revenue 名 収益

14. 正解 **(C)**

会議で顧客訪問について話しています。14a で「農業機械に関して言えば、信頼は非常に重要」と言い、さらに 14b「農場経営者との直接の話し合いを通して、信頼を築く必要がある」と主張しています。よってfarm machinery「農業機械」をagricultural machineryと言い換えた(C)が正解です。

□ agricultural 形 農業の

15. 正解 **(D)**

選択肢には事業所名が並び、グラフは各事業所の年間出張費の支出額を示しています。トークを聞くときにはそれぞれの事業所のグラフの長さや支出金額に注目しましょう。15a で「事業所が出張に費やす額と年間収益には関係がある」と言い、その根拠として 15b「昨年最高収益を上げた事業所は出張に3,000ドルを費やした」と説明しています。グラフによると出張費に3,000ドル費やした事業所はBedfordなので(D)が正解です。最も出張費を支出した事業所を答えるのではないので(A)は不正解です。

16. 正解 **(D)**

トーク前半に「みなさんの事業所に営業担当員の旅費と宿泊費が支給されている」とあるので、各事業所の人たちが聞き手です。16 で「今後は毎月、各事業所から出張報告書を受け取りたい」と言っています。さらに次の文でYou should include ...と聞き手に向けて報告書に含める内容を説明しています。聞き手は毎月の出張報告書を提出することを求められているので(D)が正解です。

□ hire 動 ～を雇う　□ additional 形 追加の　□ promotional 形 販売促進の　□ transportation 名 交通機関
□ submit 動 ～を提出する

DAY 20
Words and Phrases

□ **recognize**

動詞 称える

recognize employees for their achievements
業績のよい社員を称える

□ **budget**

名詞 予算

submit a budget proposal
予算提案書を提出する

□ **board meeting**

役員会

report on the research at the board meeting
役員会で研究について報告する

□ **paperwork**

名詞 書類

fill out all the necessary paperwork
すべての必要書類に記入する

□ **oversee**

動詞 ～を監督する

oversee a regional store
地域店を監督する

解答一覧

LISTENING

No.	DAY 1	DAY 2	DAY 3	DAY 4	DAY 5	DAY 6	DAY 7	DAY 8	DAY 9	DAY 10
1	B	C	D	A	A	D	C	B	D	A
2	A	C	B	A	B	B	B	C	B	A
3	C	C	A	B	A	A	C	C	B	C
4	A	A	C	B	C	C	B	A	C	C
5	D	B	D	A	D	B	C	B	A	A
6	B	C	D	B	A	C	D	C	B	B
7	D	D	B	C	D	D	A	D	A	B
8	B	D	A	C	A	A	A	C	D	C
9	C	A	C	A	B	D	C	A	A	B
10	A	B	D	D	C	C	C	D	D	D
11	D	C	A	D	C	A	B	D	D	D
12	B	A	D	B	D	D	A	B	D	B
13	A	D	C	D	A	B	B	D	C	A
14	B	B	A	C	B	A	D	A	C	B
15	C	B	B	A	A	C	D	B	B	C
16	D	C	B	D	C	B	A	A	A	D

No.	DAY 11	DAY 12	DAY 13	DAY 14	DAY 15	DAY 16	DAY 17	DAY 18	DAY 19	DAY 20
1	B	D	A	C	C	B	D	D	B	C
2	B	A	A	A	A	C	B	C	B	A
3	B	B	A	B	C	A	A	C	A	B
4	A	A	C	B	A	B	B	A	B	B
5	D	D	C	A	D	C	C	B	C	A
6	A	B	D	B	A	A	D	A	A	B
7	C	A	A	C	D	D	B	D	A	C
8	A	C	B	C	B	D	D	D	D	C
9	B	B	D	C	D	C	C	A	D	A
10	C	C	C	D	C	A	A	C	C	D
11	B	D	A	D	B	B	A	C	C	B
12	D	D	D	B	C	B	D	C	A	D
13	C	C	B	D	A	C	B	D	B	D
14	C	B	C	D	B	D	C	B	D	C
15	B	B	B	A	C	D	D	D	C	D
16	D	A	B	D	B	B	A	A	B	D

著者紹介

渋谷奈津子 Natsuko Shibuya

事務機器メーカーに勤務後、コロンビア大学ティーチャーズカレッジにてTESOL（英語教授法）修士号取得。学習者が潜在的に持つ発信力を高めるための指導法を研究中。主な著書に『TOEIC® L&Rテスト　いきなり600点！』（アルク）、『出るとこ集中10日間！TOEIC® テスト読解編』（西東社）など。

工藤郁子 Ikuko Kudo

自動車部品メーカー勤務、英会話講師を経てTOEIC指導者に。現在は主に企業、大学などでTOEIC講座や個別のニーズに合わせたTOEIC指導をし、解き方理解と英語力アップを二本柱とした学習法を提案している。共著に「TOEIC® テスト基本例文700選」（アルク）、「TOEIC® L&Rテスト基本単語帳」（研究社）、解説執筆に「TOEIC® L&Rテスト究極の模試600問+」（アルク）など。

翻訳協力	河野伸治
装丁・本文デザイン	斎藤 啓（ブッダプロダクションズ）
写真提供	Photos by PeopleImages, praetorianphoto, David-Prado, tomazl, franckreporter / iStock （本冊p.10, 34, 82, 94, 130, 142, 別冊p.3, 15, 39, 45, 63, 69） T.W. van Urk, SeventyFour / shutterstock （本冊p.106, 154, 別冊p.50, 75） その他の写真は渋谷奈津子、工藤郁子、工藤一基
音源制作	株式会社 巧芸創作
ナレーター	Andree Dufleit, Guy Perryman, Howard Colefield, Josh Keller, Sarah Greaves

テーマ別 ミニ模試20 TOEIC® L&R テスト リスニング

2020年11月30日　初版第１刷発行

著者	渋谷奈津子　工藤郁子
発行者	藤嵜政子
発行所	株式会社　スリーエーネットワーク 〒102-0083 東京都千代田区麹町3丁目4番 トラスティ麹町ビル2F 電話：03-5275-2722［営業］ 03-5275-2726［編集］ https://www.3anet.co.jp/
印刷・製本	日経印刷株式会社

Printed in Japan
ISBN 978-4-88319-872-6 C0082

テーマ別　ミニ模試20
TOEIC® L&R テスト
リスニング

問題編

20 DAYS LISTENING

*L & R means LISTENING AND READING.
TOEIC is a registered trademark of Educational Testing Service (ETS). This publication is not endorsed or approved by ETS.

渋谷奈津子
工藤郁子

音声MP3ダウンロード

スリーエーネットワーク

DAY 1

001 Listening Test

Your ability to comprehend spoken English is measured in the Listening Test. The Test has four parts. You will find instructions in each part. Write your answers on the separate answer sheet, not in the test book.

PART 1

002 Directions:

There is a picture in your test book and you will hear four comments made about it. Decide which of the four comments you hear best illustrates what is happening in the picture. Then select your answer and mark it on your answer sheet. The comments are not in your test book and will only be said once.

As comment (C), "The woman is painting a picture," best illustrates what is happening, this should be your answer.

003

1.

PART 2

004 Directions:

You will hear a question or comment, followed by three replies. You will only hear them once and they cannot be found in your test book. Out of the three replies, select the most appropriate answer and mark it on your answer sheet, (A), (B) or (C).

005 **2.** Mark your answer on your answer sheet.

006 **3.** Mark your answer on your answer sheet.

007 **4.** Mark your answer on your answer sheet.

GO ON TO THE NEXT PAGE

PART 3

008 Directions:
You will hear a number of dialogues between two or more people and be asked three questions about the content of each dialogue. Select the most appropriate answers and mark them on your answer sheet, (A), (B), (C), or (D).

009

5. What is the purpose of the call?

(A) To request some repairs
(B) To place an order
(C) To invite a colleague
(D) To report a mistake

6. What will happen at the man's company this weekend?

(A) A product launch
(B) A photography shoot
(C) An art exhibition
(D) A company banquet

7. When does the woman say the package will arrive?

(A) This morning
(B) This afternoon
(C) Tomorrow morning
(D) Tomorrow afternoon

010

8. Where do the speakers most likely work?

(A) At an auto parts store
(B) At a souvenir store
(C) At a bookstore
(D) At a café

9. What do the women say about the defective products?

(A) They have positive reviews.
(B) They have been selling well.
(C) There are a lot left.
(D) The warranty period has expired.

10. What does the man say he will do?

(A) Contact a manufacturer
(B) Carry out some repairs
(C) Offer a discount
(D) Arrange express shipping

PART 4

011 Directions:
A number of talks will be given by various people, and you will be asked three questions about the content of each talk. Select the most appropriate answers and mark them on your answer sheet, (A), (B), (C), or (D).

012

11. What kind of product is the speaker calling about?

(A) An automobile
(B) A computer
(C) A piece of clothing
(D) An air conditioner

12. What does the speaker say about the product?

(A) It is a recent model.
(B) It has a good reputation.
(C) It is difficult to use.
(D) It is very expensive.

13. Why is the listener asked to return the call?

(A) To arrange an appointment
(B) To make a complaint
(C) To provide a model number
(D) To talk with a salesperson

013

14. When is the announcement being broadcast?

(A) In the morning
(B) At noon
(C) In the afternoon
(D) At night

15. Why does the speaker say, "We've been promoting it for months"?

(A) He expects many people to attend the event.
(B) He thinks people are tired of hearing about an event.
(C) He regrets that the event will not be held.
(D) He believes the event will be very exciting.

16. What are listeners with tickets advised to do?

(A) Read an e-mail from the event promoters
(B) Call the ticket seller to discuss refunds
(C) Check the schedules for public transportation
(D) Wait for an opportunity to exchange them

NO TEST MATERIAL ON THIS PAGE

DAY 2

014 Listening Test

Your ability to comprehend spoken English is measured in the Listening Test. The Test has four parts. You will find instructions in each part. Write your answers on the separate answer sheet, not in the test book.

PART 1

015 Directions:

There is a picture in your test book and you will hear four comments made about it. Decide which of the four comments you hear best illustrates what is happening in the picture. Then select your answer and mark it on your answer sheet. The comments are not in your test book and will only be said once.

As comment (C), "The woman is painting a picture," best illustrates what is happening, this should be your answer.

016

1.

PART 2

017 Directions:

You will hear a question or comment, followed by three replies. You will only hear them once and they cannot be found in your test book. Out of the three replies, select the most appropriate answer and mark it on your answer sheet, (A), (B) or (C).

018 **2.** Mark your answer on your answer sheet.

019 **3.** Mark your answer on your answer sheet.

020 **4.** Mark your answer on your answer sheet.

GO ON TO THE NEXT PAGE

PART 3

021 Directions:

You will hear a number of dialogues between two or more people and be asked three questions about the content of each dialogue. Select the most appropriate answers and mark them on your answer sheet, (A), (B), (C), or (D).

022

5. Where does the conversation most likely take place?

(A) At an advertising agency
(B) At an appliance store
(C) At a health food store
(D) At a car dealership

6. What does the woman say about products with a gold sticker?

(A) They are easy to use.
(B) They are very cheap.
(C) They are energy-efficient.
(D) They have an extended warranty.

7. What does the man ask about?

(A) The launch date
(B) The size
(C) The shipping costs
(D) The warranty

023

Schedule

Monday	Morning Section Meetings
Tuesday	Summer Sale (Day 1)
Wednesday	Summer Sale (Day 2)
Thursday	Fall Fashion Shipments arrive

8. What does the man offer to do?

(A) Place an advertisement
(B) Investigate new products
(C) Call mall management
(D) Send a memo

9. Look at the graphic. On what day will the employees be asked to work later than usual?

(A) Monday
(B) Tuesday
(C) Wednesday
(D) Thursday

10. What does the woman say she will do?

(A) Order some decorations
(B) Take a vacation
(C) Contact head office
(D) Reschedule a delivery

024 Directions:
A number of talks will be given by various people, and you will be asked three questions about the content of each talk. Select the most appropriate answers and mark them on your answer sheet, (A), (B), (C), or (D).

025

11. Where most likely does the speaker work?

(A) At a flower shop
(B) At a supermarket
(C) At a furniture store
(D) At a real estate agency

12. What is the value of the coupon Mr. Hartman qualifies for?

(A) $50
(B) $100
(C) $500
(D) $1,000

13. What does the speaker recommend doing?

(A) Filling out a form
(B) Reading a warranty
(C) Attending a workshop
(D) Contacting the store soon

026

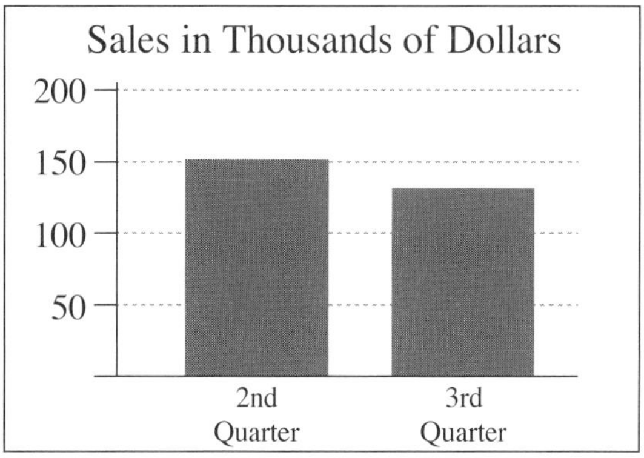

14. According to the speaker, how often is the meeting held?

(A) Once a week
(B) Once a month
(C) Once a quarter
(D) Once a year

15. Look at the graphic. Which department's sales does the chart show?

(A) Menswear
(B) Women's apparel
(C) Kitchen appliances
(D) Toys

16. What does the speaker say will happen next month?

(A) The store's operating hours will change.
(B) Some new products will arrive.
(C) A department will be expanded.
(D) A new manager will take over.

NO TEST MATERIAL ON THIS PAGE

DAY 3

027 Listening Test

Your ability to comprehend spoken English is measured in the Listening Test. The Test has four parts. You will find instructions in each part. Write your answers on the separate answer sheet, not in the test book.

PART 1

028 Directions:

There is a picture in your test book and you will hear four comments made about it. Decide which of the four comments you hear best illustrates what is happening in the picture. Then select your answer and mark it on your answer sheet. The comments are not in your test book and will only be said once.

As comment (C), "The woman is painting a picture," best illustrates what is happening, this should be your answer.

029
1.

DAY 3

PART 2

030 Directions:

You will hear a question or comment, followed by three replies. You will only hear them once and they cannot be found in your test book. Out of the three replies, select the most appropriate answer and mark it on your answer sheet, (A), (B) or (C).

031 **2.** Mark your answer on your answer sheet.

032 **3.** Mark your answer on your answer sheet.

033 **4.** Mark your answer on your answer sheet.

GO ON TO THE NEXT PAGE

PART 3

034 Directions:

You will hear a number of dialogues between two or more people and be asked three questions about the content of each dialogue. Select the most appropriate answers and mark them on your answer sheet, (A), (B), (C), or (D).

035

5. What are the speakers mainly discussing?

(A) Selecting candidates
(B) Preparing a résumé
(C) Advertising a service
(D) Applying for a position

6. When will the woman meet with Mr. Hill?

(A) This morning
(B) This afternoon
(C) Tomorrow morning
(D) Tomorrow afternoon

7. What does the man advise the woman to do?

(A) Take a train
(B) Leave early
(C) Check a business directory
(D) Prepare some questions

036

8. What will Mr. Wallace probably do next month?

(A) Start a new position
(B) Be promoted to manager
(C) Go on a business trip
(D) Interview job applicants

9. What do the men say about Maxine Lin?

(A) She has a new qualification.
(B) She has requested a vacation.
(C) She is ready for a promotion.
(D) She is a company founder.

10. What does the woman say she will do?

(A) Reserve some accommodation
(B) Update her résumé
(C) Revise a schedule
(D) Send an e-mail

PART 4

037 Directions:

A number of talks will be given by various people, and you will be asked three questions about the content of each talk. Select the most appropriate answers and mark them on your answer sheet, (A), (B), (C), or (D).

038

11. Who most likely are the listeners?

(A) New hires
(B) Investors
(C) Tourists
(D) Gardening enthusiasts

12. What does the speaker suggest listeners do?

(A) Compare some products
(B) Improve product design
(C) Try on some clothing
(D) Look at an employee manual

13. According to the speaker, where will the tour end?

(A) At a conference room
(B) At some accommodations
(C) At a cafeteria
(D) At an administration office

039

14. In which department will Mr. Armstrong most likely work?

(A) Accounting
(B) Sales
(C) Human resources
(D) Administration

15. What has been scheduled for Monday?

(A) A sales event
(B) A welcome party
(C) An orientation session
(D) A cooking demonstration

16. What does the speaker say about Ms. Depesto?

(A) She will leave the company in May.
(B) She has transferred to another office.
(C) She is looking forward to retirement.
(D) She paid for some refreshments.

NO TEST MATERIAL ON THIS PAGE

DAY 4

040 Listening Test

Your ability to comprehend spoken English is measured in the Listening Test. The Test has four parts. You will find instructions in each part. Write your answers on the separate answer sheet, not in the test book.

PART 1

041 Directions:

There is a picture in your test book and you will hear four comments made about it. Decide which of the four comments you hear best illustrates what is happening in the picture. Then select your answer and mark it on your answer sheet. The comments are not in your test book and will only be said once.

As comment (C), "The woman is painting a picture," best illustrates what is happening, this should be your answer.

042
1.

DAY 4

PART 2

043 **Directions:**
You will hear a question or comment, followed by three replies. You will only hear them once and they cannot be found in your test book. Out of the three replies, select the most appropriate answer and mark it on your answer sheet, (A), (B) or (C).

044 **2.** Mark your answer on your answer sheet.

045 **3.** Mark your answer on your answer sheet.

046 **4.** Mark your answer on your answer sheet.

GO ON TO THE NEXT PAGE

PART 3

047 Directions:

You will hear a number of dialogues between two or more people and be asked three questions about the content of each dialogue. Select the most appropriate answers and mark them on your answer sheet, (A), (B), (C), or (D).

048

5. Where most likely does the man work?

(A) At a restaurant
(B) At an amusement park
(C) At a government building
(D) At a dental clinic

6. What does the woman say about the delivery?

(A) It is more expensive than usual.
(B) It might be late.
(C) It will be carried out by a new company.
(D) It is scheduled weekly.

7. What does the man say he will do next?

(A) Interview an applicant
(B) Send an invoice
(C) Speak with a coworker
(D) Call a customer

049

8. What do the women say about the carpet?

(A) It is too large.
(B) It is worn out.
(C) It does not suit the room.
(D) It needs special cleaning products.

9. Why is the man concerned?

(A) The budget is limited.
(B) Some important guests will arrive.
(C) A product cannot be returned.
(D) Product quality may have dropped.

10. When will the speakers probably go shopping?

(A) This morning
(B) This afternoon
(C) This evening
(D) Tomorrow morning

PART 4

050 Directions:
A number of talks will be given by various people, and you will be asked three questions about the content of each talk. Select the most appropriate answers and mark them on your answer sheet, (A), (B), (C), or (D).

051

11. What problem does the speaker mention?
(A) Tickets are too expensive.
(B) The wrong ticket price was marked.
(C) Some goods are faulty.
(D) Product stocks are low.

12. What is the listener asked to do?
(A) Consider joining a club
(B) Arrange express delivery
(C) Proofread a brochure
(D) Confirm a price estimate

13. Where does the speaker say she will go this afternoon?
(A) To a factory
(B) To a hospital
(C) To a college
(D) To a stadium

052

14. What kind of business does the speaker work for?
(A) A fresh food market
(B) A car dealership
(C) A hardware store
(D) An appliance store

15. What does the speaker ask the listener to do?
(A) Visit the store
(B) Read a user's manual
(C) Access the Web site
(D) Present a coupon

16. What time will the store close today?
(A) At 4:00 P.M.
(B) At 6:00 P.M.
(C) At 7:00 P.M.
(D) At 9:00 P.M.

NO TEST MATERIAL ON THIS PAGE

DAY 5

053 Listening Test

Your ability to comprehend spoken English is measured in the Listening Test. The Test has four parts. You will find instructions in each part. Write your answers on the separate answer sheet, not in the test book.

PART 1

054 Directions:

There is a picture in your test book and you will hear four comments made about it. Decide which of the four comments you hear best illustrates what is happening in the picture. Then select your answer and mark it on your answer sheet. The comments are not in your test book and will only be said once.

As comment (C), "The woman is painting a picture," best illustrates what is happening, this should be your answer.

055

1.

PART 2

056 Directions:

You will hear a question or comment, followed by three replies. You will only hear them once and they cannot be found in your test book. Out of the three replies, select the most appropriate answer and mark it on your answer sheet, (A), (B) or (C).

057 **2.** Mark your answer on your answer sheet.

058 **3.** Mark your answer on your answer sheet.

059 **4.** Mark your answer on your answer sheet.

GO ON TO THE NEXT PAGE

PART 3

060 Directions:

You will hear a number of dialogues between two or more people and be asked three questions about the content of each dialogue. Select the most appropriate answers and mark them on your answer sheet, (A), (B), (C), or (D).

061

5. Where does the woman most likely work?
(A) At a hair salon
(B) At a movie theater
(C) At a supermarket
(D) At a restaurant

6. What does the woman suggest?
(A) Coming later in the evening
(B) Viewing a Web site
(C) Checking an advertisement
(D) Introducing a friend

7. What does the man say he will do?
(A) Drop by a store
(B) Charge his mobile phone
(C) Cancel an order
(D) Call the woman again

062

8. Where most likely does the conversation take place?
(A) At a hotel
(B) At a restaurant
(C) At a travel agency
(D) At a bookstore

9. What does the woman ask about?
(A) The delivery charges
(B) The opening hours
(C) Room availability
(D) Menu options

10. What does the woman say she will do?
(A) Invite a colleague
(B) Change a reservation
(C) Call the man
(D) Read a review

PART 4

063 **Directions:**

A number of talks will be given by various people, and you will be asked three questions about the content of each talk. Select the most appropriate answers and mark them on your answer sheet, (A), (B), (C), or (D).

064

11. What is the advertisement for?

(A) A trade show
(B) A circus
(C) A cruise
(D) An investment opportunity

12. Who is Randy Silk?

(A) A scientist
(B) A business expert
(C) A company representative
(D) A performer

13. According to the advertisement, how can people learn more about the event?

(A) By calling an information line
(B) By accessing a Web site
(C) By visiting a store
(D) By attending an information session

065

SpectacuLand

Rides Closed for Safety Inspections

Monday	The Triple Twister
Tuesday	The Joy Rider
Wednesday..........	The Mega Theater
Thursday..............	The Gravity Crusher
Friday..................	The Flying Aces

14. Who most likely is the intended audience for the announcement?

(A) Radio listeners
(B) Amusement park visitors
(C) Customer service staff
(D) Entertainers

15. Look at the graphic. On what day is the announcement most likely being made?

(A) On a Monday
(B) On a Tuesday
(C) On a Thursday
(D) On a Friday

16. According to the speaker, what is newly available?

(A) Guided tours
(B) Free beverages
(C) Sheltered parking
(D) Printed T-shirts

NO TEST MATERIAL ON THIS PAGE

DAY 6

066 Listening Test

Your ability to comprehend spoken English is measured in the Listening Test. The Test has four parts. You will find instructions in each part. Write your answers on the separate answer sheet, not in the test book.

PART 1

067 Directions:

There is a picture in your test book and you will hear four comments made about it. Decide which of the four comments you hear best illustrates what is happening in the picture. Then select your answer and mark it on your answer sheet. The comments are not in your test book and will only be said once.

As comment (C), "The woman is painting a picture," best illustrates what is happening, this should be your answer.

068

1.

PART 2

069 **Directions:**

You will hear a question or comment, followed by three replies. You will only hear them once and they cannot be found in your test book. Out of the three replies, select the most appropriate answer and mark it on your answer sheet, (A), (B) or (C).

070 **2.** Mark your answer on your answer sheet.

071 **3.** Mark your answer on your answer sheet.

072 **4.** Mark your answer on your answer sheet.

GO ON TO THE NEXT PAGE

PART 3

073 Directions:

You will hear a number of dialogues between two or more people and be asked three questions about the content of each dialogue. Select the most appropriate answers and mark them on your answer sheet, (A), (B), (C), or (D).

074

5. Why was the company contacted?

(A) To construct a storeroom
(B) To repair a leak
(C) To clean a garden
(D) To install an appliance

6. What does the man agree to do?

(A) Call a supplier
(B) Place an advertisement
(C) Test some equipment
(D) Clean a workshop

7. What does the woman offer to do tomorrow?

(A) Attend a conference
(B) Take a vacation
(C) Host a party
(D) Go shopping

075

8. What will happen on Friday?

(A) Some equipment will be inspected.
(B) A staff member will give a presentation.
(C) Some construction work will start.
(D) An election will be held.

9. What does the woman say she will do?

(A) Speak with an architect
(B) Take a day off work
(C) Change some schedules
(D) Contact some staff members

10. What does the man suggest?

(A) Buying some new furniture
(B) Holding a customer appreciation event
(C) Using a shared meeting space
(D) Hiring a team of cleaners

PART 4

076 Directions:

A number of talks will be given by various people, and you will be asked three questions about the content of each talk. Select the most appropriate answers and mark them on your answer sheet, (A), (B), (C), or (D).

077

11. Where does the speaker work?

(A) At an automobile repair shop
(B) At an air-conditioning installation company
(C) At a print shop
(D) At a tailor

12. What does the speaker want the listener to do?

(A) Pick up some belongings
(B) Indicate a color preference
(C) Deliver some documents
(D) Approve an additional cost

13. What does the speaker say she will do?

(A) Call a mobile phone
(B) Order a part
(C) Send a price estimate
(D) Schedule an appointment

078

14. Where does the announcement most likely take place?

(A) At an office
(B) At a restaurant
(C) At a hotel
(D) At an amusement park

15. According to the speaker, what is the problem?

(A) The electricity was disconnected.
(B) The computer network is down.
(C) A pipe is blocked.
(D) An appliance is broken.

16. What does the speaker mean when she says, "it doesn't look good"?

(A) She worries what some clients will think.
(B) She expects some work to take a long time.
(C) She does not like a suggested design.
(D) She has chosen the wrong color.

NO TEST MATERIAL ON THIS PAGE

DAY 7

079 Listening Test

Your ability to comprehend spoken English is measured in the Listening Test. The Test has four parts. You will find instructions in each part. Write your answers on the separate answer sheet, not in the test book.

PART 1

080 Directions:

There is a picture in your test book and you will hear four comments made about it. Decide which of the four comments you hear best illustrates what is happening in the picture. Then select your answer and mark it on your answer sheet. The comments are not in your test book and will only be said once.

As comment (C), "The woman is painting a picture," best illustrates what is happening, this should be your answer.

081

1.

PART 2

082 Directions:

You will hear a question or comment, followed by three replies. You will only hear them once and they cannot be found in your test book. Out of the three replies, select the most appropriate answer and mark it on your answer sheet, (A), (B) or (C).

DAY 7

083 **2.** Mark your answer on your answer sheet.

084 **3.** Mark your answer on your answer sheet.

085 **4.** Mark your answer on your answer sheet.

GO ON TO THE NEXT PAGE

PART 3

086 Directions:

You will hear a number of dialogues between two or more people and be asked three questions about the content of each dialogue. Select the most appropriate answers and mark them on your answer sheet, (A), (B), (C), or (D).

087

5. What is the purpose of the man's trip?

(A) To promote some medical products
(B) To inspect a factory
(C) To finalize a tour schedule
(D) To photograph a historical site

6. What does the woman ask about?

(A) The departure date
(B) The cost of airline tickets
(C) The accommodation arrangements
(D) The length of the trip

7. What does the man say he will do next year?

(A) Retire from the company
(B) Move to the Paris office
(C) Hire an assistant
(D) Lead a training workshop

088

8. What is the purpose of the call?

(A) To reschedule an appointment
(B) To reserve some accommodation
(C) To invite a coworker on a trip
(D) To announce a hiring decision

9. What does the man ask about?

(A) A job description
(B) An office location
(C) A return date
(D) A project budget

10. What does the man mean when he says, "I'll see what I can do"?

(A) He is going to take a practical examination.
(B) He is looking forward to taking a new position.
(C) He will try to accommodate the woman's request.
(D) He is going to cancel a business trip.

PART 4

089 Directions:
A number of talks will be given by various people, and you will be asked three questions about the content of each talk. Select the most appropriate answers and mark them on your answer sheet, (A), (B), (C), or (D).

090

11. What is the speaker announcing?
(A) The hiring of a new employee
(B) A change in company policy
(C) The purchase of a company car
(D) An update to a travel schedule

12. Who most likely are the listeners?
(A) Sales representatives
(B) Equipment technicians
(C) Training officers
(D) Car mechanics

13. According to the speaker, what can people download from the server?
(A) A map
(B) A form
(C) Product specifications
(D) Employee contact information

091

14. Where most likely is the speaker?
(A) At a hotel
(B) At a stadium
(C) On a train
(D) At an airport

15. What is the purpose of the speaker's trip?
(A) To meet an applicant
(B) To sign a contract
(C) To inspect a factory
(D) To give a presentation

16. What is the listener asked to do?
(A) Rearrange a schedule
(B) Review some documents
(C) Pay an invoice
(D) Rent a vehicle

NO TEST MATERIAL ON THIS PAGE

DAY 8

092 Listening Test

Your ability to comprehend spoken English is measured in the Listening Test. The Test has four parts. You will find instructions in each part. Write your answers on the separate answer sheet, not in the test book.

PART 1

093 Directions:

There is a picture in your test book and you will hear four comments made about it. Decide which of the four comments you hear best illustrates what is happening in the picture. Then select your answer and mark it on your answer sheet. The comments are not in your test book and will only be said once.

As comment (C), "The woman is painting a picture," best illustrates what is happening, this should be your answer.

094

1.

PART 2

095 **Directions:**

You will hear a question or comment, followed by three replies. You will only hear them once and they cannot be found in your test book. Out of the three replies, select the most appropriate answer and mark it on your answer sheet, (A), (B) or (C).

096 **2.** Mark your answer on your answer sheet.

097 **3.** Mark your answer on your answer sheet.

098 **4.** Mark your answer on your answer sheet.

GO ON TO THE NEXT PAGE

PART 3

099 Directions:
You will hear a number of dialogues between two or more people and be asked three questions about the content of each dialogue. Select the most appropriate answers and mark them on your answer sheet, (A), (B), (C), or (D).

100

5. What is the main topic of the conversation?
(A) An employee banquet
(B) Training new employees
(C) Launching a marketing campaign
(D) Job interviews

6. What does the man ask about?
(A) The budget
(B) The duration
(C) The dates
(D) The guest list

7. What does the man say he has to do?
(A) Submit a report
(B) Make a speech
(C) Request a discount
(D) Take a trip

101

Seminar Speakers

First Speaker	Randall Day
Second Speaker	Coleen Geertz
Third Speaker	Oliver Smith
Fourth Speaker	Kerry Kason

8. What is the topic of the seminar?
(A) Research
(B) Finance
(C) Marketing
(D) Design

9. Who most likely is the woman?
(A) An event organizer
(B) A ticket holder
(C) A venue manager
(D) A public speaker

10. Look at the graphic. Which speaker will be replaced?
(A) Randall Day
(B) Coleen Geertz
(C) Oliver Smith
(D) Kerry Kason

PART 4

102 Directions:

A number of talks will be given by various people, and you will be asked three questions about the content of each talk. Select the most appropriate answers and mark them on your answer sheet, (A), (B), (C), or (D).

103

11. What is the seminar about?

(A) Using social media
(B) Customer service
(C) Finding employment
(D) Accounting software

12. What are the listeners asked to do?

(A) Access a Web site
(B) Take out their computers
(C) Watch a video
(D) Fill out a form

13. What does the speaker say he will do next?

(A) Install some software
(B) Hand out name badges
(C) Introduce a colleague
(D) Provide a password

104

14. Where does the talk most likely take place?

(A) At a medical conference
(B) At an awards ceremony
(C) At a product demonstration
(D) At an employee orientation

15. What does the speaker say she is looking forward to?

(A) Listening to a presentation
(B) Receiving evaluation
(C) Meeting some contributors
(D) Presenting an award

16. What will the speaker probably do next?

(A) Answer some questions
(B) Recommend a class
(C) Distribute a survey
(D) Show some photographs

NO TEST MATERIAL ON THIS PAGE

DAY 9

105 Listening Test

Your ability to comprehend spoken English is measured in the Listening Test. The Test has four parts. You will find instructions in each part. Write your answers on the separate answer sheet, not in the test book.

PART 1

106 Directions:

There is a picture in your test book and you will hear four comments made about it. Decide which of the four comments you hear best illustrates what is happening in the picture. Then select your answer and mark it on your answer sheet. The comments are not in your test book and will only be said once.

As comment (C), "The woman is painting a picture," best illustrates what is happening, this should be your answer.

107

1.

PART 2

108 **Directions:**

You will hear a question or comment, followed by three replies. You will only hear them once and they cannot be found in your test book. Out of the three replies, select the most appropriate answer and mark it on your answer sheet, (A), (B) or (C).

109 **2.** Mark your answer on your answer sheet.

110 **3.** Mark your answer on your answer sheet.

111 **4.** Mark your answer on your answer sheet.

GO ON TO THE NEXT PAGE

PART 3

112 Directions:

You will hear a number of dialogues between two or more people and be asked three questions about the content of each dialogue. Select the most appropriate answers and mark them on your answer sheet, (A), (B), (C), or (D).

113

5. What does the woman say about the August 15 advertisement?

(A) It was not effective.
(B) It appeared on the wrong day.
(C) It cost too much.
(D) It contained an error.

6. Where do the speakers most likely work?

(A) At a real estate agency
(B) At a gardening company
(C) At an appliance store
(D) At a newspaper company

7. What does the man suggest they do?

(A) Update an advertisement
(B) Grow some vegetables
(C) Participate in an event
(D) Move to a new location

114

8. Which department needs a new director?

(A) Human resources
(B) Shipping
(C) Marketing
(D) Customer service

9. What requirement does the man mention?

(A) Strong references
(B) Relevant experience
(C) Industry certificates
(D) A driver's license

10. What does the woman say she will do?

(A) Promote an employee
(B) Call a colleague
(C) Read a job description
(D) Place an advertisement

PART 4

115 Directions:

A number of talks will be given by various people, and you will be asked three questions about the content of each talk. Select the most appropriate answers and mark them on your answer sheet, (A), (B), (C), or (D).

116

11. What type of event is being advertised?

(A) A nature hike
(B) A fashion show
(C) A comedy performance
(D) An outdoor concert

12. What can people who register receive?

(A) Discount tickets
(B) Invitations to previews
(C) Free parking
(D) A newsletter

13. According to the speaker, what should people interested in taking part do?

(A) Call an organizer
(B) Send an application
(C) Attend an audition
(D) Buy appropriate clothing

117

14. What is the advertisement for?

(A) A piece of clothing
(B) A cleaning device
(C) A motor vehicle
(D) A piece of land

15. How can people get a discount?

(A) By visiting a retail store
(B) By placing an advance order
(C) By entering a competition
(D) By using a member's card

16. Why does the speaker say, "There's already a waiting list"?

(A) To encourage people to order immediately
(B) To announce the commencement of a new system
(C) To explain why some delays have occurred
(D) To highlight one of the benefits of the product

NO TEST MATERIAL ON THIS PAGE

DAY 10

118 Listening Test

Your ability to comprehend spoken English is measured in the Listening Test. The Test has four parts. You will find instructions in each part. Write your answers on the separate answer sheet, not in the test book.

PART 1

119 Directions:

There is a picture in your test book and you will hear four comments made about it. Decide which of the four comments you hear best illustrates what is happening in the picture. Then select your answer and mark it on your answer sheet. The comments are not in your test book and will only be said once.

As comment (C), "The woman is painting a picture," best illustrates what is happening, this should be your answer.

120

1.

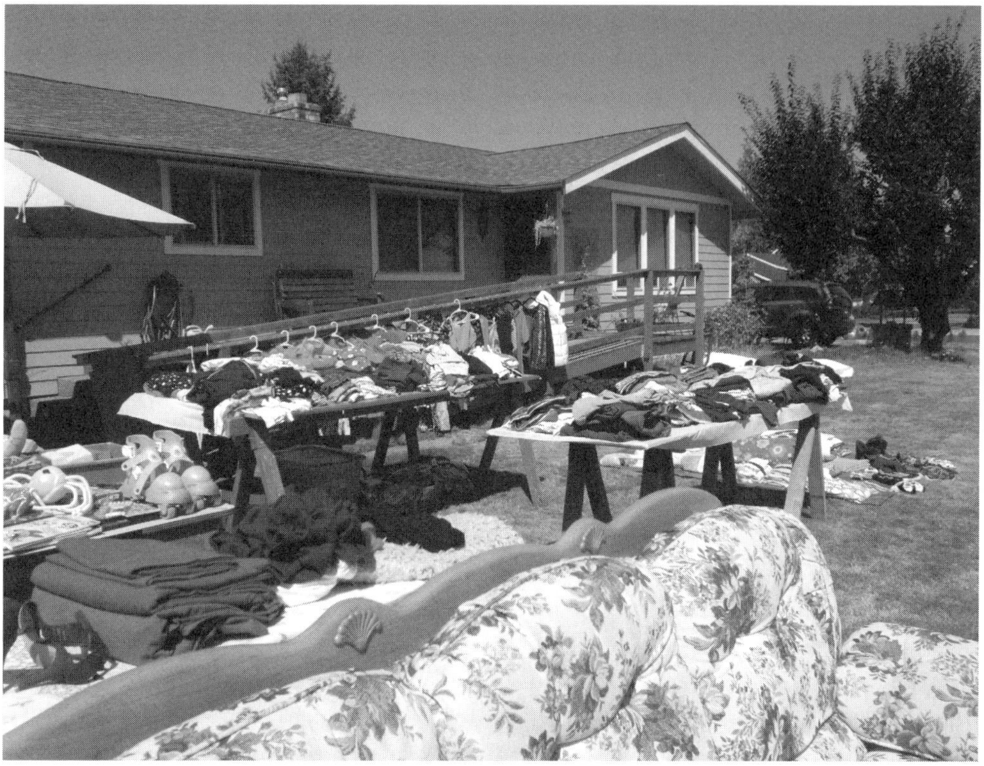

PART 2

121 Directions:

You will hear a question or comment, followed by three replies. You will only hear them once and they cannot be found in your test book. Out of the three replies, select the most appropriate answer and mark it on your answer sheet, (A), (B) or (C).

122 **2.** Mark your answer on your answer sheet.

123 **3.** Mark your answer on your answer sheet.

124 **4.** Mark your answer on your answer sheet.

GO ON TO THE NEXT PAGE

PART 3

125 **Directions:**
You will hear a number of dialogues between two or more people and be asked three questions about the content of each dialogue. Select the most appropriate answers and mark them on your answer sheet, (A), (B), (C), or (D).

126

5. Where do the speakers most likely work?

(A) At a library
(B) At a shopping mall
(C) At a bookstore
(D) At a recycling center

6. What does the man say about Harper's Used Books?

(A) It has hired a new manager.
(B) It has been relocated.
(C) It is expanding.
(D) It is having a sale.

7. When will the woman most likely visit the store?

(A) This morning
(B) This afternoon
(C) Tomorrow morning
(D) Tomorrow afternoon

127

8. What is the topic of the conversation?

(A) Training new employees
(B) Updating a product design
(C) Funding a sports team
(D) Participating in a competition

9. What does the woman say she will do?

(A) Call an event organizer
(B) Speak with a team representative
(C) Advertise a position
(D) Order some clothing

10. What does the man mean when he says, "Even better"?

(A) He would like to hear other ideas.
(B) He would like to schedule more training.
(C) He does not understand what the woman means.
(D) He agrees with the woman's suggestion.

PART 4

128 **Directions:**

A number of talks will be given by various people, and you will be asked three questions about the content of each talk. Select the most appropriate answers and mark them on your answer sheet, (A), (B), (C), or (D).

129

11. What does the speaker thank the listeners for?

(A) Donating some money
(B) Providing advice
(C) Introducing some clients
(D) Devoting their time

12. What does the speaker mention about the Brighton Fun Run?

(A) It will be held indoors for the first time.
(B) It has been attracting larger audiences.
(C) It has a long history.
(D) It is held once a year.

13. What will most likely happen next?

(A) Some musicians will perform.
(B) Winners will be announced.
(C) Some food will be served.
(D) An athlete will give a lecture.

130

14. Who most likely is the speaker?

(A) A salesperson
(B) A professor
(C) A business owner
(D) A photographer

15. According to the speaker, what event was held recently?

(A) A company banquet
(B) A gallery opening
(C) An art competition
(D) A city marathon

16. What does the speaker suggest the listener do?

(A) Purchase some art
(B) Send in an application
(C) Make a reservation
(D) View a Web site

NO TEST MATERIAL ON THIS PAGE

DAY 11

131 Listening Test

Your ability to comprehend spoken English is measured in the Listening Tes. The Test has four parts. You will find instructions in each part. Write your answers on the separate answer sheet, not in the test book.

PART 1

132 Directions:

There is a picture in your test book and you will hear four comments made about it. Decide which of the four comments you hear best illustrates what is happening in the picture. Then select your answer and mark it on your answer sheet. The comments are not in your test book and will only be said once.

As comment (C), "The woman is painting a picture," best illustrates what is happening, this should be your answer.

133

1.

PART 2

134 Directions:

You will hear a question or comment, followed by three replies. You will only hear them once and they cannot be found in your test book. Out of the three replies, select the most appropriate answer and mark it on your answer sheet, (A), (B) or (C).

135 **2.** Mark your answer on your answer sheet.

136 **3.** Mark your answer on your answer sheet.

137 **4.** Mark your answer on your answer sheet.

GO ON TO THE NEXT PAGE

PART 3

138 Directions:

You will hear a number of dialogues between two or more people and be asked three questions about the content of each dialogue. Select the most appropriate answers and mark them on your answer sheet, (A), (B), (C), or (D).

139

5. Where does the woman most likely work?

(A) At a library
(B) At a university
(C) At a printing company
(D) At a bookstore

6. Why is the woman calling the man?

(A) To ask him to make a repair
(B) To announce that an order has arrived
(C) To explain a delivery delay
(D) To offer to purchase a book

7. What will the woman most likely do this afternoon?

(A) Make a payment
(B) Return some books
(C) Host an event
(D) Submit some documents

140

8. What is the company likely to do soon?

(A) Update one of its publications
(B) Open a new office
(C) Choose a new supplier
(D) Discontinue a product

9. What does the man suggest?

(A) Inviting some experts
(B) Conducting a survey
(C) Downloading some software
(D) Hiring a new employee

10. According to the man, what is scheduled for tomorrow?

(A) A sales event
(B) A book launch
(C) A meeting
(D) A vacation

141 Directions:

A number of talks will be given by various people, and you will be asked three questions about the content of each talk. Select the most appropriate answers and mark them on your answer sheet, (A), (B), (C), or (D).

142

11. Where does the talk most likely take place?

(A) In a department store
(B) At radio station
(C) At a publishing house
(D) In a showroom

12. What is the purpose of Ms. Moreton's visit?

(A) To discuss an upcoming film
(B) To request assistance from volunteers
(C) To sign a contract
(D) To promote a publication

13. What are listeners invited to do?

(A) Take part in a competition
(B) Share their stories
(C) Ask some questions
(D) Register as members

143

Table of Contents

Page 4	The History of Golf
Page 7	The Rules of Golf
Page 11	Choosing Equipment
Page 21	What to Wear

14. Who most likely is the speaker?

(A) An athlete
(B) An author
(C) An editor
(D) A coach

15. Look at the graphic. What section of the book does the speaker want to discuss first?

(A) The History of Golf
(B) The Rules of Golf
(C) Choosing Equipment
(D) What to Wear

16. What will happen at 2:00 P.M.?

(A) A guest will arrive.
(B) The meeting will end.
(C) A report will be published.
(D) Some refreshments will be delivered.

NO TEST MATERIAL ON THIS PAGE

DAY 12

144 Listening Test

Your ability to comprehend spoken English is measured in the Listening Test. The Test has four parts. You will find instructions in each part. Write your answers on the separate answer sheet, not in the test book.

PART 1

145 Directions:

There is a picture in your test book and you will hear four comments made about it. Decide which of the four comments you hear best illustrates what is happening in the picture. Then select your answer and mark it on your answer sheet. The comments are not in your test book and will only be said once.

As comment (C), "The woman is painting a picture," best illustrates what is happening, this should be your answer.

146
1.

PART 2

147 Directions:
You will hear a question or comment, followed by three replies. You will only hear them once and they cannot be found in your test book. Out of the three replies, select the most appropriate answer and mark it on your answer sheet, (A), (B) or (C).

148 **2.** Mark your answer on your answer sheet.

149 **3.** Mark your answer on your answer sheet.

150 **4.** Mark your answer on your answer sheet.

GO ON TO THE NEXT PAGE

PART 3

151 Directions:

You will hear a number of dialogues between two or more people and be asked three questions about the content of each dialogue. Select the most appropriate answers and mark them on your answer sheet, (A), (B), (C), or (D).

152

5. Where does the man work?

(A) At a convention center
(B) At a gardening company
(C) At a hardware store
(D) At an equipment manufacturer

6. What does the woman suggest?

(A) Checking a brochure
(B) Attending a later event
(C) Reserving a flight
(D) Visiting a Web site

7. What does the man say he will do?

(A) Check a schedule
(B) Read a product review
(C) Download a form
(D) Measure a room

153

8. What will the woman learn about at the conference?

(A) Information technology
(B) Human resources
(C) Sales and marketing
(D) Health and safety

9. What does the man instruct the woman to do?

(A) Write a report
(B) Complete a form
(C) Negotiate with a supplier
(D) Schedule a meeting

10. What will the woman do later today?

(A) Evaluate some designs
(B) Interview an applicant
(C) Meet with potential clients
(D) Leave work early

154 Directions:

A number of talks will be given by various people, and you will be asked three questions about the content of each talk. Select the most appropriate answers and mark them on your answer sheet, (A), (B), (C), or (D).

155

11. Where does the introduction most likely take place?

(A) At a company orientation
(B) At an awards ceremony
(C) At a retirement party
(D) At a conference

12. Who most likely is Terry Fields?

(A) A musician
(B) A personnel director
(C) A consultant
(D) An author

13. What are listeners asked to do?

(A) Install an application
(B) Subscribe to a video channel
(C) Look under their seats
(D) Recommend a book

156

Room	Capacity
Ryder Room	70 People
Harbour Room	50 People
Wolfhard Room	40 People
McLaughlin Room	30 People

14. Who is the speaker most likely calling?

(A) A conference center manager
(B) An event organizer
(C) A catering company
(D) A salesperson

15. Look at the graphic. Which room does the speaker refer to?

(A) Ryder Room
(B) Harbour Room
(C) Wolfhard Room
(D) McLaughlin Room

16. What does the speaker recommend that the listener do?

(A) Pay a deposit
(B) Update a menu
(C) Arrive at the venue early
(D) Choose another date

NO TEST MATERIAL ON THIS PAGE

DAY 13

157 Listening Test

Your ability to comprehend spoken English is measured in the Listening Test. The Test has four parts. You will find instructions in each part. Write your answers on the separate answer sheet, not in the test book.

PART 1

158 Directions:

There is a picture in your test book and you will hear four comments made about it. Decide which of the four comments you hear best illustrates what is happening in the picture. Then select your answer and mark it on your answer sheet. The comments are not in your test book and will only be said once.

As comment (C), "The woman is painting a picture," best illustrates what is happening, this should be your answer.

159

1.

PART 2

160 Directions:

You will hear a question or comment, followed by three replies. You will only hear them once and they cannot be found in your test book. Out of the three replies, select the most appropriate answer and mark it on your answer sheet, (A), (B) or (C).

161 **2.** Mark your answer on your answer sheet.

162 **3.** Mark your answer on your answer sheet.

163 **4.** Mark your answer on your answer sheet.

GO ON TO THE NEXT PAGE

PART 3

164 Directions:

You will hear a number of dialogues between two or more people and be asked three questions about the content of each dialogue. Select the most appropriate answers and mark them on your answer sheet, (A), (B), (C), or (D).

165

5. What will happen at the company today?

(A) A new branch will be opened.
(B) Some equipment will be replaced.
(C) Some visitors will come.
(D) An award ceremony will be held.

6. What does the man ask the woman to do?

(A) Update a schedule
(B) Contact a colleague
(C) Go to the airport
(D) Help with some cleaning

7. Why does the woman ask the man to wait?

(A) She needs to complete a report.
(B) She is dealing with a client.
(C) She will interview an applicant.
(D) She cannot find her keys.

166

8. What does the man say about his trip to Tokyo?

(A) He took some time for sightseeing.
(B) He received assistance from an acquaintance.
(C) He brought back a lot of samples.
(D) He managed to negotiate a cheaper price.

9. Why does the woman say, "That's more than I expected"?

(A) She thought the trip would cost less.
(B) She thinks the trip will pay off.
(C) She did not prepare well.
(D) She is concerned about production capacity.

10. What does the man say he will do?

(A) Make a correction
(B) Cancel an order
(C) Contact a client
(D) Request reimbursement

167 Directions:
A number of talks will be given by various people, and you will be asked three questions about the content of each talk. Select the most appropriate answers and mark them on your answer sheet, (A), (B), (C), or (D).

168

11. Where does the talk take place?
(A) At a manufacturing plant
(B) At a building site
(C) At an auto repair shop
(D) At an appliance store

12. What are listeners required to do?
(A) Sign a form
(B) Watch a video
(C) Get on a shuttle bus
(D) Put on a helmet

13. What does the speaker suggest listeners do?
(A) Interview an employee
(B) Write down some questions
(C) Improve product design
(D) Update a manual

169

Town	Population
Bradman	440,000
Chapel	350,000
Ponting	320,000
Hughes	290,000

14. What is the main topic of the talk?
(A) Opening a new store
(B) Revising a production schedule
(C) Building a new factory
(D) Hiring additional workers

15. Look at the graphic. Which town does the speaker prefer?
(A) Bradman
(B) Chapel
(C) Ponting
(D) Hughes

16. What does the speaker say she has done this week?
(A) Requested a discount
(B) Visited a shipping company
(C) Taken a vacation
(D) Spoken with an accountant

NO TEST MATERIAL ON THIS PAGE

DAY 14

170 Listening Test

Your ability to comprehend spoken English is measured in the Listening Test. The Test has four parts. You will find instructions in each part. Write your answers on the separate answer sheet, not in the test book.

PART 1

171 Directions:

There is a picture in your test book and you will hear four comments made about it. Decide which of the four comments you hear best illustrates what is happening in the picture. Then select your answer and mark it on your answer sheet. The comments are not in your test book and will only be said once.

As comment (C), "The woman is painting a picture," best illustrates what is happening, this should be your answer.

172

1.

DAY 14

PART 2

173 **Directions:**

You will hear a question or comment, followed by three replies. You will only hear them once and they cannot be found in your test book. Out of the three replies, select the most appropriate answer and mark it on your answer sheet, (A), (B) or (C).

174 **2.** Mark your answer on your answer sheet.

175 **3.** Mark your answer on your answer sheet.

176 **4.** Mark your answer on your answer sheet.

GO ON TO THE NEXT PAGE

PART 3

177 Directions:

You will hear a number of dialogues between two or more people and be asked three questions about the content of each dialogue. Select the most appropriate answers and mark them on your answer sheet, (A), (B), (C), or (D).

178

5. What is the main topic of the conversation?

(A) Selling some property
(B) Expanding a business
(C) Renting some accommodation
(D) Going shopping for a gift

6. At what kind of business do the speakers most likely work?

(A) A department store
(B) A hospital
(C) A publishing house
(D) A real estate agency

7. What does the woman say she will do?

(A) Leave work earlier than usual
(B) Update a work schedule
(C) Consult with some executives
(D) Read some online reviews

179

Size	Daily Rental Rate
9.4 ton	$190
6.5 ton	$140
5.5 ton	$120
3.3 ton	$100

8. What does the woman say about her belongings?

(A) She will throw some of them away.
(B) She will take them to a second-hand store.
(C) She cannot fit them into her vehicle.
(D) She has just unloaded them from a truck.

9. Look at the graphic. What size truck will the woman most likely reserve?

(A) 9.4 ton
(B) 6.5 ton
(C) 5.5 ton
(D) 3.3 ton

10. Why does the man say he will be late?

(A) He has to take a driving test.
(B) His section is very busy this week.
(C) His car is being repaired.
(D) He will visit a dental clinic.

PART 4

180 Directions:

A number of talks will be given by various people, and you will be asked three questions about the content of each talk. Select the most appropriate answers and mark them on your answer sheet, (A), (B), (C), or (D).

181

11. What does the speaker say about Dalton Towers?

(A) It was designed by a famous architect.
(B) It has excellent views.
(C) It has stores on the lower floors.
(D) It is near public transportation.

12. What is scheduled for November?

(A) A public auction
(B) A building's completion
(C) A price increase
(D) A property inspection

13. According to the advertisement, how can listeners learn more about Dalton Towers?

(A) By reading a brochure
(B) By attending an information session
(C) By contacting a real estate agent
(D) By visiting the Web site

182

14. What is the purpose of the new rule?

(A) To improve employees' skills
(B) To attract more clients
(C) To assign work more fairly
(D) To prevent security issues

15. What should clients receive when they make an appointment?

(A) A business card
(B) A list of properties
(C) A company brochure
(D) A free pen

16. According to the speaker, what are agents allowed to borrow?

(A) A prepaid fuel card
(B) A digital camera
(C) A tablet computer
(D) A company vehicle

NO TEST MATERIAL ON THIS PAGE

DAY 15

183 Listening Test

Your ability to comprehend spoken English is measured in the Listening Test. The Test has four parts. You will find instructions in each part. Write your answers on the separate answer sheet, not in the test book.

PART 1

184 Directions:

There is a picture in your test book and you will hear four comments made about it. Decide which of the four comments you hear best illustrates what is happening in the picture. Then select your answer and mark it on your answer sheet. The comments are not in your test book and will only be said once.

As comment (C), "The woman is painting a picture," best illustrates what is happening, this should be your answer.

185

1.

PART 2

186 **Directions:**

You will hear a question or comment, followed by three replies. You will only hear them once and they cannot be found in your test book. Out of the three replies, select the most appropriate answer and mark it on your answer sheet, (A), (B) or (C).

187 **2.** Mark your answer on your answer sheet.

188 **3.** Mark your answer on your answer sheet.

189 **4.** Mark your answer on your answer sheet.

GO ON TO THE NEXT PAGE

PART 3

190 Directions:

You will hear a number of dialogues between two or more people and be asked three questions about the content of each dialogue. Select the most appropriate answers and mark them on your answer sheet, (A), (B), (C), or (D).

191

5. What does the man suggest?

(A) Hiring a consultant
(B) Changing an advertising strategy
(C) Opening a new office
(D) Arranging an event

6. What does the woman say about the town?

(A) Its economy needs a boost.
(B) It has many historical sites.
(C) It has many new businesses.
(D) Its mayor will attend an event.

7. What does the woman ask about?

(A) Sales figures
(B) An address
(C) A training program
(D) Funding

192

8. What are the speakers discussing?

(A) A concert
(B) A movie
(C) A museum exhibit
(D) A new restaurant

9. Where did the woman get tickets?

(A) From a friend
(B) From a radio program
(C) From a ticket booth
(D) From a Web site

10. What does the woman mean when she says, "That's that"?

(A) She has found what she is looking for.
(B) She will consider the man's suggestion.
(C) She has nothing more to say about the topic.
(D) She has to cancel an appointment.

PART 4

193 Directions:

A number of talks will be given by various people, and you will be asked three questions about the content of each talk. Select the most appropriate answers and mark them on your answer sheet, (A), (B), (C), or (D).

194

11. Who is Hal Russel?

(A) An actor
(B) A playwright
(C) A singer
(D) A director

12. According to the speaker, what will take place on Friday evening?

(A) A television interview
(B) A free concert
(C) A premiere
(D) A festival

13. What will the speaker most likely do next?

(A) Play a recording
(B) List some achievements
(C) Introduce a product
(D) Talk about the weather

195

14. What is the advertisement for?

(A) A tour
(B) A museum
(C) A film
(D) An amusement park

15. What does the speaker say about Rhonda Marks?

(A) She is a history expert.
(B) She has written a book.
(C) She has appeared on television.
(D) She is an event planner.

16. How much is admission for people over 18 years of age?

(A) Free
(B) $5.00
(C) $10.00
(D) $15.00

NO TEST MATERIAL ON THIS PAGE

DAY 16

196 Listening Test

Your ability to comprehend spoken English is measured in the Listening Test. The Test has four parts. You will find instructions in each part. Write your answers on the separate answer sheet, not in the test book.

PART 1

197 Directions:

There is a picture in your test book and you will hear four comments made about it. Decide which of the four comments you hear best illustrates what is happening in the picture. Then select your answer and mark it on your answer sheet. The comments are not in your test book and will only be said once.

As comment (C), "The woman is painting a picture," best illustrates what is happening, this should be your answer.

198
1.

PART 2

199 Directions:

You will hear a question or comment, followed by three replies. You will only hear them once and they cannot be found in your test book. Out of the three replies, select the most appropriate answer and mark it on your answer sheet, (A), (B) or (C).

200 **2.** Mark your answer on your answer sheet.

201 **3.** Mark your answer on your answer sheet.

202 **4.** Mark your answer on your answer sheet.

GO ON TO THE NEXT PAGE

PART 3

203 Directions:
You will hear a number of dialogues between two or more people and be asked three questions about the content of each dialogue. Select the most appropriate answers and mark them on your answer sheet, (A), (B), (C), or (D).

204

5. Where do the speakers most likely work?
(A) At a bakery
(B) At a catering company
(C) At a restaurant
(D) At a supermarket

6. According to the woman, what will happen next month?
(A) An advertisement will be published.
(B) A new building will be completed.
(C) An inspection will be carried out.
(D) An article will be written.

7. What does the woman say she will do?
(A) Interview some job applicants
(B) Drop by a store
(C) Speak with a client
(D) Request some price quotations

205

Verdi Mart	
Heartland Orange Juice $7.95	Glowbright Yogurt $4.70
Highland Cheese $3.20	Mildew Eggs $2.70

8. How does the woman say she got the flyer?
(A) It was handed to her on the street.
(B) It was placed in her shopping basket.
(C) It was sent to her by e-mail.
(D) It was in the letterbox.

9. Look at the graphic. Which item costs the same at Verdi Mart and GTP Market?
(A) Heartland Orange Juice
(B) Glowbright Yogurt
(C) Highland Cheese
(D) Mildew Eggs

10. What does the woman say about GTP Market?
(A) It is closer to her home.
(B) It has lowered its prices.
(C) It has a wider variety of goods.
(D) It has stopped selling fuels.

PART 4

206 Directions:

A number of talks will be given by various people, and you will be asked three questions about the content of each talk. Select the most appropriate answers and mark them on your answer sheet, (A), (B), (C), or (D).

207

11. Who most likely are the listeners?

(A) Restaurant owners
(B) Event organizers
(C) Fashion designers
(D) Financial experts

12. What will the listeners do during the meeting?

(A) Listen to a performance
(B) Taste some food
(C) Watch a video
(D) Make a schedule

13. According to the speaker, what has become available?

(A) A garage
(B) A charity Web site
(C) A function room
(D) Advertising space

208

14. According to the advertisement, what is Freshway known for?

(A) Fast delivery
(B) Knowledgeable staff
(C) Quality furnishings
(D) Reasonable prices

15. What will the business do this weekend?

(A) Launch a new product
(B) Hold a barbecue
(C) Announce a winner
(D) Open a new location

16. What does the speaker advise people to do?

(A) Take out membership
(B) Arrive early
(C) Consult with a representative
(D) Make a reservation

NO TEST MATERIAL ON THIS PAGE

DAY 17

209 Listening Test

Your ability to comprehend spoken English is measured in the Listening Test. The Test has four parts. You will find instructions in each part. Write your answers on the separate answer sheet, not in the test book.

PART 1

210 Directions:

There is a picture in your test book and you will hear four comments made about it. Decide which of the four comments you hear best illustrates what is happening in the picture. Then select your answer and mark it on your answer sheet. The comments are not in your test book and will only be said once.

As comment (C), "The woman is painting a picture," best illustrates what is happening, this should be your answer.

211
1.

PART 2

212 Directions:

You will hear a question or comment, followed by three replies. You will only hear them once and they cannot be found in your test book. Out of the three replies, select the most appropriate answer and mark it on your answer sheet, (A), (B) or (C).

213 **2.** Mark your answer on your answer sheet.

214 **3.** Mark your answer on your answer sheet.

215 **4.** Mark your answer on your answer sheet.

GO ON TO THE NEXT PAGE

PART 3

216 Directions:

You will hear a number of dialogues between two or more people and be asked three questions about the content of each dialogue. Select the most appropriate answers and mark them on your answer sheet, (A), (B), (C), or (D).

217

5. What is the main topic of the conversation?

(A) Opening a new office
(B) Changing a vacation policy
(C) Planning a company event
(D) Promoting a service

6. What does the man say they received in the mail?

(A) An invoice
(B) Survey results
(C) An invitation
(D) A brochure

7. What does the woman say about the budget?

(A) She has asked for additional funds.
(B) It has not been used up.
(C) It will be calculated soon.
(D) The department needs to cut spending.

218

8. According to the woman, where is the company gym?

(A) On the first floor
(B) On the second floor
(C) On the third floor
(D) On the fourth floor

9. What does the woman say about the gym?

(A) It does not have enough equipment.
(B) The monthly rates are too high.
(C) Too few people have been using it.
(D) It offers aerobics classes.

10. What does the man ask about?

(A) The gym's opening hours
(B) The instructor's qualifications
(C) The availability of showers
(D) The reservation system

PART 4

219 Directions:

A number of talks will be given by various people, and you will be asked three questions about the content of each talk. Select the most appropriate answers and mark them on your answer sheet, (A), (B), (C), or (D).

220

11. What does the speaker say Mambo Burger did recently?

(A) Conducted a survey
(B) Updated its menu
(C) Changed its operating hours
(D) Welcomed a new employee

12. According to the speaker, what are employees entitled to?

(A) A cleaning allowance
(B) Extended lunch breaks
(C) Remuneration for transportation
(D) Some free food

13. What will some listeners most likely do next?

(A) Make some suggestions
(B) Unlock the doors
(C) Take a break
(D) Read an employee manual

221

14. What will be held on November 28?

(A) An inspection of the facility
(B) A product launch
(C) An employee appreciation banquet
(D) A charity auction

15. Why does the speaker say, "Check your mailbox tomorrow morning"?

(A) There have been some delivery problems.
(B) Some work will be assigned.
(C) They will test a new service.
(D) An invitation should arrive.

16. According to the announcement, how can listeners learn more about the event?

(A) By calling the speaker
(B) By sending the speaker an e-mail
(C) By viewing a program online
(D) By attending an information session

NO TEST MATERIAL ON THIS PAGE

DAY 18

222 Listening Test

Your ability to comprehend spoken English is measured in the Listening Test. The Test has four parts. You will find instructions in each part. Write your answers on the separate answer sheet, not in the test book.

PART 1

223 Directions:

There is a picture in your test book and you will hear four comments made about it. Decide which of the four comments you hear best illustrates what is happening in the picture. Then select your answer and mark it on your answer sheet. The comments are not in your test book and will only be said once.

As comment (C), "The woman is painting a picture," best illustrates what is happening, this should be your answer.

224
1.

PART 2

225 Directions:
You will hear a question or comment, followed by three replies. You will only hear them once and they cannot be found in your test book. Out of the three replies, select the most appropriate answer and mark it on your answer sheet, (A), (B) or (C).

226 **2.** Mark your answer on your answer sheet.

227 **3.** Mark your answer on your answer sheet.

228 **4.** Mark your answer on your answer sheet.

DAY 18

GO ON TO THE NEXT PAGE

PART 3

229 **Directions:**

You will hear a number of dialogues between two or more people and be asked three questions about the content of each dialogue. Select the most appropriate answers and mark them on your answer sheet, (A), (B), (C), or (D).

230

5. What are the speakers mainly discussing?

(A) Negotiating with a landowner
(B) Preparing some land for construction
(C) Choosing an architect
(D) Storing some equipment

6. What does the woman say she will do?

(A) Hire a contractor
(B) Check some measurements
(C) Change a design
(D) Return some documents

7. What will the man most likely do next?

(A) Read some instructions
(B) Meet with a town planner
(C) Update a schedule
(D) Call some colleagues

231

8. What problem does the woman mention?

(A) An application was submitted late.
(B) A battery has run down.
(C) A budget has been cut.
(D) A plan needs to be amended.

9. What does the man offer to do?

(A) Arrange a meeting
(B) Advertise a position
(C) Send out party invitations
(D) Update an employee manual

10. What does the woman ask the man to do?

(A) Schedule some maintenance
(B) Make a dinner reservation
(C) Distribute a document
(D) Cancel an event

PART 4

232 Directions:

A number of talks will be given by various people, and you will be asked three questions about the content of each talk. Select the most appropriate answers and mark them on your answer sheet, (A), (B), (C), or (D).

233

11. What is expected tomorrow?

(A) A quality inspection
(B) A sales report
(C) Inclement weather
(D) Traffic congestion

12. What are listeners asked to do?

(A) Request a discount
(B) Attend a training session
(C) Cover some materials
(D) Complete a form

13. What will drivers do when they deliver goods?

(A) Sign a document
(B) Show identification
(C) Make a phone call
(D) Submit an invoice

234

14. What does the speaker warn listeners about?

(A) A price increase
(B) A traffic jam
(C) A shortage of tickets
(D) A deadline

15. When will the problem be solved?

(A) This morning
(B) This afternoon
(C) Tomorrow morning
(D) Tomorrow afternoon

16. Who will the speaker talk with?

(A) A musician
(B) A mechanic
(C) A builder
(D) A politician

NO TEST MATERIAL ON THIS PAGE

DAY 19

235 Listening Test

Your ability to comprehend spoken English is measured in the Listening Test. The Test has four parts. You will find instructions in each part. Write your answers on the separate answer sheet, not in the test book.

PART 1

236 Directions:

There is a picture in your test book and you will hear four comments made about it. Decide which of the four comments you hear best illustrates what is happening in the picture. Then select your answer and mark it on your answer sheet. The comments are not in your test book and will only be said once.

As comment (C), “The woman is painting a picture,” best illustrates what is happening, this should be your answer.

237
1.

PART 2

> 238 **Directions:**
> You will hear a question or comment, followed by three replies. You will only hear them once and they cannot be found in your test book. Out of the three replies, select the most appropriate answer and mark it on your answer sheet, (A), (B) or (C).

239 **2.** Mark your answer on your answer sheet.

240 **3.** Mark your answer on your answer sheet.

241 **4.** Mark your answer on your answer sheet.

GO ON TO THE NEXT PAGE

PART 3

242 Directions:

You will hear a number of dialogues between two or more people and be asked three questions about the content of each dialogue. Select the most appropriate answers and mark them on your answer sheet, (A), (B), (C), or (D).

243

5. Who most likely are the speakers?

(A) Factory workers
(B) Salespeople
(C) Business consultants
(D) Journalists

6. According to the woman, why do customers choose Hammond Footwear shoes?

(A) They are locally made.
(B) They are inexpensive.
(C) They are of high quality.
(D) They are fashionable.

7. What does the man ask the woman to do?

(A) Provide some data
(B) Arrange a meeting
(C) Check a report
(D) Reduce a price

244

8. What does the woman ask the man about?

(A) A training program
(B) A construction project
(C) A production delay
(D) A sales prediction

9. What does the man mean when he says, "None of the other manufacturers have released anything new"?

(A) The company does not need to develop a product urgently.
(B) The company should experiment with innovative products.
(C) The company should spend more money on research.
(D) The company does not face much competition.

10. What does the woman ask the man to do?

(A) Visit a factory
(B) Update a schedule
(C) Give a presentation
(D) Conduct a survey

PART 4

245 Directions:
A number of talks will be given by various people, and you will be asked three questions about the content of each talk. Select the most appropriate answers and mark them on your answer sheet, (A), (B), (C), or (D).

246

11. What is the purpose of the announcement?

(A) To warn listeners of a rule change
(B) To provide information about a government department
(C) To inform about a change of leadership
(D) To explain the benefit of a new device

12. What is mentioned about F & C Financial Group?

(A) Its profits have been decreasing.
(B) Its headquarters has been relocated to Douglass.
(C) It will demonstrate new products at a convention.
(D) It will replace its product development team.

13. According to the speaker, where will an event be held next week?

(A) At city hall
(B) At a conference center
(C) At a hotel
(D) At a local park

247

14. How did the speaker learn about Only Earth?

(A) By doing an online search
(B) By speaking with a colleague
(C) By subscribing to a newsletter
(D) By reading a magazine article

15. What will happen at the next monthly meeting?

(A) A new employee will be introduced.
(B) A meal will be served.
(C) A guest speaker will come.
(D) A staff member will be honored.

16. According to the speaker, when are listeners directed to contact the speaker?

(A) If they have completed an assignment
(B) If they will not be able to attend a meeting
(C) If they have reached their sales goal
(D) If they would like to change their order

NO TEST MATERIAL ON THIS PAGE

DAY 20

248 Listening Test

Your ability to comprehend spoken English is measured in the Listening Test. The Test has four parts. You will find instructions in each part. Write your answers on the separate answer sheet, not in the test book.

PART 1

249 Directions:

There is a picture in your test book and you will hear four comments made about it. Decide which of the four comments you hear best illustrates what is happening in the picture. Then select your answer and mark it on your answer sheet. The comments are not in your test book and will only be said once.

As comment (C), "The woman is painting a picture," best illustrates what is happening, this should be your answer.

250
1.

PART 2

251 Directions:

You will hear a question or comment, followed by three replies. You will only hear them once and they cannot be found in your test book. Out of the three replies, select the most appropriate answer and mark it on your answer sheet, (A), (B) or (C).

252 **2.** Mark your answer on your answer sheet.

253 **3.** Mark your answer on your answer sheet.

254 **4.** Mark your answer on your answer sheet.

GO ON TO THE NEXT PAGE

PART 3

255 Directions:

You will hear a number of dialogues between two or more people and be asked three questions about the content of each dialogue. Select the most appropriate answers and mark them on your answer sheet, (A), (B), (C), or (D).

256

5. What does the man want to discuss?

(A) Relocating to another office
(B) The schedule for a business trip
(C) The location of a convention
(D) Purchasing additional equipment

6. What does the man say about Boise?

(A) He took a trip there recently.
(B) It is where he grew up.
(C) An important client is based there.
(D) It is expensive to transport goods from there.

7. What does the woman suggest the man do?

(A) Request a brochure
(B) Speak with a salesperson
(C) Complete an application
(D) Reserve a hotel room

257

8. What does the woman say she would like to do?

(A) Reschedule a convention
(B) Review some results
(C) Arrange a meeting
(D) Write a review

9. What will be announced on Thursday?

(A) An advertising budget
(B) A work assignment
(C) A sales target
(D) An event location

10. What will the man most likely do next?

(A) Order some parts
(B) Check an inventory
(C) Read a manual
(D) Call a technician

PART 4

258 Directions:
A number of talks will be given by various people, and you will be asked three questions about the content of each talk. Select the most appropriate answers and mark them on your answer sheet, (A), (B), (C), or (D).

259

11. What problem does the speaker mention?

(A) A delivery has been delayed.
(B) A staff member cannot come to work.
(C) A visitor will arrive early.
(D) A product has been malfunctioning.

12. Where does the speaker most likely work?

(A) At a laboratory
(B) At a factory
(C) At a warehouse
(D) At a clothing store

13. According to the speaker, what might the listeners be asked to do?

(A) Call some clients
(B) Expedite a delivery
(C) Wear special clothing
(D) Work additional hours

260

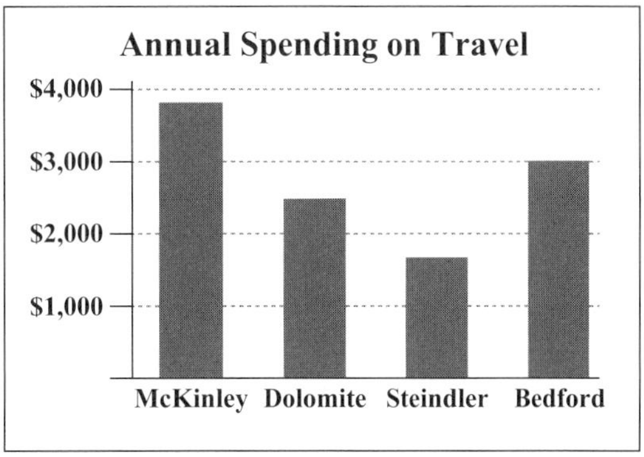

14. What kind of products does the speaker's company sell?

(A) Camping goods
(B) Office equipment
(C) Agricultural machinery
(D) Vehicle parts

15. Look at the graphic. Which office had the highest revenue for the year?

(A) McKinley
(B) Dolomite
(C) Steindler
(D) Bedford

16. What are listeners asked to do?

(A) Hire additional employees
(B) Comment on some promotional material
(C) Use public transportation
(D) Submit monthly reports

NO TEST MATERIAL ON THIS PAGE

株式会社 スリーエーネットワーク
テーマ別 ミニ模試20 TOEIC® L&R テスト リスニング
2020年11月30日 初版第1刷発行

解答用マークシート LISTENING

DAY 1		DAY 2		DAY 3		DAY 4		DAY 5		DAY 6		DAY 7		DAY 8		DAY 9		DAY 10	
No.	Answer A B C D	No.	Answer A B C D	No.	Answer A B C D	No.	Answer A B C D	No.	Answer A B C D	No.	Answer A B C D	No.	Answer A B C D	No.	Answer A B C D	No.	Answer A B C D	No.	Answer A B C D
1	Ⓐ Ⓑ Ⓒ Ⓓ	1	Ⓐ Ⓑ Ⓒ Ⓓ	1	Ⓐ Ⓑ Ⓒ Ⓓ	1	Ⓐ Ⓑ Ⓒ Ⓓ	1	Ⓐ Ⓑ Ⓒ Ⓓ	1	Ⓐ Ⓑ Ⓒ Ⓓ	1	Ⓐ Ⓑ Ⓒ Ⓓ	1	Ⓐ Ⓑ Ⓒ Ⓓ	1	Ⓐ Ⓑ Ⓒ Ⓓ	1	Ⓐ Ⓑ Ⓒ Ⓓ
2	Ⓐ Ⓑ Ⓒ	2	Ⓐ Ⓑ Ⓒ	2	Ⓐ Ⓑ Ⓒ	2	Ⓐ Ⓑ Ⓒ	2	Ⓐ Ⓑ Ⓒ	2	Ⓐ Ⓑ Ⓒ	2	Ⓐ Ⓑ Ⓒ	2	Ⓐ Ⓑ Ⓒ	2	Ⓐ Ⓑ Ⓒ	2	Ⓐ Ⓑ Ⓒ
3	Ⓐ Ⓑ Ⓒ	3	Ⓐ Ⓑ Ⓒ	3	Ⓐ Ⓑ Ⓒ	3	Ⓐ Ⓑ Ⓒ	3	Ⓐ Ⓑ Ⓒ	3	Ⓐ Ⓑ Ⓒ	3	Ⓐ Ⓑ Ⓒ	3	Ⓐ Ⓑ Ⓒ	3	Ⓐ Ⓑ Ⓒ	3	Ⓐ Ⓑ Ⓒ
4	Ⓐ Ⓑ Ⓒ	4	Ⓐ Ⓑ Ⓒ	4	Ⓐ Ⓑ Ⓒ	4	Ⓐ Ⓑ Ⓒ	4	Ⓐ Ⓑ Ⓒ	4	Ⓐ Ⓑ Ⓒ	4	Ⓐ Ⓑ Ⓒ	4	Ⓐ Ⓑ Ⓒ	4	Ⓐ Ⓑ Ⓒ	4	Ⓐ Ⓑ Ⓒ
5	Ⓐ Ⓑ Ⓒ Ⓓ	5	Ⓐ Ⓑ Ⓒ Ⓓ	5	Ⓐ Ⓑ Ⓒ Ⓓ	5	Ⓐ Ⓑ Ⓒ Ⓓ	5	Ⓐ Ⓑ Ⓒ Ⓓ	5	Ⓐ Ⓑ Ⓒ Ⓓ	5	Ⓐ Ⓑ Ⓒ Ⓓ	5	Ⓐ Ⓑ Ⓒ Ⓓ	5	Ⓐ Ⓑ Ⓒ Ⓓ	5	Ⓐ Ⓑ Ⓒ Ⓓ
6	Ⓐ Ⓑ Ⓒ Ⓓ	6	Ⓐ Ⓑ Ⓒ Ⓓ	6	Ⓐ Ⓑ Ⓒ Ⓓ	6	Ⓐ Ⓑ Ⓒ Ⓓ	6	Ⓐ Ⓑ Ⓒ Ⓓ	6	Ⓐ Ⓑ Ⓒ Ⓓ	6	Ⓐ Ⓑ Ⓒ Ⓓ	6	Ⓐ Ⓑ Ⓒ Ⓓ	6	Ⓐ Ⓑ Ⓒ Ⓓ	6	Ⓐ Ⓑ Ⓒ Ⓓ
7	Ⓐ Ⓑ Ⓒ Ⓓ	7	Ⓐ Ⓑ Ⓒ Ⓓ	7	Ⓐ Ⓑ Ⓒ Ⓓ	7	Ⓐ Ⓑ Ⓒ Ⓓ	7	Ⓐ Ⓑ Ⓒ Ⓓ	7	Ⓐ Ⓑ Ⓒ Ⓓ	7	Ⓐ Ⓑ Ⓒ Ⓓ	7	Ⓐ Ⓑ Ⓒ Ⓓ	7	Ⓐ Ⓑ Ⓒ Ⓓ	7	Ⓐ Ⓑ Ⓒ Ⓓ
8	Ⓐ Ⓑ Ⓒ Ⓓ	8	Ⓐ Ⓑ Ⓒ Ⓓ	8	Ⓐ Ⓑ Ⓒ Ⓓ	8	Ⓐ Ⓑ Ⓒ Ⓓ	8	Ⓐ Ⓑ Ⓒ Ⓓ	8	Ⓐ Ⓑ Ⓒ Ⓓ	8	Ⓐ Ⓑ Ⓒ Ⓓ	8	Ⓐ Ⓑ Ⓒ Ⓓ	8	Ⓐ Ⓑ Ⓒ Ⓓ	8	Ⓐ Ⓑ Ⓒ Ⓓ
9	Ⓐ Ⓑ Ⓒ Ⓓ	9	Ⓐ Ⓑ Ⓒ Ⓓ	9	Ⓐ Ⓑ Ⓒ Ⓓ	9	Ⓐ Ⓑ Ⓒ Ⓓ	9	Ⓐ Ⓑ Ⓒ Ⓓ	9	Ⓐ Ⓑ Ⓒ Ⓓ	9	Ⓐ Ⓑ Ⓒ Ⓓ	9	Ⓐ Ⓑ Ⓒ Ⓓ	9	Ⓐ Ⓑ Ⓒ Ⓓ	9	Ⓐ Ⓑ Ⓒ Ⓓ
10	Ⓐ Ⓑ Ⓒ Ⓓ	10	Ⓐ Ⓑ Ⓒ Ⓓ	10	Ⓐ Ⓑ Ⓒ Ⓓ	10	Ⓐ Ⓑ Ⓒ Ⓓ	10	Ⓐ Ⓑ Ⓒ Ⓓ	10	Ⓐ Ⓑ Ⓒ Ⓓ	10	Ⓐ Ⓑ Ⓒ Ⓓ	10	Ⓐ Ⓑ Ⓒ Ⓓ	10	Ⓐ Ⓑ Ⓒ Ⓓ	10	Ⓐ Ⓑ Ⓒ Ⓓ
11	Ⓐ Ⓑ Ⓒ Ⓓ	11	Ⓐ Ⓑ Ⓒ Ⓓ	11	Ⓐ Ⓑ Ⓒ Ⓓ	11	Ⓐ Ⓑ Ⓒ Ⓓ	11	Ⓐ Ⓑ Ⓒ Ⓓ	11	Ⓐ Ⓑ Ⓒ Ⓓ	11	Ⓐ Ⓑ Ⓒ Ⓓ	11	Ⓐ Ⓑ Ⓒ Ⓓ	11	Ⓐ Ⓑ Ⓒ Ⓓ	11	Ⓐ Ⓑ Ⓒ Ⓓ
12	Ⓐ Ⓑ Ⓒ Ⓓ	12	Ⓐ Ⓑ Ⓒ Ⓓ	12	Ⓐ Ⓑ Ⓒ Ⓓ	12	Ⓐ Ⓑ Ⓒ Ⓓ	12	Ⓐ Ⓑ Ⓒ Ⓓ	12	Ⓐ Ⓑ Ⓒ Ⓓ	12	Ⓐ Ⓑ Ⓒ Ⓓ	12	Ⓐ Ⓑ Ⓒ Ⓓ	12	Ⓐ Ⓑ Ⓒ Ⓓ	12	Ⓐ Ⓑ Ⓒ Ⓓ
13	Ⓐ Ⓑ Ⓒ Ⓓ	13	Ⓐ Ⓑ Ⓒ Ⓓ	13	Ⓐ Ⓑ Ⓒ Ⓓ	13	Ⓐ Ⓑ Ⓒ Ⓓ	13	Ⓐ Ⓑ Ⓒ Ⓓ	13	Ⓐ Ⓑ Ⓒ Ⓓ	13	Ⓐ Ⓑ Ⓒ Ⓓ	13	Ⓐ Ⓑ Ⓒ Ⓓ	13	Ⓐ Ⓑ Ⓒ Ⓓ	13	Ⓐ Ⓑ Ⓒ Ⓓ
14	Ⓐ Ⓑ Ⓒ Ⓓ	14	Ⓐ Ⓑ Ⓒ Ⓓ	14	Ⓐ Ⓑ Ⓒ Ⓓ	14	Ⓐ Ⓑ Ⓒ Ⓓ	14	Ⓐ Ⓑ Ⓒ Ⓓ	14	Ⓐ Ⓑ Ⓒ Ⓓ	14	Ⓐ Ⓑ Ⓒ Ⓓ	14	Ⓐ Ⓑ Ⓒ Ⓓ	14	Ⓐ Ⓑ Ⓒ Ⓓ	14	Ⓐ Ⓑ Ⓒ Ⓓ
15	Ⓐ Ⓑ Ⓒ Ⓓ	15	Ⓐ Ⓑ Ⓒ Ⓓ	15	Ⓐ Ⓑ Ⓒ Ⓓ	15	Ⓐ Ⓑ Ⓒ Ⓓ	15	Ⓐ Ⓑ Ⓒ Ⓓ	15	Ⓐ Ⓑ Ⓒ Ⓓ	15	Ⓐ Ⓑ Ⓒ Ⓓ	15	Ⓐ Ⓑ Ⓒ Ⓓ	15	Ⓐ Ⓑ Ⓒ Ⓓ	15	Ⓐ Ⓑ Ⓒ Ⓓ
16	Ⓐ Ⓑ Ⓒ Ⓓ	16	Ⓐ Ⓑ Ⓒ Ⓓ	16	Ⓐ Ⓑ Ⓒ Ⓓ	16	Ⓐ Ⓑ Ⓒ Ⓓ	16	Ⓐ Ⓑ Ⓒ Ⓓ	16	Ⓐ Ⓑ Ⓒ Ⓓ	16	Ⓐ Ⓑ Ⓒ Ⓓ	16	Ⓐ Ⓑ Ⓒ Ⓓ	16	Ⓐ Ⓑ Ⓒ Ⓓ	16	Ⓐ Ⓑ Ⓒ Ⓓ

DAY 11		DAY 12		DAY 13		DAY 14		DAY 15		DAY 16		DAY 17		DAY 18		DAY 19		DAY 20	
No.	Answer A B C D	No.	Answer A B C D	No.	Answer A B C D	No.	Answer A B C D	No.	Answer A B C D	No.	Answer A B C D	No.	Answer A B C D	No.	Answer A B C D	No.	Answer A B C D	No.	Answer A B C D
1	Ⓐ Ⓑ Ⓒ Ⓓ	1	Ⓐ Ⓑ Ⓒ Ⓓ	1	Ⓐ Ⓑ Ⓒ Ⓓ	1	Ⓐ Ⓑ Ⓒ Ⓓ	1	Ⓐ Ⓑ Ⓒ Ⓓ	1	Ⓐ Ⓑ Ⓒ Ⓓ	1	Ⓐ Ⓑ Ⓒ Ⓓ	1	Ⓐ Ⓑ Ⓒ Ⓓ	1	Ⓐ Ⓑ Ⓒ Ⓓ	1	Ⓐ Ⓑ Ⓒ Ⓓ
2	Ⓐ Ⓑ Ⓒ	2	Ⓐ Ⓑ Ⓒ	2	Ⓐ Ⓑ Ⓒ	2	Ⓐ Ⓑ Ⓒ	2	Ⓐ Ⓑ Ⓒ	2	Ⓐ Ⓑ Ⓒ	2	Ⓐ Ⓑ Ⓒ	2	Ⓐ Ⓑ Ⓒ	2	Ⓐ Ⓑ Ⓒ	2	Ⓐ Ⓑ Ⓒ
3	Ⓐ Ⓑ Ⓒ	3	Ⓐ Ⓑ Ⓒ	3	Ⓐ Ⓑ Ⓒ	3	Ⓐ Ⓑ Ⓒ	3	Ⓐ Ⓑ Ⓒ	3	Ⓐ Ⓑ Ⓒ	3	Ⓐ Ⓑ Ⓒ	3	Ⓐ Ⓑ Ⓒ	3	Ⓐ Ⓑ Ⓒ	3	Ⓐ Ⓑ Ⓒ
4	Ⓐ Ⓑ Ⓒ	4	Ⓐ Ⓑ Ⓒ	4	Ⓐ Ⓑ Ⓒ	4	Ⓐ Ⓑ Ⓒ	4	Ⓐ Ⓑ Ⓒ	4	Ⓐ Ⓑ Ⓒ	4	Ⓐ Ⓑ Ⓒ	4	Ⓐ Ⓑ Ⓒ	4	Ⓐ Ⓑ Ⓒ	4	Ⓐ Ⓑ Ⓒ
5	Ⓐ Ⓑ Ⓒ Ⓓ	5	Ⓐ Ⓑ Ⓒ Ⓓ	5	Ⓐ Ⓑ Ⓒ Ⓓ	5	Ⓐ Ⓑ Ⓒ Ⓓ	5	Ⓐ Ⓑ Ⓒ Ⓓ	5	Ⓐ Ⓑ Ⓒ Ⓓ	5	Ⓐ Ⓑ Ⓒ Ⓓ	5	Ⓐ Ⓑ Ⓒ Ⓓ	5	Ⓐ Ⓑ Ⓒ Ⓓ	5	Ⓐ Ⓑ Ⓒ Ⓓ
6	Ⓐ Ⓑ Ⓒ Ⓓ	6	Ⓐ Ⓑ Ⓒ Ⓓ	6	Ⓐ Ⓑ Ⓒ Ⓓ	6	Ⓐ Ⓑ Ⓒ Ⓓ	6	Ⓐ Ⓑ Ⓒ Ⓓ	6	Ⓐ Ⓑ Ⓒ Ⓓ	6	Ⓐ Ⓑ Ⓒ Ⓓ	6	Ⓐ Ⓑ Ⓒ Ⓓ	6	Ⓐ Ⓑ Ⓒ Ⓓ	6	Ⓐ Ⓑ Ⓒ Ⓓ
7	Ⓐ Ⓑ Ⓒ Ⓓ	7	Ⓐ Ⓑ Ⓒ Ⓓ	7	Ⓐ Ⓑ Ⓒ Ⓓ	7	Ⓐ Ⓑ Ⓒ Ⓓ	7	Ⓐ Ⓑ Ⓒ Ⓓ	7	Ⓐ Ⓑ Ⓒ Ⓓ	7	Ⓐ Ⓑ Ⓒ Ⓓ	7	Ⓐ Ⓑ Ⓒ Ⓓ	7	Ⓐ Ⓑ Ⓒ Ⓓ	7	Ⓐ Ⓑ Ⓒ Ⓓ
8	Ⓐ Ⓑ Ⓒ Ⓓ	8	Ⓐ Ⓑ Ⓒ Ⓓ	8	Ⓐ Ⓑ Ⓒ Ⓓ	8	Ⓐ Ⓑ Ⓒ Ⓓ	8	Ⓐ Ⓑ Ⓒ Ⓓ	8	Ⓐ Ⓑ Ⓒ Ⓓ	8	Ⓐ Ⓑ Ⓒ Ⓓ	8	Ⓐ Ⓑ Ⓒ Ⓓ	8	Ⓐ Ⓑ Ⓒ Ⓓ	8	Ⓐ Ⓑ Ⓒ Ⓓ
9	Ⓐ Ⓑ Ⓒ Ⓓ	9	Ⓐ Ⓑ Ⓒ Ⓓ	9	Ⓐ Ⓑ Ⓒ Ⓓ	9	Ⓐ Ⓑ Ⓒ Ⓓ	9	Ⓐ Ⓑ Ⓒ Ⓓ	9	Ⓐ Ⓑ Ⓒ Ⓓ	9	Ⓐ Ⓑ Ⓒ Ⓓ	9	Ⓐ Ⓑ Ⓒ Ⓓ	9	Ⓐ Ⓑ Ⓒ Ⓓ	9	Ⓐ Ⓑ Ⓒ Ⓓ
10	Ⓐ Ⓑ Ⓒ Ⓓ	10	Ⓐ Ⓑ Ⓒ Ⓓ	10	Ⓐ Ⓑ Ⓒ Ⓓ	10	Ⓐ Ⓑ Ⓒ Ⓓ	10	Ⓐ Ⓑ Ⓒ Ⓓ	10	Ⓐ Ⓑ Ⓒ Ⓓ	10	Ⓐ Ⓑ Ⓒ Ⓓ	10	Ⓐ Ⓑ Ⓒ Ⓓ	10	Ⓐ Ⓑ Ⓒ Ⓓ	10	Ⓐ Ⓑ Ⓒ Ⓓ
11	Ⓐ Ⓑ Ⓒ Ⓓ	11	Ⓐ Ⓑ Ⓒ Ⓓ	11	Ⓐ Ⓑ Ⓒ Ⓓ	11	Ⓐ Ⓑ Ⓒ Ⓓ	11	Ⓐ Ⓑ Ⓒ Ⓓ	11	Ⓐ Ⓑ Ⓒ Ⓓ	11	Ⓐ Ⓑ Ⓒ Ⓓ	11	Ⓐ Ⓑ Ⓒ Ⓓ	11	Ⓐ Ⓑ Ⓒ Ⓓ	11	Ⓐ Ⓑ Ⓒ Ⓓ
12	Ⓐ Ⓑ Ⓒ Ⓓ	12	Ⓐ Ⓑ Ⓒ Ⓓ	12	Ⓐ Ⓑ Ⓒ Ⓓ	12	Ⓐ Ⓑ Ⓒ Ⓓ	12	Ⓐ Ⓑ Ⓒ Ⓓ	12	Ⓐ Ⓑ Ⓒ Ⓓ	12	Ⓐ Ⓑ Ⓒ Ⓓ	12	Ⓐ Ⓑ Ⓒ Ⓓ	12	Ⓐ Ⓑ Ⓒ Ⓓ	12	Ⓐ Ⓑ Ⓒ Ⓓ
13	Ⓐ Ⓑ Ⓒ Ⓓ	13	Ⓐ Ⓑ Ⓒ Ⓓ	13	Ⓐ Ⓑ Ⓒ Ⓓ	13	Ⓐ Ⓑ Ⓒ Ⓓ	13	Ⓐ Ⓑ Ⓒ Ⓓ	13	Ⓐ Ⓑ Ⓒ Ⓓ	13	Ⓐ Ⓑ Ⓒ Ⓓ	13	Ⓐ Ⓑ Ⓒ Ⓓ	13	Ⓐ Ⓑ Ⓒ Ⓓ	13	Ⓐ Ⓑ Ⓒ Ⓓ
14	Ⓐ Ⓑ Ⓒ Ⓓ	14	Ⓐ Ⓑ Ⓒ Ⓓ	14	Ⓐ Ⓑ Ⓒ Ⓓ	14	Ⓐ Ⓑ Ⓒ Ⓓ	14	Ⓐ Ⓑ Ⓒ Ⓓ	14	Ⓐ Ⓑ Ⓒ Ⓓ	14	Ⓐ Ⓑ Ⓒ Ⓓ	14	Ⓐ Ⓑ Ⓒ Ⓓ	14	Ⓐ Ⓑ Ⓒ Ⓓ	14	Ⓐ Ⓑ Ⓒ Ⓓ
15	Ⓐ Ⓑ Ⓒ Ⓓ	15	Ⓐ Ⓑ Ⓒ Ⓓ	15	Ⓐ Ⓑ Ⓒ Ⓓ	15	Ⓐ Ⓑ Ⓒ Ⓓ	15	Ⓐ Ⓑ Ⓒ Ⓓ	15	Ⓐ Ⓑ Ⓒ Ⓓ	15	Ⓐ Ⓑ Ⓒ Ⓓ	15	Ⓐ Ⓑ Ⓒ Ⓓ	15	Ⓐ Ⓑ Ⓒ Ⓓ	15	Ⓐ Ⓑ Ⓒ Ⓓ
16	Ⓐ Ⓑ Ⓒ Ⓓ	16	Ⓐ Ⓑ Ⓒ Ⓓ	16	Ⓐ Ⓑ Ⓒ Ⓓ	16	Ⓐ Ⓑ Ⓒ Ⓓ	16	Ⓐ Ⓑ Ⓒ Ⓓ	16	Ⓐ Ⓑ Ⓒ Ⓓ	16	Ⓐ Ⓑ Ⓒ Ⓓ	16	Ⓐ Ⓑ Ⓒ Ⓓ	16	Ⓐ Ⓑ Ⓒ Ⓓ	16	Ⓐ Ⓑ Ⓒ Ⓓ